国家出版基金项目
NATIONAL PUBLICATION FOUNDATION

国家出版基金资助项目

国家“十三五”重点出版物出版规划项目

农地制度改革与流转研究丛书

丛书主编 洪名勇

农户土地抵押贷款认知与行为研究

安海燕◎著

中国财经出版传媒集团
中国财政经济出版社

图书在版编目（CIP）数据

农户土地抵押贷款认知与行为研究／安海燕著. --北京：中国财政经济出版社，2020.2
（农地制度改革与流转研究／洪名勇主编）
国家出版基金资助项目 “十三五”国家重点出版物出版规划项目
ISBN 978－7－5095－9556－5

Ⅰ.①农… Ⅱ.①安… Ⅲ.①农业用地－产权－抵押贷款－研究－中国 Ⅳ.①F832.43

中国版本图书馆 CIP 数据核字（2020）第 020282 号

责任编辑：彭　波　　　　责任印制：党　辉
封面设计：孙俪铭　　　　责任校对：李　丽

中国财政经济出版社 出版
URL：http：//www.cfeph.cn
E－mail：cfeph@cfeph.cn

社址：北京市海淀区阜成路甲 28 号　邮政编码：100142
营销中心电话：010－88191522
天猫网店：中国财政经济出版社旗舰店
网址：https：//zgczjjcbs.tmall.com
北京财经印刷厂印刷　各地新华书店经销
成品尺寸：170mm×240mm　16 开　13.5 印张　241 000 字
2020 年 2 月第 1 版　2020 年 2 月北京第 1 次印刷
定价：68.00 元
ISBN 978－7－5095－9556－5
（图书出现印装问题，本社负责调换，电话：010－88190548）
本社质量投诉电话：010－88190744
打击盗版举报热线：010－88191661　QQ：2242791300

国家出版基金资助项目
“十三五”国家重点出版物出版规划项目
全国文化名家暨“四个一批人才”资助项目
国家社科基金项目（14CJY040）
贵州大学贵州省农林经济管理国内一流学科建设项目（GNYL〔2017〕002）
本书得到贵州大学哲学社会科学研究院社科学术出版基金资助

序

土地是财富之母、发展之基、民生之本，关系国计民生。土地问题不仅是关系我国现代化进程中的重大经济问题，而且也是一个社会问题、政治问题，关系到国家的兴衰成败。对于农业发展、农村发展和农民增收而言，土地不仅是财富的重要源泉，而且还为人们提供了生活、生产及行为活动的空间。从财富生产的视角来看，土地要素发挥作用的大小，不仅取决于土地禀赋的具体情况，而且还取决于土地要素与其他生产要素的配置效果与配置效率。而这种配置效果、配置效率的高低与土地制度安排密切相关，因为土地制度安排激励有关行为主体土地配置要素的投入，不同要素的投入将影响土地资源的产出结果与效率。正因为如此，对于农业发展、农村发展和农民增收来讲，土地制度是最为根本的制度安排。就中国土地制度对发展的影响而言，不同土地制度安排的绩效是不一样的。

新中国成立之初，由于封建土地制度的废除和农民土地产权制度的建立，农民将自己的资源及劳动力时间配置到生产活动之中，短期内使单位土地资源的产出大幅度增加，实现了中国农业快速增长。农民土地入股自愿、退社自由的制度安排，不仅给农民充分的资源配置权，而且农民还拥有用手投票权和用脚投票权，这给合作社经营主体足够的经营压力，使其在竞争中将更多的时间、精力投入到经营之中。结果，土地合作社超越了土地农民产权制度安排，推进了中国农业持续发展。在人民公社土地产权制度安排下，人民公社负责人的前途与经营无关，公社负责人完全没有经营、管理好公社的动力和压力。在人民公社土地产权制度安排下，中国农业生产停滞不前，不少地区农村面临生存危机。为了使生活于村庄之内的村民能够生存，安徽凤阳县小岗村的18位农民才会在知道自己面临非常严重的政治惩罚时，仍然以“托孤”的方式，冒险在土地承包责任书上按下鲜红手印，实行包产到户。正是这一“包”推进了农地产权制度创新，不仅赋予农民耕地要素、劳动时间、品种选择等进行灵活配置的权利以及对生产过程的控制权，而且还赋予农民生产剩余的财产索取权。这一制度安排激发了农民生产积极性，提高了土地资源配置的效率，解决了中国农民的吃饭问题，促进了农业生产发展和农村经济繁荣。

对于学习和研究经济学的人来讲，我们都知道，在一定条件下，土地、资本和劳动力投入都会呈现出边际报酬递增递减规律。与土地要素投入一样，如果其他条件不变，某一制度安排也有边际报酬递增递减规律。不可否认，以土地产权制度为核心的承包制在解决农民吃饭问题、减少贫困及促进农业农村发展中起了巨大作用。随着市场环境的变化和人们认知心理及观念等的变化，农地家庭承包制的边际报酬也由递增走向递减。因此，从20世纪80年代中期开始，国家选择贵州湄潭、江苏苏南、广东南海、北京顺义等地进行农地制度改革试点。在这些地区进行的农地制度改革试验取得了丰硕成果，不少成功经验得到国家认可并在全国推广。我们知道，中国制度改革走了一条渐进之路，农地制度改革也一样。针对农地制度运行中存在的具体问题，我国走了一条渐进改革之路。近年来，在农地“三权分置”政策之下，各地区结合本区域的实际情况，在推进农地流转方面做了许多工作。农地流转一方面促进农地由“资源”向“资产”、农村闲置“资金”向“资本”、农户身份由“农民”向“股民”的变化，推进农地制度安排的创新；另一方面，在农地制度改革与创新过程中出现一些新情况、新问题，需要学术界进行总结和研究。例如，农地流转空间规律性、农地“三权分置”的路径、农地流转与非就业的内在逻辑、农地流转与农民增收、农地抵押贷款、城乡土地制度分割带来的危害、农地流转过程对农民权益损害，等等。这些问题迫切需要我们进行理性反思与探讨。更何况从2013年以来中央一号文件均用相当的篇幅对农地制度改革与流转进行了阐述，习近平总书记在党的十九大报告中明确指出：“深化农村土地制度改革，完善承包地‘三权’分置制度。保持土地承包关系稳定并长久不变，第二轮土地承包到期后再延长30年”。可见，党和国家高度重视农地制度改革与创新。因此，对农地制度与流转问题进行深入、全面、系统研究是我们义不容辞的责任，正是基于这一认知，瞄准农地制度改革与流转中存在的重大现实与理论问题，我们组织有关学者、专家对此进行深入研究，形成了系列成果。这些成果以“农地制度改革与流转研究”丛书形式，由中国财政经济出版社出版发行，意义重大。本套丛书的出版不仅得到各位专家、学者的支持，而且还得到中国财政经济出版社的支持，没有他们的努力，丛书是不可能入选国家“十三五”重点出版物出版规划项目和国家出版基金资助项目的。在此，对他们的支持和努力表达最诚挚的感谢！

洪名勇

2019年12月

前　言

土地经营权抵押贷款作为我国一项土地金融改革，从2009年央行允许试点实施至今，已过去10个年头，究竟其效果如何？该问题的探究在一定程度上会对后期的改革走向提供启示。认知作为制度在大脑中的反映，不仅能检验制度被人们接受、理解的程度，还能通过认知形成制度预期进而影响人们对制度的利用效率。基于这样的认识，本书关注了农户土地经营权抵押贷款认知，以及认知对农户制度响应的影响，尝试从认知视角对试点区土地经营权抵押贷款进行效果总结。

本书从2014~2016年对全国部分试点地区，尤其是具有较好代表性的贵州省凤冈县、嘉兴市南湖区、宁夏回族自治区同心县和重庆市江津区进行实地调研，收集了1953份有效问卷。基于此，开展下列研究。

(1) 通过与地方政府、金融机构座谈，归纳总结了试点地区土地经营权抵押贷款的运行模式与宏观效果。(2) 通过相关理论与文献研读，结合实地调研，对农户土地经营权抵押贷款认知进行界定，并构建其测量指标。将农户认知分为新素材认知、旧素材认知与新旧素材联结认知3个部分。基于调研数据，运用规范的描述性统计与计量方法对农户认知现状与特征进行分析，发现农户认知存在严重的信息不对称、3个认知部分具有关联性、认知偏差具有延续性、制度预期效果良好、认知具有贷款模式差异性的特征。(3) 以拓展的分布式认知理论为基础，运用回归分析方法探讨影响农户认知的因素，发现个人力、地域力、文化力和模式力不同程度地影响农户认知。(4) 基于实证数据，运用Ordered Logistic、Logit等方法检验认知对农户参与意愿、申请行为的影响，纳入利率与模式等变量，发现农户认知、利率与模式均对农户参与意愿产生影响。以拓展的计划行为理论为基础，将认知、意愿、行为纳入同一分析体系。结论表明，认知会通过直接与间接两种途径作用于申请行为。此外，主观规范、感知行为控制与参与意愿同时影响农户的申请行为。

与前人研究相比，本书的主要贡献在于：第一，丰富了土地经营权抵押贷款的相关研究。本书尝试度量农户土地经营权抵押贷款认知，并系统考察试点地区农户认知现状、认知影响因素以及对农户参与意愿、申请行为的影响，为我们更全面地理解土地经营权抵押贷款提供新的视角。第二，拓展了农户正规金融借贷的相关研究。本书采取多学科融合的方法，将社会心理学的相关理论进行适应性调整，并运用在本书实证研究中。此外，对研究对象和主要变量做进一步处理，将研究对象锁定为“试点地区有资金需求”的农户，将农户的制度响应精确为“知道土地经营权抵押贷款制度，知道抵押贷款利率”下的农户参与意愿与申请行为。这为后期农户正规金融借贷的相关研究可能提供一点参考。第三，增加结论的可用性。本书的结论不仅为后期土地经营权抵押贷款的发展提供直接参考，还为政府制定更符合中国现实的普惠制的金融政策和实施提供实证证据。

本书所得结论对于提高我国土地经营权抵押贷款制度的利用具有以下几点启示：首先，重视农户对土地经营权抵押贷款的认知。本书已检验农户在土地经营权抵押贷款中的决策是理性的，认知能有效影响农户抵押贷款的参与意愿与实际申请行为。所以营造农户良好的认知环境，减少农户与地方政府、金融机构之间的信息不对称，以此最大化农户认知对政策效率的作用。其次，认知及认知功效具有显著的模式差异，因此在试点地区模式选择以及模式完善上，关注不同模式下的农户认知，借鉴需求推动模式下的宣传方法，减少模式不同带来的认知差异。最后，充分重视利率、村干部、地方新型经营主体等要素对农户认知以及制度利用的作用。随着农户认知水平提升，受教育程度增加，农业现代化推进，土地经营权抵押贷款潜在需求将会被释放，地方政府应从改善金融环境、完善土地市场等方面予以准备。

作者
2019 年 9 月

目　录

第 1 章　绪　论 …………………………………………………………（ 1 ）
1.1　问题提出 ……………………………………………………………（ 1 ）
1.2　研究目的与意义 ……………………………………………………（ 3 ）
1.3　技术路线与研究方法 ………………………………………………（ 4 ）
1.4　数据来源与基本情况 ………………………………………………（ 6 ）
1.5　概念界定及结构安排 ………………………………………………（ 10 ）
1.6　创新之处 ……………………………………………………………（ 13 ）
第 2 章　文献综述与分析框架 ……………………………………………（ 15 ）
2.1　理论回顾 ……………………………………………………………（ 15 ）
2.2　文献综述 ……………………………………………………………（ 24 ）
2.3　分析框架 ……………………………………………………………（ 29 ）
第 3 章　试点区土地经营权抵押贷款概况 ………………………………（ 31 ）
3.1　我国土地经营权抵押贷款实施背景 ………………………………（ 32 ）
3.2　主要调研地区土地经营权抵押贷款模式 …………………………（ 36 ）
3.3　主要调研地区土地经营权抵押贷款实施效果 ……………………（ 46 ）
3.4　本章小结 ……………………………………………………………（ 49 ）
第 4 章　农户土地经营权抵押贷款认知的内涵与现状 …………………（ 50 ）
4.1　农户认知内涵 ………………………………………………………（ 50 ）
4.2　农户认知测量指标 …………………………………………………（ 58 ）
4.3　农户认知现状及特征 ………………………………………………（ 61 ）
4.4　本章小结 ……………………………………………………………（ 71 ）
第 5 章　农户土地经营权抵押贷款认知的影响因素 ……………………（ 72 ）
5.1　引言 …………………………………………………………………（ 72 ）
5.2　理论与机理分析 ……………………………………………………（ 74 ）

5.3 模型设定与变量处理 …… (80)
5.4 计量结果与分析 …… (84)
5.5 本章小结 …… (95)
第6章 农户认知对其土地经营权抵押贷款参与意愿的影响 …… (96)
6.1 引言 …… (96)
6.2 机理分析 …… (99)
6.3 变量设置与模型选择 …… (103)
6.4 实证过程 …… (109)
6.5 本章小结 …… (119)
第7章 农户认知对其土地经营权抵押贷款申请行为的影响 …… (120)
7.1 引言 …… (120)
7.2 机理分析及理论模型 …… (122)
7.3 变量设定与方法选择 …… (125)
7.4 计量结果与分析 …… (126)
7.5 本章小结 …… (131)
第8章 农户宅基地使用权与承包地经营权抵押贷款：关系分析 …… (133)
8.1 引言及文献综述 …… (133)
8.2 承包地经营权与宅基地使用权抵押贷款的政策关联性分析 …… (136)
8.3 承包地经营权与宅基地使用权抵押贷款的实践关联性分析 …… (141)
8.4 影响机理与研究假设 …… (156)
8.5 模型建立与变量处理 …… (159)
8.6 计量结果与分析 …… (162)
8.7 本章小结 …… (165)
第9章 结论与启示 …… (166)
9.1 主要结论 …… (166)
9.2 研究启示 …… (168)

参考文献 …… (173)
附录 …… (194)
后记 …… (206)

第1章 绪 论

1.1 问题提出

土地作为农民的“生存之本”，不仅是农民过去、现在以及将来的主要经济来源（洪名勇，2007），也是几千年来嵌入农民生活的根本。在这承载着祖祖辈辈历史的土地上进行改革，分外不易也分外谨慎。从中国土地制度变迁的历史来看，只有契合农户需求的，被农户认知并接受的制度才是真正意义上的改革，否则强制性的制度安排也只是“空制度（何·皮特，2014）”。因此，农户怎么看待土地制度的改革？农户怎么对改革制度做出反应？这对于土地制度改革设计与实施也就显得至关重要。

“现今，中国土地制度的变革和调整，不仅本身可提高制度潜在增长的改革红利，还能为农业发展解除制度束缚（蔡昉等，2016）”。农村土地经营权抵押贷款正是基于此的一项土地金融改革制度，其改革目的是将土地部分剩余索取权交付农户，通过允许农村土地经营权抵押贷款，赋予农户更多的土地权属（汪险生等，2014），并提供农户投资和努力的激励。我国农户长期受到正规金融信贷的约束（马九杰，2010），缺乏抵押担保品，尤其是“穷人那些无法资本化的沉睡的资产（德·索托，2012）”，土地、住房等不具备抵押性（林毅夫，2008）是造成农户贷款难的根本原因。研究表明，农户的信贷约束高达45%，其中40%是因为农户缺乏抵押品而受到的约束（刘艳华，2014）。在贫困地区，农户因缺乏抵押品而受到信贷约束的比值更是高达67%（马九杰，2010）。受到信贷约束的农户因为低财富的原始禀赋，低回报的农业特征，对农业投资过少，偏向资产专用性较低的，或简单便宜的农业设备（Rosenzweig & Binswanger，1993）。这很容易让农户滑行至“低收入—低投资—低收入”的陷阱（张红宇等，2009）。反之，大量国内研究表明，农户信贷约束缓解会显著提高农业投资水平（钟甫宁等，2009），进而增加农户收入（彭克强等，2017）。由此可见，理论上，土地经营权抵押贷款改革可通过增加农户正规金融抵押品，缓解农户信贷约束，刺激农业投资，最终提高农户收入。国外研究也表明，土地抵押贷款是一项被普遍、有效使用的信贷方法，即使是在那些法律不允许的国家（Feder，1988）。

何·皮特（2014）认为中国土地制度是“有意的制度模糊”，国家“留出回旋余地”的制度设置是“中国农村改革之所以会取得成功”的关键。虽有学者对其进行了反驳（钱龙，2016；陈胜祥，2014），但不可否认的是国家对待“地方土地制度实施”是“模糊”而“包容”的态度，正是这种态度引导了中国土地制度一次又一次自下而上地成功改革。正如姚洋（2000）所说“农村自发性的制度创新代替了原有的国家强制性制度安排，也就产生了千差万别的土地制度”。国家“模糊而包容”地看待地方“千差万别的土地制度”，允许“边试点、边总结、边完善，形成可复制、可推广的改革成果”的制度变革。我国土地经营权抵押贷款同样也是遵循此路径的一种改革探索，试点效果的好坏直接影响国家关于是否全面推广、如何推广的决策。本书正是基于此，对试点地区土地经营权抵押贷款实施效果进行研究。所在的视角不是“应该是什么？”而是最大限度地还原“试点地区是如何？”即基于试点地区的实地调研数据，对实施效果进行检验，这对于已从“试点实施”阶段转到“试点总结”阶段的土地经营权抵押贷款而言，是非常必要和紧迫的。

“好的制度或者有效的制度应该包含自由、民主与全体一致性（斯密德，2004）”，那么，从本质上说，“制度分析并不是研究博弈规则，而是研究个人对这些规则的反应（诺思，1987）”。因此，有必要通过探究农户对制度的反应，来检验土地经营权抵押贷款的试点效果。首先，制度是否被农户感知？即信息传递是否受到外界客观环境限制？政策主张是否契合农户需求，被农户主观接受？其次，制度是否符合农户行为规律，是否被农户认同并具有制度利用倾向？最后，农户的制度可得性如何？以上问题的探究，不仅重视了农户在制度改革中的作用，关注了农户对制度的认知与反应（汤谨铭等，2013），也能从“获得行为主体的社会认同与激励响应角度检验一项制度的好坏（罗必良，2014）”。国内众多学者从农户角度研究土地经营权抵押贷款，着重分析农户对土地经营权抵押贷款的参与意愿，并从农户个体禀赋、家庭禀赋角度探讨其影响因素。但对于农户响应行为的基础——认知，却未被重视，或假设被试农户群体具有完全的土地经营权抵押贷款认知，或者农户之间具有一致的认知。也就是说，现有文献并不能回答“农户对土地经营权抵押贷款改革制度的认知是什么？”和“该认知是否对土地经营权抵押贷款制度效果产生影响？”从行为逻辑上来说，土地经营权抵押贷款是一项关系农户“命根子”的制度改革，农户不会有简单的“拍脑袋”行为，也不会有盲目的“跟风”行为，而是经过深思后的行为。此外，学者们的两个假设是脱离现实的。农户作为“有限理性人”，不可能对制度认知完全，试点地区差异化的抵押贷款模式以及差异化的实施方案，必定会产生农户不同的认知水平。因此，必须正视农户不完全且不一致的认知，将其纳入制度绩效的分析框架中来。

为此，本书深入探讨农户土地经营权抵押贷款认知。一方面分析农户认知状态是什么？是如何看待土地经营权抵押贷款改革制度的？农户认知具有何种特征？另一方面探讨认知对农户制度响应的影响，其中农户参与意愿是制度可行性的基础，申请行为是制度效果的体现。基于以上分析，本书利用全国多试点地区，尤其是贵州省凤冈县（以下简称贵州凤冈县）、浙江省嘉兴市南湖区（以下简称嘉兴南湖区）、宁夏回族自治区同心县（以下简称宁夏同心县）、重庆市江津区（以下简称重庆江津区）的农户数据，对农户认知、认知影响因素进行实证分析；在此基础上，继续深入研究认知对其参与意愿和申请行为的影响。对上述议题的分析，不仅澄清农户认知对土地经营权抵押贷款制度效果的重要性，还为国家土地经营权抵押贷款的改革提供参考。

1.2　研究目的与意义

1.2.1　研究目的

本书的主要研究目的是，探究土地经营权抵押贷款在“法律禁止，制度允许，试点突破”的背景下，农户的认知逻辑及认知对农户参与意愿与申请行为的影响。为此，本书通过以下几个问题的作答以实现此目的：

第一，如何衡量农户土地经营权抵押贷款认知？何为农户土地经营权抵押贷款认知？如何量化才能体现出认知的复杂性和关联性？

第二，农户土地经营权抵押贷款认知究竟处于何种水平？农户是否感知到土地经营权抵押贷款制度？农户是否随制度的调整而改变了原有“土地经营权不可抵押贷款”的认知？农户对该制度的效果如何评价？农户认知是否具有模式差异性？农户的认知偏差是否具有延续性？

第三，农户认知受到什么因素的影响？什么要素影响了农户土地经营权抵押贷款的认知？哪些是短期可调整的要素？哪些是长期影响的要素？

第四，农户认知对参与意愿与申请行为是否有影响？理论上认知是意愿与行为的前提，后者是前者的外在体现。那么具体到本书，农户土地经营权抵押贷款认知是否影响农户参与意愿？是否影响其申请行为？若有，是何种影响？

1.2.2 研究意义

作为一项赋权于民，缓解农户信贷约束、刺激农业投资、推进我国传统农业向现代农业转变的重要农村土地金融制度改革，土地经营权抵押贷款成为各界关注的热点。认知作为制度在个体大脑中的反映，不仅是现有制度效果的体现，也是决定后期制度变迁方向的动力（诺思，2008）。我国土地经营权抵押贷款从“试点运行”阶段过渡到了总结“试点效果”以探索“后期发展方向”的阶段，此时从农户认知视角对土地经营权抵押贷款的实施效果进行研究，是具有一定的理论和现实意义的。

1. 理论意义：（1）借鉴制度经济学、行为经济学、社会心理学等学科知识，构建农户土地经营权抵押贷款认知测量指标，丰富已有认知研究。（2）通过对认知特征、认知的影响因素、认知作用等研究，有助于更深层次地透视农户认知规律。（3）通过农户认知对其参与意愿、申请行为的研究，不仅拓宽现有农户意愿、行为的研究内容，还有助于全面理解农户的行为逻辑。（4）通过对试点地区土地经营权抵押贷款的模式特征分析，有助于更全面地认识我国农村改革特点，以及信贷产品设计的经济学原理。

2. 现实意义：（1）基于全国多试点地区数据进行实证研究，有助于更全面、更精确地进行“试点效果总结”。（2）对主要试点地区的土地经营权抵押贷款模式总结，效果对比分析，为非试点地区的模式借鉴与试点地区的模式完善提供现实参考。（3）认知对农户参与意愿、申请行为的影响研究，有助于从认知视角为地方政府提高土地经营权抵押贷款制度效果提供科学的实证依据。

1.3 技术路线与研究方法

1.3.1 技术路线

本书遵循着“制度现状—农户认知—农户认知效用”的思路进行研究。首先对国内外经典理论与主要文献进行回顾。其次分析我国土地经营权抵押贷款的现状，从抵押贷款的实施背景、试点地区抵押贷款实施模式、试点地区主要实施效果 3 方面进行阐述。再次，在厘清农户土地经营权抵押贷款认知内涵的基础上，构建农户认知的测量指标。利用实地调研数据，对农户的认知现状以及特征进行分析。并从个人力、区域力、文化力、模式力 4 个角度探讨农户认知的影响因素。随后，利用分布式认知理论、计划行为理论检验农户认知对其参与意愿、申请行为的影响。最后，在上述研究的基础上，得出整个研究的结论与政策启示。

本书的具体技术路线如图 1.1 所示。

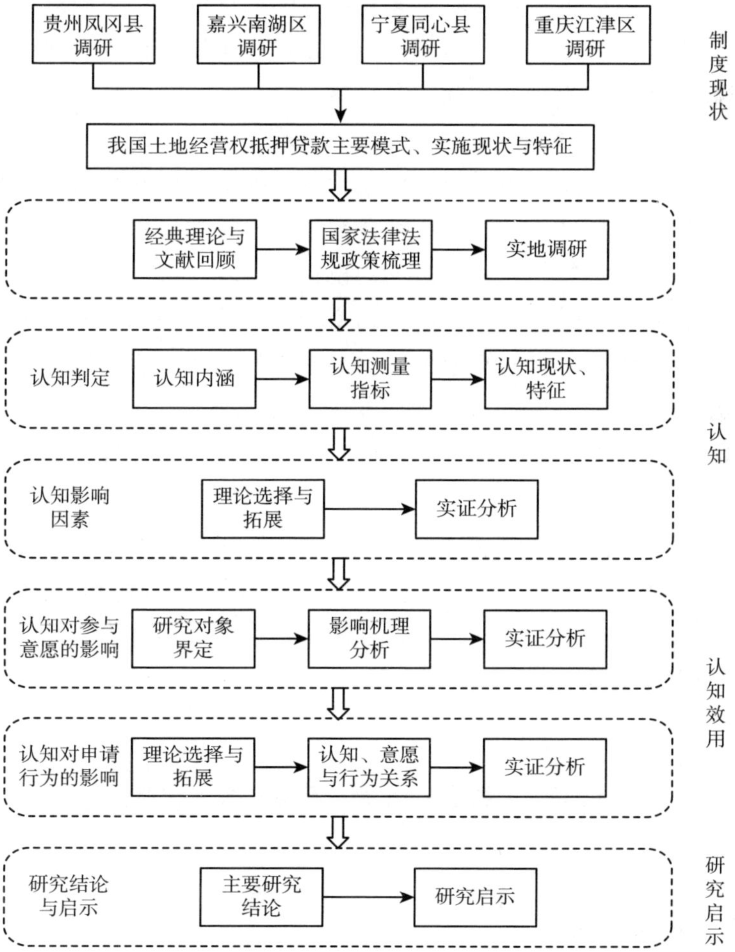

图 1.1　本书的技术路线

1.3.2 研究方法

（1）实地调研法。本书运用以下两种实地调研法进行研究。第一，农户问卷调查。调研小组对全国多个试点地区，尤其是4个主要调研地区的农户进行数据采集，包括农户家庭及个人特征、农户家庭借贷情况、农户土地经营权抵押贷款情况等。问卷调查采取调研员提问，农户作答，调研员记录的形式。调研员要具备一定的相关政策制度知识并能正确理解，在调研过程中能对农户进行相关信息补充。第二，地方政府、金融机构座谈。与主要试点地区的地方政府座谈，内容包括当地土地经营权抵押贷款政策文件、实际运行流程、实施效果、典型代表等。与银行、保险公司、担保公司等相关金融机构座谈，获取土地经营权抵押贷款的操作流程、放贷效果、放贷利率等数据。

（2）比较分析法。该研究方法主要运用在以下3个方面：第一，比较分析不同的认知内容与认知效用。将农户土地经营权抵押贷款认知分为旧素材认知、新素材认知、新旧素材联结认知，对3种认知内容与对农户参与意愿、申请行为的影响进行对比分析。第二，比较分析不同模式下的农户认知与认知效用。将现有土地经营权抵押贷款模式划分为供给推动型和需求推动型，对不同模式下的农户认知、认知的影响因素、参与意愿的影响因素进行对比分析，以此获取适应性更强的结论。第三，比较分析参与意愿与申请行为。参与意愿与申请行为是农户对土地经营权抵押贷款制度的两种不同反应，具有一定的相关性与差异性，对两者进行对比研究。

（3）计量分析法。以问卷数据为基础，采用描述性统计法对农户认知现状进行分析，采用探索性因子法对认知、文化等变量进行降维处理，采用二元Logit和有序Logistic回归法对农户认知的影响因素、认知对农户参与意愿、申请行为的影响做实证研究。

1.4 数据来源与基本情况

1.4.1 数据来源

本书所需数据具有以下两个特点：第一是全面性，为尽量反映全国试点区土地经营权抵押贷款的情况，要求数据最大限度地覆盖全国试点区，以免出现以偏概全的结论。第二是区分性，全国已有众多试点区，而各试点区的抵押贷款模式、实施方法、制度效果各不相同，这就要求数据有轻重区分，体现其差异性。基于此，本书的数据调研由两部分构成：一是广泛性地对全国普遍试点地区进行数据采集。由贵州大学管理学专业的本科生完成，2014～2016年他们利用暑、寒假时间对家所在的抵押贷款试点区农户进行问卷调研，共进行4轮调研。二是重点对试点地区进行数据采集，由贵州大学农林经济管理专业4位教师、浙江大学农林经济管理专业3位博士、贵州大学农林经济管理专业6位研究生、贵州大学企业管理专业2位研究生组成调研小组，2015～2016年进行调研。主要试点地区须能较好代表我国不同经济水平与地理位置、不同抵押贷款模式、试点效果。查阅已有文献，贵州是最早进行土地金融制度改革的试点地区（惠献波，2014），继1998年贵州湄潭县改革失败后（罗剑朝，2003），贵州凤冈县从2009年开始实施以“三资转换”为目标的土地经营权抵押贷款（洪名勇等，2015）。宁夏同心县是国内研究土地经营权抵押贷款的重要试点地区，大量学者对其模式（汪险生等，2014；黎毅，2015；伍振军，2011）、运行效果（杨婷怡等，2014；牛晓冬等，2015；汪险生等，2016）进行探究，具有重大的研究价值。此外，基于2014年第一轮本科生调研的样本反馈，挑选与贵州凤冈县、宁夏同心县不同模式、不同经济水平、不同区域位置的，同时又具有较好样本反馈的其他两个试点，经过样本比对，选取嘉兴南湖区与重庆江津区。最终确定贵州凤冈县、嘉兴南湖区、宁夏同心县、重庆江津区为本书研究的4个主要试点区。其中，贵州凤冈县处于中国西南部欠发达地区，农民人均可支配性收入2013年为4 752元，2009年开展土地经营权抵押贷款，贷款模式以政府供给推动型为主；嘉兴地处我国东部，经济发达的地区，农民人均可支配性收入2014年为24 676元，2009年开始实施土地经营权抵押贷款，是金融机构供给推动型模式；宁夏同心县地处中国西部，2014年农民人均可支配收入为6 123元，2003年开始探索土地经营权抵押贷款，是合作社需求推动型模式；重庆江津区地处中国西部，2015年农民可支配收入为7 723元，2010年开展土地经营权抵押贷款工作，是互助社需求推动型模式。

调研地区的时间安排分别是：2015年1～2月在贵州凤冈县调研，2015年3～4月在嘉兴南湖区调研，2015年10～12月在重庆江津区调研，2016年2～3月在宁夏同心县调研。调研内容由3部分构成：一是与地方政府座谈，邀请当地参与土地经营权抵押贷款的相关机构负责人进行座谈；二是对当地开展土地经营权抵押贷款的金融机构进行半开放式的座谈；三是对农户以问卷的形式调研。抽样方法是：将各试点县（区）下属村按经济水平高中低分成3组，每组随机抽2个村，即每县（区）抽取6个村。入村后，调研员以随机入户的形式对村民进行调研。

1.4.2 基本信息

（1）样本构成。

本书调研共发放问卷2 300份，回收2 185份，剔除重复作答、无效作答以及错误作答的问卷，有效问卷有1 953份，回收率为95%，有效样本率为84.9%。具体分布如表1.1所示。

表1.1 问卷统计

分类	调研地点	发放	回收	有效
普遍试点地区	贵州、宁夏、河北、湖北、湖南、辽宁、浙江、云南、青海、甘肃、陕西、山西、重庆	1 000	979	841
主要试点地区	贵州凤冈县	350	331	318
	嘉兴南湖区	140	130	114
	重庆江津区	310	275	237
	宁夏同心县	500	470	443
	小计	1 300	1 206	1 112
合计		2 300	2 185	1 953

由表1.1可见，普遍试点地区发放问卷1 000份，回收979份，有效问卷841份，回收率与有效回收率分别是97.90%和84.10%；主要试点地区发放问卷1 300份，回收1 206份，有效问卷1 112份，回收率与有效回收率分别是92.77%与85.54%。其中贵州凤冈县发放问卷350份，回收331份，有效问卷318份，回收率和有效回收率为94.57%和90.86%。贵州较高回收率与有效回收率，与调研小组成员的贵州身份有关，相同的口音以及相同的政策背景能很好地拉近与被调研者的心理距离，消除调研戒备。嘉兴南湖区发放问卷140份，回收130份，有效问卷114份，回收率与有效回收率分别是92.86%与81.43%。在调研中明显发现，当涉及借贷问项时，农户会出现抵触心理，以致该地区的

有效问卷不多。重庆江津区发放问卷310份，回收275份，有效问卷237份，回收率与有效回收率分别是88.71%与76.45%。宁夏同心县共发放问卷500份，回收470份，有效问卷443份，回收率与有效回收率分别是94.00%与88.60%。宁夏同心县是最后一个调研地点，该区农户与调研成员有着迥然不同的文化以及语言差异，有幸得到当地“阿訇”（清真寺主要负责人）的引见和帮助，为每个调研小组配备向导，协助本次调研，这是我们在宁夏收回了较多高质量问卷的主要原因。

从调研地区来看，本书总样本共覆盖13个省、自治区、直辖市，具有较好的全国代表性。其中贵州凤冈县、嘉兴南湖区、宁夏同心县、重庆江津区样本分别占总样本数的28.6%、10.3%、39.8%和21.3%，具有较好的区分性。

（2）样本基本信息。

从性别来看，男性占总样本95.40%，女性为4.60%。调研内容，尤其是家庭资金借贷与国家土地政策内容，是造成样本性别差异的主要原因。当最初调研对象是女性时，一旦涉及家庭资金需求与具体借贷内容时，多数女性立刻有了防备心理并表示“不知道，记不得”进而拒绝调查，也有女性直言“钱都是当家的在管，得问他”，若男性户主在，则调研对象就从女性转向男性。当调研涉及土地产权与土地经营权抵押贷款内容时，绝大多数女性表示“这个我不知道”“我是嫁过来的，我不懂这些”，或者一笑置之，借着家务事或照顾小孩中断调研。以上现象在各调研地区都普遍出现。

从年龄来看，被调研对象平均年龄是47.95岁，最小为23岁，最大84岁，23~35岁占总样本的7.30%，36~45岁占总样本的26.80%，46~55岁占总样本的48.10%，56~65岁占总样本的13.60%，66~84岁占总样本的4.20%。

从土地流转情况来看，有29.50%的农户家庭有流转情况，70.50%的农户没有流转情况，该数据比2014年北京大学公布的CFPS的16.35%的流转率高，说明土地经营权抵押贷款试点地区的土地活跃程度高于全国平均水平。

从家庭规模来看，平均人口数为4.53人，最少1人，最多9人。其中1~3人的占总样本的22.7%，4~7人的占总样本的72.8%，8~9人的占总样本的4.5%。在调研中也发现，多数农户家庭是三代同住。

1.5 概念界定及结构安排

1.5.1 概念界定

（1）土地经营权抵押贷款。

土地经营权抵押贷款，是指以“农村承包土地的经营权作抵押、由金融机构向符合条件的承包方农户或农业经营主体发放的、在约定期限内还本付息的贷款[①]”。本书有三点需要做进一步说明：

第一，试点地区土地经营权抵押贷款具有合法性。土地经营权抵押贷款在现阶段具有“法律禁止、制度允许、试点区可突破”的特点。现行《中华人民共和国物权法》第184条，《中华人民共和国担保法》第37条分别规定土地经营权不具备抵押权利。2015年国务院下发《国务院关于开展农村承包土地的经营权和农民住房财产权抵押贷款试点的指导意见》[②]《全国人民代表大会常务委员会关于授权国务院在北京市大兴区等232个试点县（市、区）、天津市蓟县等59个试点县（市、区）行政区域分别暂时调整实施有关法律规定的决定》[③]两个文件，文件中指出“试点涉及突破《中华人民共和国物权法》第184条，《中华人民共和国担保法》第37条相关法律条款，由国务院按程序提请全国人大常委会授权，允许试点地区在试点期间暂停执行相关法律条款”，以及“授权国务院在北京市大兴区等232个试点县（市、区）行政区域，暂时调整实施《中华人民共和国物权法》《中华人民共和国担保法》关于集体所有的耕地使用权不得抵押的规定”。鉴于此，本书的研究前提是，试点地区具有土地经营权抵押贷款的合法性。

第二，可抵押贷款的产权是农村土地经营权。在土地产权束中，究竟可以抵押的是什么权利？2009年央行《关于进一步加强信贷结构调整，促进国民经济

---

① 中国人民银行，银监会，证监会，保监会．农村承包土地的经营权抵押贷款试点暂行办法．2015－3－15.

② 国务院．关于开展农村承包土地的经营权和农民住房财产权抵押贷款试点的指导意见．2015－8－24.

③ 国务院．关于授权国务院在北京市大兴区等232个试点县、天津市蓟县等59个试点县行政区域分别暂时调整实施有关法律规定的决定．2015－12－27.

平稳较快发展的指导意见》中提及的是“土地经营权”；2010年央行在《关于全面推进农村金融产品和服务方式创新的指导意见》中提的是“农村土地承包经营权”；2014—2017年中央“一号文件”中提的是“承包土地的经营权”；2016年《关于完善农村土地所有权承包权经营权分置办法的意见》中提的是“土地经营权”。可见，虽然也有文件提及“土地承包经营权”，但更多的且越来越明确的是“农村承包土地的经营权”即“土地经营权”。从试点地区的实施情况来看，都利用的是“土地经营权”。因此，本书中可抵押贷款的产权是“农村土地经营权”。

第三，土地经营权抵押贷款是土地经营权和相关资产结合的抵押贷款。本书研究的土地经营权是一个广义的概念，包含农户所拥有的土地经营产权和与此相关的其他资产，如土地流转租金、地面上/下的附着物资产、以经营权入股的成员权等。此外，在调研中也发现，试点地区金融机构均不接受单独的土地经营权抵押贷款，而认可包含土地经营权在内的一揽子资产。

（2）农户土地经营权抵押贷款认知。

借鉴制度经济学、行为经济学、社会心理学对认知的定义，本书将农户土地经营权抵押贷款认知界定为“农户对土地经营权抵押贷款制度信息加工的过程”。此外，从以下两个途径解读农户认知：

第一，过程解读。从过程来看农户土地经营权抵押贷款认知可分成新素材认知、旧素材认知与新旧素材联结认知3个部分。新素材认知指土地经营权抵押贷款作为一种新制度改革，农户对其直观的知觉反应；旧素材认知指已存在农户认知体系中的，与土地经营权抵押相关的认知；新旧素材联结认知指农户在新素材与原有体系中旧素材联结时形成的认知。

第二，质量解读。认知质量包含认知偏差、认知协调。农户认知会受到多元规则影响，如正规制度与非正规制度。以某一规则为标准，与其相符的认知视为认知无偏差，反之则是认知偏差。本书将农户认知与正规制度（包括法律制度与地方制度）的差异界定为认知偏差。具体包括农户认知与“所有权归集体，承包权、经营权归农户”的法定产权归属比较，农户认知与“土地经营权可以抵押贷款”试点区可行性制度比较。认知协调是农户在新旧素材联结时产生的，农户在每个单一场景下会有一个对应认知（如新素材认知与旧素材认知），当出现多场景结合时（新旧素材联结时），认知之间可能出现冲突，呈现不协调的现象。本书以“经营权归谁，谁就有抵押处置权”的逻辑判断农户复合认知的协调与否，符合此逻辑的视为认知协调，反之视为认知不协调，未联结的视为认知无关。

（3）农业经营主体、新型农业经营主体、农户。

本书中会出现农业经营主体、新型农业经营主体与农户的不同称谓。农业经营主体包含农户与新型农业经营主体，是土地经营权抵押贷款需求方的总称。农户指的是传统农户，即运用传统生产工具，选择传统生产方式，以家庭经营为主的一种农业经营主体。新型农业经营主体与农户相对应，采用新技术、新管理方法的一种农业经营主体，具体包括农业企业、农业合作社与家庭农场。具体新型农业经营主体中家庭农场与农户的区别，在本书中是以经营的土地规模为主。经营土地规模大于等于20亩的视为家庭农场，小于20亩的归于农户范围。三者之间的关系如图1.2所示。

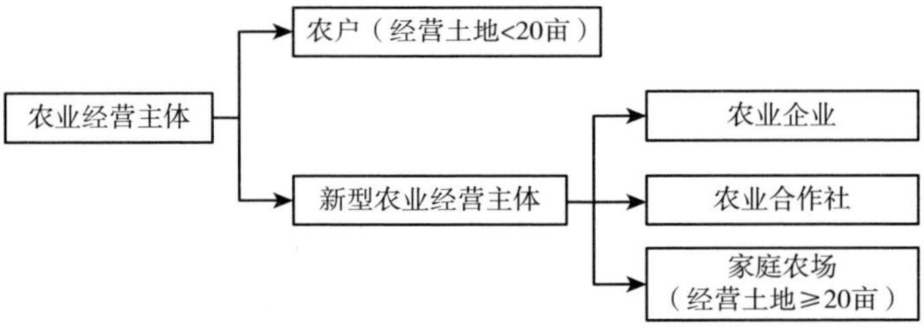

图1.2　农业经营主体、新型农业经营主体、农户关系

1.5.2　结构安排

依据研究思路，本书共分8章4个主要部分。第一部分是第1章绪论；第二部分为理论和现实基础部分，包括第2章、第3章；第三部分为实证部分，包括第4章、第5章、第6章、第7章、第8章，第四部分即第9章主要结论及启示。具体章节内容安排如下：

第1章绪论。该章首先提出本书的主要研究问题，并对其研究目的和意义进行阐述。其次，为了实现研究目的，围绕研究问题，进行路线安排与研究方法选择。再次，为了结论的准确与适应性，对核心概念进行界定，对调研区域、调研数据与调研过程进行介绍。最后，提出本书可能的创新之处。

第2章文献综述与分析框架。该章首先对认知理论、农户行为理论、农村金融理论进行系统回顾；其次对农户土地制度认知、土地经营权抵押贷款、农户认知及其效用的文献进行梳理与评价；最后在理论与文献基础上构建本书“土地经营权抵押贷款制度—农户认知—农户参与意愿—农户申请行为—制度绩效”的整体分析框架。

第 3 章试点区土地经营权抵押贷款概况。一方面，对我国土地经营权抵押贷款实施的制度与社会经济背景进行介绍；另一方面，以贵州凤冈县、嘉兴南湖区、宁夏同心县、重庆江津区为研究对象，归纳其运行模式与特点，总结整体实施效果。

第 4 章农户土地经营权抵押贷款认知的内涵与现状。该章首先对农户土地经营权抵押贷款认知内涵进行界定，认知过程分为新素材、旧素材、新旧素材联结。其次，参考国内外相关文献，结合土地经营权抵押贷款特征，构建农户认知测量指标。最后，利用调研数据，基于指标体系，对认知现状进行分析，并做进一步认知特征探究。

第 5 章农户土地经营权抵押贷款认知的影响因素。该章以分布式认知理论和拓展后的分布式认知理论为基础，分别从“个人力”“地域力”“文化力”和“模式力”4 个方面探寻影响农户认知的主要因素。

第 6 章农户认知对其土地经营权抵押贷款参与意愿的影响。首先，以成本—收益的决策原则对农户参与意愿进行机理分析。其次，在已有文献的基础上，同时关注利率与模式要素的影响。最后，基于调研数据检验农户认知对其参与意愿的影响。

第 7 章农户认知对其土地经营权抵押贷款申请行为的影响。首先，澄清“参与意愿”与“申请行为”两者关系，并结合数据进行说明。其次，借鉴社会心理学“计划行为理论”，检验农户认知、参与意愿、主观规范、感知行为控制对申请行为的影响。

第 8 章农户宅基地使用权与承包地经营权抵押贷款：关系分析。该章将承包经营权抵押贷款的研究延伸到与此密切相关、国家最近大力推行的宅基地抵押贷款上，将两者并行对比研究。

第 9 章结论与启示。总结前述主要结论，在此基础上提出相应的提高土地经营权抵押贷款农户利用率的对策建议。

1.6 创新之处

与已有研究相比，本书的可能创新体现在以下 3 个方面：

第一，研究视角的创新。①从认知视角检验土地经营权抵押贷款实施效果。

已有土地经营权抵押贷款制度效果文献多从农户参与意愿、申请行为视角进行研究，而作为农户接收新制度的首要“认知”环节却鲜有涉及。从制度经济学、行为经济学、社会心理学来看，认知是制度在个体中的反映，能反映出制度设计与制度实施效果。但现有文献却并未重视农户“认知”。此外，已有研究影响因素文献多关注个体特征、家庭禀赋、区域特征等对农户行为的影响，而作为行为前提的“认知”却被忽略或者用“知道与否”问项简单处理，即认知作用并未得到充分重视。鉴于此，本书界定农户土地经营权抵押贷款认知，系统构建认知测量指标，衡量现有农户认知现状，在此基础上检验认知对农户参与意愿与申请行为的影响。这可能是本书研究视角的创新之处。②从社会心理学角度探讨影响因素。认知是一个社会心理学概念，最近被大力引入农业经济研究领域。本书以社会心理学的分布式认知理论和计划行为理论为基础，实证检验农户认知的影响因素对农户参与意愿和申请行为的影响。多学科交融是本书研究视角的可能创新。

第二，研究内容的创新。①认知内容的创新。已有文献用知晓程度进行认知衡量，未能反映出农户土地经营权抵押贷款认知的关联性和复杂性。本书从过程角度将认知分成新素材、旧素材、新旧素材联结认知，并在其中纳入认知偏差与认知协调等内容，是研究内容的可能创新。②申请行为分析体系的创新运用。已有文献多单独分析参与意愿、申请行为，未将其纳入同一分析体系。本书认为意愿与行为之间存在密切的关联性，同时也存在金融自我排斥导致的意愿与行为分离现象，两者需要综合考虑。因此，将认知—参与意愿—申请行为纳入同一分析体系，考量三者之间的关系，这可能是本书分析体系的创新。

第 2 章　文献综述与分析框架

本章首先对国内外相关经典理论进行回顾，包括认知理论、农户行为理论与农村金融理论。其次对农户土地制度认知、农村土地经营权抵押贷款、农户土地经营权抵押贷款认知及作用文献进行综述。最后在理论与文献基础上，提出本书研究的整体分析框架。

2.1　理论回顾

2.1.1　农户认知理论

随着“理性经济人”的同质性假设被放宽，不同领域的学者关注到了差异化个体的认知与行为。本节对与研究内容密切相关的制度经济学和社会心理学领域的认知理论进行回顾。

（1）制度经济学领域的认知理论。

制度经济学领域的认知理论主要聚焦在认知与制度形成、认知与制度变迁的关系，代表学者有哈耶克、诺思、青木昌彦等。

哈耶克以认知理论为基础，构建其自然秩序体系中的“感觉秩序”，其代表著作是《感觉的秩序》。哈耶克认为，人是有限理性的，因此需要从“个人主义”角度分析制度。制度变迁不是人有意识地人为设计的结果，而是无数人及人群之间互动博弈所形成的自发演化过程。在这个过程中推动演化的有两种力量：一种是来自过去制度与规则中适应环境的经验，另一种是在个体互动博弈中个体与群体之间通过信息交流形成的共享心智。哈耶克通过心智、素材等概念定义了个人认知。“心智（mind）是包括我们自身在内的自然界某一特定部分中占主导地位的秩序”，从运行机理来说是“以大脑为工具，大脑神经元相互间通过突触作功能性联结，形成一个庞大的编织网”“心智将新感觉素材（data）同我们既有的知识记忆相联结，形成感觉体验的互联网络，这一网络就是感觉的秩序”。而个人认知就是“心智对环境的反映，包括心智与环境的互动、感觉素材之间的互动”“认知既是感知关联过程，也是感知积累过程”。哈耶克认为，认知的主要功能是归类，“认知就是某种分类行动，类的形成又取决于我们心智是如何联结过去感觉体验的，根据某个事件与其他事件联系来确定其类别。不能归类就不能被感知，不同联结拥有不同的类”。最后，哈耶克指出，“认知从来就不是有意识的结果，我们遵循的规则早已存在，我们心智不能创造它，只能去发现它”，因为心智的不完善性导致认知也具有局限性，“我们心智选择学习所获得的知识是有局限性的主观知识，很大程度上还要依靠那些知其然、不知其所以然的知识”。

诺思在探索意识形态对制度变迁的影响时，将研究重点转向认知科学。其代表著作有《制度、制度变迁与经济绩效》《共享心智模型：意识形态和制度》。诺思指出，制度变迁会受到制度代理人认知以及制度行为人认知的影响。代理人认知影响制度变迁的逻辑是“当要素相对价格变化带来新的盈利机会，作为制度变迁代理人的企业家为了捕捉这些机会，会针对变化的环境进行学习、创新和模仿、知识交流，进而改变规则”，即“变迁是处于决策位置的政治家或经济企业家对环境的认知所引导的”。此外，诺思还从制度行为人个体认知结构和共享心智模型（shared mental models）解释制度生成和制度变迁。心智结构是“个体认知的内在描述，表现为个人的信念结构”是“解释环境的内部表现”，相对于心智来说，制度是“个人所创造的约束和处置环境的外部机制”。行为人认知与制度变迁的互动关系是“现实经济形态的变化会导致当事人认知的变化，认知变化又会修改当事人的心智结构，从而导致现实经济的又一变化”“制度变迁是个体心智模型与环境互动调整的过程，是一个适应性或者试错的学习过程，也是一个归类认知调整的过程”。诺思指出“学习会对人心智结构进行修改或者重新界定”“由于学习方法因人而异，因此个体认知体系也存在差异”。此外，诺思和但泽也注意到了个人认知到群体认知的延伸，“相同文化背景和经历的个人会共享合理的心智模型，新的经验不断调整确定心智模型，制度的变迁则是心智模型的演化”。

青木昌彦运用重复博弈方法，构建基于个体学习与认知调整的主观博弈模型。其代表作是《比较制度分析》，认为共有信念（shared beliefs）或者主观心智模型的调整过程就是制度变迁。青木昌彦指出“制度变迁可以理解为从一种均衡（序列）到另一种均衡（序列）的移动过程，其中伴随着参与人行动决策规则和他们对于制度共同认知表征（信念）的系统性变化”，博弈中的参与人并非传统博弈论所假设的“决策集固定”，而是“有限主观认知”，即“个体参与不可能具备由技术决定的博弈规则的完备知识，也不可能对其他人的策略决策和状态做出完备的推断”，而“有限的主观认知来自过去的经验，只有在环境发生重大变化或认知出现内部危机时候才被修改”。主观博弈中的参与人具有共享的公共信念系统，依据被共有信念与对其他参与人的行为预期形成主观认知，并依据认知进行决策推断，依据效用最大化原则，寻求其最佳反映决策。此外，Aoki（2001，2009）、Young（2009）也都在青木昌彦的基础上发展了主观博弈分析，形成较为一致的观点。即制度是一种主观的认知均衡，只有在外部环境和内部环境的变化超过临界点失去均衡时，旧制度需要变迁，个体进入认知模型调整和搜寻阶段。当个体通过不断博弈修正自己的主观认知，形成一个新的认知均衡，就实现了旧制度到新制度的变迁过程。

（2）社会心理学领域的认知理论。

社会认知是主体在处理社会关系问题时所呈现的认知。社会认知心理学将认知看成一种信息加工过程，类似于计算机的信息接收、识别、储存和编码过程。这一过程包括社会知觉、社会印象、社会判断。社会知觉是个体对他人的知觉感受，受到知觉对象的物理特征、社会属性的影响。社会印象是在社会感知基础上的信息加工提炼。社会判断则是在社会知觉和印象基础上的综合分析，具有预见性和标准化的特点。学者们用实验的研究方法探索社会认知的特征，与本书相关的理论有认知失调理论和认知偏差理论。

认知失调理论（theory of cognitive dissonance）：该理论的代表学者有费斯汀格（1999）、海德（1958）。认知失调理论的前提是人们体验到两种认知间的不一致，并引起人们想努力清除或改变这种状态。费斯汀格将认知定义为元素，是与自己或自己所处环境的任何知识、观点、信念或者感情相关。认知是多元素的，则多元素之间必然存在不同的互动关系，费斯汀格将其归纳为三类关系，即认知无关（relation of irrelevance）、认知失调和认知协调。认知无关是指一个认知元素对另一个认知元素没有什么意义。失调的定义是如果单独考虑两个元素的话，一个元素紧跟着另一个元素的反面，那么这两个元素就处于失调的关系。如果一个元素紧跟着另一个元素正面，则两者的关系是协调的。由于元素的多样化，失调是人类认知中的必然，也是决策不可避免的结果。产生失调的根源分别是逻辑上的不一致、文化上的习俗、观点的普遍性即一种观点包括在一个更为普遍的观点内、过去的经验。认知失调也会对人的行为决策产生影响。失调后对应有两种行为：一种是促使个体做出努力减少失调，如改变一个行为认知、改变一个环境认知、增加新的认知，以此达到协调状态；另一种行为是行为人不仅努力去减少失调，还会主动避免可能增加失调的情景和信息。海德构建了 P－O－X 模型来说明单元系统的平衡与不平衡，其中，P 代表知觉者，O 代表与知觉者相联系的某人，X 代表态度对象，三者之间的关系体现了认知的均衡与否。分别用积极（＋）与消极（－）表明两者之间的关系，如果正负号的乘积为负则结构不平衡，如果乘积为正则结构平衡。平衡理论认为，改变三者关系中的任何一个都可以将不平衡状态转为平衡状态，避免不平衡引发的"认知痛苦"。

认知偏差理论：认知偏差的代表人物是卡尼曼，卡尼曼（2008）认为便利性启发是造成人们认知偏差的主要原因，人们通过所能回忆起的例证或事件发生的容易性形成认知和估算事件发生的概率。Tversky（1973）、Galbraith（1973）、Price（2002）等认为例证的可提取性和搜索集的有效性是引起认知偏差的关键。Bousfiled（1944）认为回忆起的实例数会随着时间的长短呈负指数增长。谢利等（2010）认为先入为主的历史性的行为经历会构建行为人的事实认知，产生偏差。

以上认知理论为本书提供了重要的研究导向：第一，重视个体认知对制度的影响，只有被个体感知的制度才是有意义的制度，而个体也在感知中重塑制度，在制度中调整个体认知。第二，打开认知"黑箱"，具体化认识过程。学者们开创性地用"新素材、旧素材、新旧素材联结"认知过程进行分析，丰富了已有的认知研究。第三，构建制度—认知—行为—制度绩效的框架。学者们将认知与行为纳入制度分析体系，从制度到认知，从内生认知到外显行为倾向与具体行为，从行为到制度绩效都进行了严密的逻辑推理。这为我们制度绩效研究提供了宝贵的分析工具。第四，借鉴社会心理学中的认知理论，关注除认知过程外的认知质量问题。

2.1.2 农户行为理论

（1）宗法小农。

马克思对农户行为的描述是直观而批判的，是建立在如何改造这种已过时的小农生产方式的出发点和落脚点上的。学术界将其称为"宗法小农"理论。

马克思在其著作《法德农民问题》中，将小农（small peasant）界定为"小块土地的所有者或者租佃者，尤其是所有者，这块土地既不大于他以自己全家的力量通常所能耕种的限度，也不小于足以养活他的家口的限度”。小农的生产方式形成了对应的小农行为与思考方式。“他们排斥社会劳动生产力的发展、劳动的社会形式、资本的社会积累，排斥协作，排斥统一生产过程内部的分工，排斥社会对自然的统治和支配，排斥社会生产力的自由发展。他们只同生产和社会的狭隘的自然产生的界限相容”，他们反对创新与改革，“农民不是革命的，而是保守的。不仅如此，他们甚至是反动的，因为他们力图使历史的车轮倒转，”“他们的生产过程是在原有规模上即在原有技术基础上的重复”。这种“孤立”“小规模”“缺乏合作”“拒绝革新”的小农意识和行为最终将会导致小农经济的消失。“我们的小农，同过时的生产方式的任何残余一样，在不可挽回地走向灭亡，他们是未来的无产者”。

宗法小农理论中小农的“自私”“保守”“孤立”“落后”“必定灭亡”特征，引起了多国改造小农的思想与实践。毛泽东认为“改造小农的严重问题是教育农民”“教育农民放弃小生产、小私有”。列宁认为“不实行土地国有化不能完成土地革命的历史使命，”“要是完全实现了合作化，我们也就在社会主义基地上站稳了脚跟”，此外，“生产社会化”“物质技术基础”“增强教育”等也是列宁认为改变小农意识的主张。

宗法小农是在中世纪，西欧国家土地私有，资本主义剥削小农的特殊时代背景下提出的。随着无产阶级革命的胜利以及多国改造小农经济的相继失败，宗法小农的理论也宣告其具有时代背景的局限性（陈胜祥，2010）。

（2）理性小农。

理性小农是以舒尔茨（1987）、波普金（1979）为代表的，建立在新古典经济学完全竞争、“理性人”假设下的小农行为理论。

舒尔茨的理性小农是针对当时“工业是经济增长的主动力”“农业落后低效”主流观点的反驳。舒尔茨基于 20 世纪 60 年代印度尼西亚、印度等国的小农案例，在其著作《改造传统农业》中提出“农民是有效率的”“农民是理性”的观点。他认为“农民是贫困而有效率的”，传统农业的贫困是因为传统边际投入下的收益递减，是旧要素配置已实现最大化后的结果。一旦有新的生产要素引入，农户会毫不犹豫地成为最大利润的追求者，实现要素的最佳化配置。舒尔茨开创性地在书中提出了人力资本概念，并将其与劳动力区分，视为最重要的生产要素。舒尔茨认为，农民总是“斤斤计较”地权衡每一个生产要素的取舍，没有比农民更加“理性”的群体。小农的行为和企业家的一样，都是基于成本—收益思考，追求利润最大化原则的理性行为。随后，波普金推进了舒尔茨的结论，认为“小农是一个在权衡长短期利益及风险因素之后，为追求最大生产利益而做出合理决策的人，是理性小农”。

学者们理性小农理论的提出，从经济学领域对小农行为作出了系统的解释，为研究农户行为提供了一个全新的视角。艾利思（2006）在《农民经济学——农民家庭农业和农业发展》中评论到“舒尔茨理性假说最重要的是成功地把农民经济理性引入经济学，从这里出发，可以探讨隐藏在农民生产后面的逻辑，而不再是简单地把农民视为落后的群体”。

（3）道义小农。

道义小农是以恰亚诺夫、卡尔·波兰尼、詹姆斯·斯科特为代表的农户“生存经济”理论。

恰亚诺夫（1996）以20世纪30年代俄国革命以前的小农为研究对象，在其《农民经济组织》中阐述了道义小农的主要思想。他认为农户依然具有理性行为，但是并非纯经济的理性选择，而是基于自家消费需求和劳动辛苦程度的权衡，即“劳动—消费均衡”。农场的投入形成农户的“劳动辛苦程度”，增加消费所带来的“消费满足感”，两者之间的均衡决定了农户的劳动投入。一旦达到均衡，就算有再高的劳动收益，农户也不会继续投入。此外，恰亚诺夫深信“农民家庭农场是具有生命力、稳定性和优越性的”，“农业进步主要靠纵向一体化，而不是横向一体化”的农业发展方向。

卡尔·波兰尼（2001）在《大转型：我们时代的政治与经济起源》一书中提出其主要观点。他认为，在农村，农户的行为受到文化习俗、道德规范约束，农户追求的是生存安全，而道理伦理是其行为的主要行为动机。

詹姆斯·斯科特（2001）在其代表作《农民的道义经济》中进一步推进了恰亚诺夫的观点。他认为“当一阵风浪打来，就可能淹没已经处于齐颈深汪洋”的东南亚农民，根本不具备按照收益最大化行为的条件。他们的行为原则是“生存第一”“避免风险”“安全第一”。

道义小农理论将小农的理性行为从纯经济领域扩展到了经济社会领域，学者们形象地称其为“活着”的经济学（张杰，2014）。农户思考的不仅仅是经济利益与成本，还有“劳动疲劳”的感知，这也与劳动经济学中行为人“消费—休闲”的行为决策有异曲同工之处。此外，农户只有在“安全”后才会经济权衡的安全理性观点，也让学者们意识到农户生存保障、安全保障的重要性。

（4）过密化小农。

华裔学者黄宗智考察了中国明清以来、1985年以前的华北及长江三角洲地区农村的社会经济变迁，在融合恰亚诺夫“道义小农”与舒尔茨“理性小农”的研究结果后，提出了内卷化小农理论，也有学者称其为“内卷化小农理论”和“综合小农理论”。其代表作为《长江三角洲小农家庭与乡村发展》《华北的小农经济与社会变迁》。

黄宗智认为，中国农业是“没有发展的增长”和“过密型的商品化”，即“农户家庭在边际报酬十分低下的情况下，依然会通过精耕细作向有限的土地投入更多的劳动，以维持家庭生计”。可能原因是“农户家庭没有边际报酬概念”“农户家庭受到耕地规模限制”“家庭劳动力剩余过多，而又没有很好的就业机会，即劳动的机会成本几乎为零”。

此外，黄宗智提出的“拐杖理论”也道出了中国农民经济的行为逻辑。黄宗智认为，小农收入 = 家庭农业收入 + 非农收入，家庭收入相对于人的“双腿”，非农收入相当于“拐杖”，只有在双腿不便时才会使用拐杖，即农户只有在家庭收入不够支配的情况下，才会选择非农就业获取非农收入。黄宗智认为该逻辑从中国西汉以来就没有质的改变，尤其是经济落后地区的小农。

“过密化小农”能较好地解释中国城乡二元结构下的小农行为，但随着外围约束条件的变化，中国城乡制度的调整，该理论就具有一定局限性。在现阶段的中国，农民不是“过密化”耕种，而更多的是“空心化”的外出打工，而非农收入也逐渐成为中国农民的主要收入来源。

（5）现代小农。

目前，随着中国外围制度环境的改变，学者们提出了农户行为的不同主张，在此统称为现代小农理论①。

社会小农：徐勇、邓大才（2006）认为，现代小农是“社会化小农”，尽管农户经营规模小，但是他们已经越来越深地被卷入一个开放、流动、分工的社会体系中。社会小农会崇尚“货币伦理”，追求货币收入最大化。

家庭小农：加里·贝克尔（1987）认为，农业中应以农户家庭为最小经济组织进行研究，农户的生产与消费决策可以分开进行，就顺序上而言，农户可以先决策最优生产再决定最优消费，而农户的这种先生产后消费的现象，贝克尔称为迭代性（recursiveness）。肖经建（1993）也认为，农户家庭是农业问题分析的基本单位，生产与消费是一系列家庭在交换活动中完成的。可见，家庭小农是将研究单位从“个人”向“家庭”转变，认为“家庭行为”比“个人行为”更具有

① 以下作者并未声称自己的观点已独立于其他小农理论，若归类不当，文责自负。

解释性。这对于解释“集体主义”下的中国农民行为而言具有重要的意义。

制度小农：宋洪远（1994）对1949年前、改革开放前、改革开放后的中国农户行为进行研究，认为中国农户行为需要在特定的经济体制下考量，不同的经济体制结构下具有相应的农户经济行为特征。总体而言，农户的行为会受到以下基本因素的制约：首先，利益是农户行为的第一动力机制，缺少它“农户对外部信号就不会做出也不愿做出反应”。其次，农户要具备对外部信号做出反应的能力，即“决策和选择的权力”。最后，在满足利益和权力因素下，农户对外部环境做出反应，反应的速度取决于是否得到信息以及接受信息的速度。

现代小农理论对我们研究现阶段农户行为具有非常重要的意义，中国农民一直受传统的“集权主义”“家族主义”“关系社会”的影响，因此其行为中的“制度要素”“家庭要素”与“社会关系要素”就显得尤其重要。这为本书的农户行为研究提供了重要的理论借鉴。

2.1.3 农村金融理论

（1）农村补贴信贷理论。

20世纪50—70年代，农村补贴信贷理论（subsidized rural credit paradigm）作为主流农村金融理论，对农村尤其是贫困农村的金融运作产生了重要的指导意义。补贴信贷理论假设，农户不具有储蓄能力，由于农业投资的长期性与低效性，农户常常被商业银行信贷排斥，长期面临着资金不足的问题。因此，政府应以“增加供给为主”，从外部注入低息的政策性资金，并建立专门的机构进行资金管理。以高利率为特征的非正规金融，会使农户因为贷款成本高而更加贫困，进而阻碍经济的发展，因此可以用正规金融的低利率挤出非正规金融。

农村补贴信贷理论重视政府在农村金融中的地位，指导农村金融“信贷供给先行”的战略。但同时也遭到了众多学者的评判，如对储蓄重要性（Gulli，1998）、对低利率作用（沃格尔，2000）、对资金注入有效性（Huppi，1991）等的质疑。但总体而言，该理论对于落后欠发达地区具有一定的指导意义。

（2）农村金融市场理论。

随着农村金融市场的发展，农业补贴信贷理论的解释力度越来越弱，农村金融市场理论孕育而生。该理论的代表学者是Adams（1984），他认为农户是具有储蓄能力的，低息的政府资金注入只会妨碍人们的存款，抑制金融发展。由于农村资金的多机会性，非正规金融是无法消灭的。农户受到金融机构的排斥多是政府所干预的金融制度造成的，因此，要解除金融抑制，就必须进行金融深化，减少政府对金融的干预，利用市场自动调节。

麦金农（1997）和肖（1988）提出了金融抑制概念，金融抑制指因为政府过分干预和管制导致金融制度和经济发展之间的恶性循环，政府过分干预包括对存贷利率与数量进行硬性规定、对信贷实施配给制导致低资产组织或个体被排挤出信贷体系外。

农村金融市场理论重视市场机制，主张减少政府干预，中国现阶段所实施的“利率市场化”管理就是以此为理论基础。

（3）农村不完全竞争市场理论。

该理论是在 20 世纪 90 年代拉美和东南亚的金融危机背景下提出的，代表学者是 Stiglitz 和 Weiss（1981）。

不完全竞争市场理论（imperfect market paradigm）认为，无论是信贷补贴还是金融市场都处于两种极端，即政府干预和完全市场化的极端。现实中，农业金融市场往往处于两者之间。金融市场即非完全竞争，市场上存在信息不完全，即放贷一方（金融机构）对于借款人的情况无法充分掌握。此时，需要政府的适当干预，作为市场补充介入进来，有必要采用诸如政府适当介入金融市场以及借款人的组织化等非市场要素。此外，政府还需要对资源配置进行干预，即“制定一系列的金融政策，在金融部门和生产部门创造租金的机会，通过租金效应和激励效应作用，规避潜在的逆向选择行为和道德风险，鼓励创新，维护金融稳定”。Stiglitz 认为政府的干预要“适当”“温和”，既肯定市场机制，也注意适度的政策干预对稳定市场的作用。

哈耶克（1937，1945，1948）所提出的局部知识理论是对 Stiglitz 不完全竞争市场理论的一个补充。哈耶克认为竞争是一种发现信息的过程，竞争能改善市场中信息不对称和信息不完全的局限。局部知识指在市场不同时空中分散着知识的片段，知识分工能促进知识利用。

不完全竞争市场理论对现代农业金融市场的启示在于，一方面认识到市场与政府的关系；另一方面通过促进金融机构多样性来解决信息不完全和局部知识的问题，政府作为独立于借贷双方的第三方，可以建立金融信息平台，减少信息不对称问题。

总体而言，3 种理论分别是农村金融自由市场化还和计划经济化的不同主张，将其进行归纳总结，如表 2.1 所示。

表 2.1　　3种农村金融理论对比

内容	农村信贷补贴	农村金融市场	不完全竞争市场
市场有效性	无效	有效	存在失灵情况
政府角色	干预	不干预	适当干预
小农假设	道义小农	理性小农	非完全理性
金融机构主张	消灭非正规金融	鼓励竞争	引导非正规金融
利率主张	低利率管制	自由市场利率	放松管制
资金来源	外部注入	内部筹集	内部为主、外部为辅

2.2 文献综述

本节从农户土地制度认知、农村土地经营权抵押贷款、农户认知及其作用3个方面进行相关文献综述。

2.2.1 农户土地制度认知

从研究内容来看，农户土地制度认知主要集中在认知描述、认知测量、认知影响因素、认知作用四个方面的研究上。

（1）农户土地制度认知描述。农户土地制度认知的描述是学者们研究的热点，依据描述对象，已有文献可分成以下3类：第一，农户对土地产权归属的认知，包括土地所有权、土地经营权、土地承包权的基本认知（钱忠好，2009；黄鹏进，2014；叶剑平，2008；高佳 2015；洪名勇，2007；王凯，2010；钟涨宝等，2011；陈成文等，2006；晋洪涛等，2011；李伟伟等，2010；马婷婷，2015）；第二，农户对国家调整的土地制度的认知，包括流转权、抵押权、征地补偿、土地确权、宅基地、土地退出、产权谈判权等（叶剑平，2008；洪名勇，2009；钱忠好，2007；陈永桃等，2017）；第三，农户对土地制度认知偏差的描述（刘一明，2013；汤谨铭，2013；洪名勇，2016）。主要研究结论有：农户的产权归属认知模糊（汤谨铭，2013）、出现非集体化的认知偏差（晋洪涛等，2011）、私有与国家归属认知比重大（李伟伟等，2010）；整体认知水平较低（陈成文，2006），且群体差异性较大（叶剑平，2008），出现农户高阶层“明知故犯”的认知现象（史清华，2009）；农户出现了土地高价值认知—低产权认知一低依赖性认知的“使用主义”认知特点（陈成文等，2006）；农户认知具有时间、区域、不同权属的差异特点（陈胜祥，2009）。

（2）农户土地制度认知的测量。认知作为心理学概念，国内学者多采用以下两种方法进行量化：第一，用产权归属衡量（钱忠好等，2007；徐美银，2009；王凯，2010；陈成文，2006；晋洪涛，2011；洪名勇，2007），通常学者们用“你认为土地所有权/经营权/承包权等归谁所有？”问题测量；第二，用农户知晓程度（仇童伟等，2016；汤谨铭，2013；罗必良，2012；徐美银，2009；曾福生，2012；陈成文，2006；洪名勇，2007；安海燕等，2016）、当期效果评价（汤谨铭，2013；钟涨宝等，2011；马婷婷，2015；安海燕等，2016）、预期效果估计（洪名勇，2007；安海燕等，2016）进行判别，尤其是对新土地制度认知的衡量。如“你是否知道土地政策？”“你是否支持 30 年土地承包权不变？”“你对土地制度的评价如何？”“你认为制度是否会长久实施？”

（3）农户认知的影响因素研究。已有文献用定性和定量分析方法对农户土地产权认知及认知偏差的影响因素进行研究。在定性研究中，黄鹏进（2014）认为农户同时会受到“政治规则、经济规则、社会规则”的并行影响，其中政治规则是基于法律的土地共有的产权认知受到法律的约束，经济规则是土地私有产权观的起源，社会规则主要是地方家业产权观，多维度的规则产生了多维度的农户土地产权观。也有学者认为，农村土地权属法律界定模糊化（景洪涛，2011）与实践操作的国家意志化是造成农户“明明清楚法律规定却认为土地私有”的明知故犯式的矛盾（史清华，2009）。也有学者认为，我国土地使用规则具有不确定性，实践中通过力量竞争被选择使用（张静，2003），而胜出的典型案例往往就成为农户认知的一种素材，直接影响农户的土地制度认知。法律普及工作的滞后，管理工作的强烈国家导向也是影响农户认知的主要根源（晋洪涛，2011）。此外，农民素质、表达能力以及外因的基层干部说教、负面操作都对农户的认知产生影响（李伟伟，2010）。也有多位学者用定量实证分析方法探索影响因素（高佳，2015；徐美银，2009；陈永桃，2017；王建华，2011；陈成文，2006；陈胜祥，2009），主要的结论有：第一，认知受到农户个体人口特征影响，如年龄、婚姻状况、受教育程度、家庭供养率、是否有子女在城镇上学或工作；第二，受到家庭特征或者社会经验特征影响，如承包地面积、有效灌溉率、农业收入占家庭收入比重、与最近县城的距离；第三，其他外部因素，如村庄地理位置、村级企业数量、是否发生土地纠纷、地方政府是否有土地制度宣传、信息传播手段等。

（4）农户认知的作用研究。多数学者认为农户认知是行为的中间环节，通过决策意愿影响农户的决策行为，决策行为影响着制度、农村经济的发展（汤谨铭，2013）。认知研究的最终落脚点应该是认知对行为、对制度、对制度变迁的影响，如土地产权认知对土地征用意愿以及征用制度改革的影响（钱忠好，2007）、所有权认知对土地制度创新的影响（陈胜祥，2009）、农户土地产权认知对流转行为的影响（曾福生，2012）。学者们的实证研究有不同的结论，有研究表明，认知显著影响农户相应的行为，如认知对土地流转（曾福生，2012）；也有研究显示，认知与行为产生相背离，农户出现了国家倾向认知，但是在实际行为中却出现了非国家的土地行为处置（李伟伟，2010）。

2.2.2 农村土地经营权抵押贷款

近年来，土地经营权抵押贷款受到了大量学者的关注，从现有文献来看，主要有以下的研究内容。

（1）农村土地经营权抵押贷款的可行性之辩。关于农村土地经营权抵押贷款在中国特色土地制度条件下是否具有可行性、可操作性，国内学者有着不同的观点。观点一，现阶段土地经营权抵押贷款不具备完全可行性，需要谨慎对待。学者们分别从法律规定（宋文献，2004）、金融机构供给（Carter et al.，2003；钟甫宁等，2009）、产权完善（Field and Torero，2003；罗剑朝，2003）、社会稳定（黄祖辉等，2009；陈锡文，2010；赵振宇，2014）等角度分析，认为在现阶段中国法律禁止、产权不完善、威胁机制无法实现的情况下，供方积极性不高。一旦违约，农户面临着失去生活保障，进而危及社会稳定的困境，因此现阶段我国土地经营权抵押贷款需要谨慎对待。观点二，土地经营权抵押贷款是可行的。学者们从赋权于民（厉以宁，2008）、缓解农户贷款需求（郑风田，2009；王冠玺，2010）、土地是天生最佳抵押品（吴文杰，1997）等角度论证土地经营权抵押贷款是可推行的，并具有多元化的经济意义。随着国家对土地经营权抵押贷款的肯定，并大范围试点实施后，学者们更多转向试点区运行的研究。

（2）农村土地经营权抵押贷款模式及实施机制分析。从1998年贵州湄潭实验改革开始，各地积极探索土地金融创新之路。学术文献上也对试点地区模式进行总结，分析其实施机制。大量学者对国内试点地区模式进行总结（李伟伟等，2012；程郁等，2014；张龙耀等，2015；马智利等，2014；洪名勇，2015；于丽红等，2014；王平等，2011）；还有学者以主体为划分标准进行模式间的属性比较（罗兴等，2017；张振宇，2016）；也有学者基于借鉴角度对国外模式进行总结（史卫民，2011；李延敏等，2005；惠献波，2014）。在对土地经营权抵押贷款运行机制分析时，学者们往往通过多模式的对比，归纳出其运行原理。如汪险生（2014）对江苏省新沂市资产主导型贷款模式和宁夏同心县关系主导型贷款模式运行机理进行对比分析，认为两权分离的细分产权设置与激励相容机制是土地经营权抵押贷款运行的机理。

（3）农村土地经营权抵押贷款的绩效分析。学者们从理论和实证两个方面进行分析。理论分析主要基于个案，如罗剑朝（2003）认为贵州省湄潭县的土地金融制度出现了安排失当、运行低效的问题，而制度构建没有注重土地经营权抵押社会化的风险分摊机制是造成其失败的主要原因。张龙耀等（2010）认为土地抵押并不一定能改善农户信贷获得性，土地抵押不是当前我国开展农村金融创新和解决农民贷款难的必然选择，而仅仅是一项可选的政策。张迎春（2012）对成都农村产权制度改革调研发现，农村融资难的问题并未得到实质缓解。郭忠兴等（2014）认为，我国土地抵押贷款面临着市场与法律风险的双重约束，仅通过“赋权于民”是无法解决细碎化、小面积生产农户的信贷需求问题的。大量学者采用实证方法，分别从土地经营权抵押贷款需求和供给双方进行绩效分析。在参与意愿研究中（肖铁等，2012；杨婷怡等，2014；惠献波，2014；牛晓东，2015），有研究发现农户的参与意愿并不高，仅有 37.6% 的农户有贷款意愿（惠献波，2014），也有学者的数据表明农户有极强的参与动机（杨婷怡等，2014）。国外大量学者关注转型国家农户土地抵押贷款的可得性（Field，2005；Besley，1995；Do，2008；Feder，2003；McKechnie，2005），国内也有少量学者对此进行了关注（牛荣，2016；李韬，2015；黄惠春等，2015）。已有文献显示 3 种差异性的结论，即农户可得性较高，土地抵押贷款能有效缓解农户信贷约束（Feder et al.，1988）；农户可得性较差，土地抵押贷款对农户信贷获取没有影响，如在越南（Menkhoff，2006）、印度（Pender et al.，1999）、洪都拉斯及尼加拉瓜（Boucher et al.，2005）、波兰等（张龙耀，2011）；也有显示差异性缓解的结论，土地经营权抵押贷款的效果存在一定的群体差异性，仅中等和大规模农户的信贷可得性能有所提高，贫困人群难以得到改进（Tassel，2004）。此外，也有学者关注土地经营权抵押贷款供给方绩效，以信贷员作为供给方代表，对其供给意愿进行分析（王兴稳等，2007；于丽红，2013；林乐芬等，2011）。也有学者从农户角度对供给效果进行评估来反映供方效果，研究发现农户对供给效果总体评价较高，但不同收入组农户的评价具有差异性（曹瓅等，2015）。

2.2.3 农户土地经营权抵押贷款认知及作用

从现有文献来看，少量学者在土地经营权抵押贷款绩效研究中提及农户的认知及作用。

牛晓东（2015）对陕西高陵县、杨凌示范区、宁夏同心县、宁夏平罗县1 192户农户调研，发现农户对制度以及程序了解程度介于“没听说过”和“听说过一点”。杨婷怡（2014）对陕西高陵县、宁夏同心县1 040户农户调研发现，58%的农户表示听说过土地经营权抵押贷款。王凯（2010）对成都农户的实地调研发现，2008年有15.4%的农户认为土地是具有可抵押资格的，2010年的数据表示该比例上升到45.2%；陈永桃等（2017）调研发现只有3.34%的农户认为土地是可以抵押贷款的。曹瓅等（2015）对宁夏同心县与平罗县农户调研，用农户对“土地经营权抵押贷款制度满意度”衡量其认知，数据显示农户的满意度是3.98，介于一般和满意之间，且随着农户收入水平提高而满意度增加。总体来看，农户对土地经营权抵押贷款的认知度不高，但有提高的趋势。

杨婷怡（2014）将认知作为影响农户参与行为的因素纳入分析模型中，结果显示，听说过抵押贷款的、获得过抵押贷款的农户参与意愿更高。牛晓东（2015）的研究表明，农户对政策的认知除低收入组外，对农户的参与意愿都有正的显著影响；对程序的认知除高收入组外，对其他组农户的参与意愿都有显著影响。可见，现有文献的结论都一致表明认知对农户行为是具有影响的。

2.2.4 评述及研究启示

从文献回顾来看，学者们已对农户土地制度认知、农村土地经营权抵押贷款、农户土地经营权抵押贷款认知及作用研究进行了不同层次的讨论，但依然有以下几个方面值得继续深入探讨。

（1）农户土地经营权抵押贷款认知对其参与行为的研究值得进一步推进。认知理论与现有文献结论都表明，个人认知无论是对个体行为还是对最终的制度都极为重要，土地经营权抵押贷款作为国家“边试点，边总结，边完善”的新制度更值得从个人认知视角讨论其绩效。但现有文献缺乏专门的研究，无论是数量还是内容上该研究都值得做进一步的推进。

（2）现有认知指标较单一，需要建立系统性的农户认知体系。学者们意识到农户认知的重要性，但多选择较为简单的、静态的指标来衡量。这不仅影响认知结论的准确性，也不具有横向的可比性。因此，有必要建立系统性的农户认知指标。

(3) 现有文献未区分不同状态下的农户认知，需要对其分类对待。认知会受到信息传递方向的影响，现有研究往往忽略这点，未将其区分对待，这可能会造成结论的差异性和不准确性。如将宁夏同心县和陕西高陵县农户合并分析，两县的信息传递方式是不同的。宁夏同心县信息从下至上传递，则认知高；陕西高陵从上向下传递，则认知低，两县合并，其结果只取决于每个地区样本的数量，那么其结果意义又何在？而基于此的对策建议又是提给谁的呢？

(4) 现有行为多为参与意愿，需要进一步推进到实际申请行为。现有研究多关注农户认知对土地经营权抵押贷款参与意愿的影响，对于一项新制度而言，参与意愿是其可行性基础，但实际的参与行为才是产生制度绩效的关键，因此需要进一步关注认知对参与行为的影响。

2.3 分析框架

以农户认知、农户行为、农村金融理论为基础，借鉴已有文献，建立本书的分析框架。本书认为制度通过认知作用于个人行为，而个人行为又影响制度的发展。正如阿兰·斯密斯（2004）所说“在社会过程的舞台上，制度与人类认知、行为互补并永远相互塑造”。具体框架如图 2.1 所示。

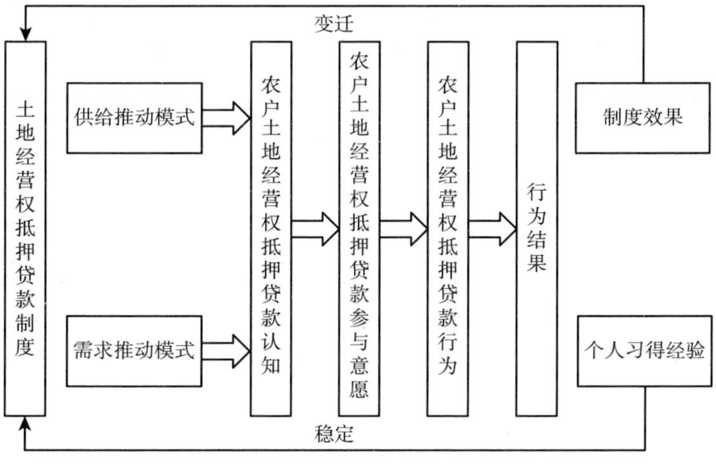

图 2.1　整体分析框架

第一，土地经营权抵押贷款制度对农户认知与行为的影响。“制度是一系列人所发明设计的约束人们行为与相互交往的规则（North，1990）”，制度的作用机制是通过预期影响行为，即“行为人知道在这个制度下，每个人都遵守规则，每个人也都预计他人会遵守，如果任何一个人偏离了规则，人们知道采取偏离策略的得益对于所有行为人来说都要比遵守规则相对应的得益低（肖特，2003）”，在此信念下，“制度作为管束人们行为的一系列规则（舒尔茨，1994）”能达到“制度简化心智（North，1994）”、“节约认知资源（布瓦索，2003；North，2005）”的目的，而个人“服从制度规范也就是完全理性的（Akerlof，1976）”。基于以上分析，本书认为土地经营权抵押贷款制度会调整、塑造农户原有的相关认知体系，该认知会对农户申请行为产生影响。

第二，农户土地经营权抵押贷款认知、申请行为对制度的影响。认知与行为通过两种力量影响着制度的发展。一方面，认知影响个体行为，行为产生制度绩效，实际制度绩效与预期制度绩效之间的差距是制度变迁的力量。“制度变迁是个体心智模型与环境互动调整的过程，是一个适应性或试错的学习过程，也是一个认知调整的过程（North，2015）”。另一方面，个人第一周期的行为作为其习得性经验会对下一期个人行为以及制度产生强路径依赖，是制度稳定的力量。基于以上分析，我们认为农户的土地承包经营权抵押贷款认知和行为会通过行为结果影响抵押制度效率。

第三，土地经营权抵押贷款模式差异对农户认知的影响。信息传递方向会影响农户的认知，本书将土地经营权抵押贷款划分为供给推动型和需求推动型，分别对应信息从上至下和从下至上的传递方向。理论上，从下至上的信息传递模式下，农户认知水平会更高，反之则低。那么现实是否如此？是否会延续到对农户申请行为的差异呢？这是本书所感兴趣的问题，故纳入分析框架。

第四，两点研究说明。①该框架是循环体系，但本书只研究静态的制度—认知—行为的单过程。一方面，本书研究的落脚点是农户认知与认知对农户制度响应的影响，而不是由于认知和行为导致的制度变迁；另一方面，我国土地经营权抵押贷款试点时间并不长，多数农户的认知和行为并未达到循环反馈的程度。当然，随着土地经营权抵押贷款的推进，试点区信息、产品供给逐渐增加，认知与行为的反馈循环非常值得研究。②理论框架中的农户是农户群体，而本书关注微观农户个体。本书关注的是微观农户对制度的认知与行为，并未考量由差异个体到群体，由群体到绩效的过程，但这可作为后期的研究展望。

第五，农户的制度响应分为参与意愿与申请行为两层次。参与意愿是土地经营权抵押贷款制度的可行性绩效，申请行为是制度实施的直接结果。

第 3 章　试点区土地经营权抵押贷款概况

中国农村改革一直遵循着“摸着石头过河”的路径，尤其是关系农户生计的土地制度改革。农村改革通过试点，不断试错、修正、总结、完善，寻求最适合的改革方式。此外，试点效果不仅会给“改革可行性之辩”一个直接的回答，还会给改革的全面推广树立一个“预期”。土地经营权抵押贷款正是基于此的一项试点改革，经过多年的试点探索，我们想要知道的是，试点地究竟如何运行的？运行效果如何？

本章基于以上两个问题，对我国土地经营权抵押贷款的实施情况做概况分析，分别从实施背景、试点地区模式以及试点地区主要实施效果 3 个方面进行回答。

本章内容与现有文献相比，可能的推进点有以下两处：第一，增加试点地区模式，更新已有研究模式。现有文献对部分试点区土地经营权抵押贷款模式进行了介绍，主要有宁夏同心县（伍振军等，2011；汪险生，2014）、辽宁昌图县（于丽红等，2014）、重庆市开县（王平等，2011）、贵州省凤冈县（洪名勇，2015）、湖北武汉市、山东枣庄市（张龙耀等，2015）、宁夏同心县与平罗县（徐婷婷，2013；汪险生等，2016）、宁夏同心县与江苏新沂市（汪险生，2014）、宁夏同心县与陕西高陵县（杨婷怡等，2014）、江苏武进区和泗洪县（黄惠春等，2016）等。随着试点地区的增加以及时间的推进，新模式不断涌现，原有模式不断调整。本书增加现有文献未涉及的嘉兴南湖区的金融机构推动型模式与重庆江津区资金互助社需求推动模式。宁夏同心县的抵押贷款模式一直是学者们关注的焦点，我们在 2016 年调研时发现，与最近 2014 年汪险生、杨婷怡等的文献相比，模式有了进一步的调整。基于此，本书根据实地调研情况，对宁夏同心县的土地经营权抵押贷款模式进行了更新。第二，较全面的宏观数据分析，丰富了现有效果研究。现有文献多从微观农户、信贷员层面对试点地区土地经营权抵押贷款效果进行分析，较少选择宏观整体研究，数据难以获取是其主要的原因之一。本书在调研中分别对试点地区地方政府、相关农业部门、金融机构、担保公司进行座谈，获取较为全面的统计数据，丰富了现有的效果研究文献。

3.1 我国土地经营权抵押贷款实施背景

为什么有的制度在某些国家能很好实施，在某些国家却“四处碰壁”？为什么有的制度在现在无法实施，却能在将来“大展拳脚”？制度经济学家们对此充满了浓烈的兴趣，并从多视角对其进行研究。研究表明，一项好的制度不能脱离实际环境而存在，要与当期环境中的“生产力”与“生产关系”契合，且与未来“生产力”“生产关系”的发展趋势吻合。基于此，本章分别从制度背景、经济社会背景两方面对我国土地经营权抵押贷款的实施背景进行介绍。

3.1.1 国家制度背景

我国土地经营权抵押贷款处于“法律禁止、制度允许、试点地区突破”的制度环境。

基于安全稳定角度，我国《中华人民共和国担保法》《中华人民共和国农村土地承包法》《中华人民共和国物权法》明文规定农村土地承包经营权不得用于抵押。《中华人民共和国担保法》① 第34条和第37条规定“抵押人依法承包并经发包方同意抵押的荒山、荒沟、荒丘、荒滩等荒地的土地使用权可以用于抵押”，“耕地、宅基地、自留地、自留山等土地使用权不得抵押”。《中华人民共和国农村土地承包法》② 第49条规定，“通过招标、拍卖、公开协商等方式承包的农村土地，依法取得土地承包经营权或者林权证等证书的，其土地承包经营权可以依法采取转让、出租、入股、抵押或者其他方式流转”。《中华人民共和国物权法》③ 第128条规定，“土地承包经营权人依照农村土地承包法的规定，有权将土地承包经营权采取转包、互换、转让等方式流转，流转期限不得

① 全国人民代表大会．中华人民共和国担保法．1995－06－30.

② 全国人民代表大会．中华人民共和国农村土地承包法．2002－08－29.

③ 全国人民代表大会．中华人民共和国物权法．2007－03－16.

超过承包期的剩余期限”，而土地承包经营权抵押权利没有被提及。第 133 条规定，“通过招标、拍卖、公开协商等方式承包荒地等农村土地，依照农村土地承包法等法律和国务院的有关规定，其土地承包经营权可以转让、入股、抵押或者以其他方式流转”，第 180 条规定，“以招标、拍卖、公开协商等方式取得的荒山等土地承包经营权可以抵押”。第 184 条规定，“土地所有权，耕地、宅基地、自留地、自留山等集体所有的土地使用权不得抵押，但法律规定可以抵押的除外”。从以上相关法律可见，“依村级成员身份”获得的土地经营权在法律上禁止被抵押。

基于提高农业生产效率角度，国家制度对土地经营权抵押贷款的态度从“探索”到“允许”到“鼓励推进”到“规范推广”转变，并赋予试点地区突破“经营权不可抵押的法律权限”的特权，具体相关文件及内容如表 3.1 所示。

表 3.1　　土地经营权抵押贷款相关制度

阶段	时间及发文单位	文件名称	相关内容
探索阶段	2009 年中央一号文件 中共中央、国务院	《关于促进农业稳定发展农民持续增收的若干意见》[a]	“鼓励和支持金融机构创新农村金融产品和金融服务，依法开展权属清晰、风险可控使用权等抵押贷款以及权利质押贷款”
	2009.3 中国人民银行、银监会、证监会、保监会联合	《关于进一步加强信贷结构调整，促进国民经济平稳较快发展的指导意见》[b]	“试点地区，有条件的地方可以探索开办土地经营权抵押贷款”
	2010.5 中国人民银行、银监会、证监会、保监会联合	《关于全面推进农村金融产品和服务方式创新的指导意见》[c]	“探索开展农村土地承包经营权和宅基地使用权抵押贷款业务”
允许阶段	2014 年中央一号文件 中共中央、国务院	《关于全面深化农村改革加快推进农业现代化的若干意见》[d]	“稳定农村土地承包关系并保持长久不变，在坚持和完善最严格的耕地保护制度前提下，赋予农民对承包地的占有、使用、收益、流转以及承包经营权抵押、担保权能。在落实农村土地集体所有权基础上，稳定农户承包权、放活土地经营权、允许承包土地的经营权向金融机构抵押融资”

续表

阶段	时间及发文单位	文件名称	相关内容
鼓励推进阶段	2015 年中央一号文件 中共中央、国务院	《关于加大改革创新力度加快农业现代化建设的若干意见》[e]	“做好承包土地的经营权和农民住房财产权抵押担保贷款试点工作。鼓励开展“三农”融资担保业务，大力发展政府支持的三农融资担保和再担保机构，完善银担合作机制”
	2015.8 国务院	《国务院关于开展农村承包土地的经营权和农民住房财产权抵押贷款试点的指导意见》[f]	“稳妥有序开展两权抵押贷款业务，……，为稳步推进农村土地制度改革提供经验和模式” “试点涉及突破《中华人民共和国物权法》第 184 条，《中华人民共和国担保法》第 37 条相关法律条款，由国务院按程序提请全国人大常委会授权，允许试点地区在试点期间暂停执行相关法律条款”
规范推广阶段	2015.12 国务院	《全国人民代表大会常务委员会关于授权国务院在北京市大兴区等 232 个试点县（市、区）、天津市蓟县等 59 个试点县（市、区）行政区域分别暂时调整实施有关法律规定的决定》[g]	“授权国务院在北京市大兴区等 232 各试点县（市、区）行政区域，暂时调整实施《中华人民共和国物权法》《中华人民共和国担保法》关于集体所有的耕地使用权不得抵押的规定”
	2016 年中央一号文件 中共中央、国务院	《关于落实发展新理念加快农业现代化实现全面小康目标的若干意见》[h]	“在风险可控前提下，稳妥有序推进农村承包土地的经营权和农民住房财产权抵押贷款试点”
	2016.3 中国人民银行、中国银监会、中国保监会、财政部、农业部联合	《农村承包土地的经营权抵押贷款试点暂行办法》[i]	规定土地经营权抵押贷款的条件，公布试点地区名单
	2016.10 中共中央、国务院	《关于完善农村土地所有权承包权经营权分置办法的意见》[j]	“完善三权分置，……，积极开展土地承包权有偿退出、土地经营权抵押贷款、土地经营权入股农业产业化经营等试点，总结形成可推广、可复制的做法和经验”

续表

阶段	时间及发文单位	文件名称	相关内容
规范推广阶段	2017 年中央一号文件 中共中央、国务院	《关于深入推进农业供给侧结构性改革，加快培育农业农村发展新动能的若干意见》[k]	“深入推进承包土地的经营权和农民住房财产权抵押贷款试点”

注：a. 中共中央，国务院. 关于促进农业稳定发展农民持续增收的若干意见 [Z]. 2008－12－31.

b. 中国人民银行，银监会，证监会，保监会. 关于进一步加强信贷结构调整，促进国民经济平稳较快发展的指导意见 [Z]. 2009－3－18.

c. 中国人民银行中国银行业监督管理委员会，中国证券监督管理委员会，中国保险监督管理委员会. 关于全面推进农村金融产品和服务方式创新的指导意见 [Z]. 2010－7－28.

d. 中共中央办公厅. 关于全面深化农村改革加快推进现代化的若干意见 [Z]. 2013－11－12.

e. 中共中央，国务院. 关于加大改革创新力度加快农业现代化建设的若干意见 [Z]. 2014－12－31.

f. 国务院. 关于开展农村承包土地的经营权和农民住房财产权抵押贷款试点的指导意见 [Z]. 2015－8－24.

g. 国务院. 关于授权国务院在北京市大兴区等 232 个试点县天津市蓟县等 59 个试点县行政区域分别暂时调整实施有关法律规定的决定 [Z]. 2015－12－27.

h. 中共中央，国务院. 关于落实发展新理念加快农业现代化实现全面小康目标的若干意见 [Z]. 2015－12－31.

i. 中国人民银行，银监会，证监会，保监会. 农村承包土地的经营权抵押贷款试点暂行办法 [Z]. 2015－3－15.

j. 中共中央办公厅，国务院. 关于完善农村土地所有权承包经营权分置办法的意见 [Z]. 2016－10－30.

k. 中共中央，国务院. 关于深入推进农业供给侧结构性改革，加快培育农业农村发展新动能的若干意见 [Z]. 2016－12－31.

3.1.2 经济社会背景

第一，现阶段我国土地市场处于“劳动力外出打工，土地供给增加”与“农业现代化推进，土地需求剧增”的状态。国家统计局数据显示，2013 年农民工总量已达 26 894 万人，其中 16 610 万人为进城农民工。庞大的农民群体脱离土地，造成农村土地大量闲置或低效耕种，从经济学意义上来说，农村拥有了大量的潜在土地供给。另外，我国现阶段正经历着从传统农业到现代农业的转变，以农业企业、家庭农场、合作社为代表的新型农业经营主体大量涌现。据统计，截至 2015 年，全国平均规模 200 亩以上的家庭农场有 87.7 万家，农民合作社 153 万家，产业化经营组织 35.6 万家（张红宇，2016）。新型农业经营主体突破传统小农耕种方式，利用土地规模经济以及新要素报酬获取超额土地收益，这也意味着新型农业经营主体存在大量的土地需求。因此，从潜在土地供给，到实际土地需求，土地流转成为现阶段中国农村土地经营的一种常态。

第二，我国农业资金需求与供给处于“需大于供”的非平衡状态。农业具有周期长、风险大的特点，改变传统“自给自足”的耕种方式，需要对农业进行投资。与农业资金需求相对应的是匮乏的农业资金供给，出现了大量农户信贷约束现象。农业贷款难，关键在于缺乏抵押品。相对于城镇居民而言，农业作为一种职业，无法像城镇职业一样具有抵押价值，农户最有价值的宅基地也无法抵押贷款（现国家允许试点地探索农村宅基地抵押贷款，但未全面实施）。这导致农户受到严重的信贷抑制，出现了大量资金需求缺口。据《“三农”互联网金融蓝皮书》统计，2014 年“三农”领域的贷款投入需求约 8.45 万亿元，其中金融缺口高达 3.05 万亿元。学者研究表明，农民信贷约束高达 45%，其中由于农业经营主体缺乏抵押品而遭受到的约束比例为 40%（刘艳华，2014）。

第三，现阶段我国土地经营权抵押市场薄弱。汪险生等（2014）提出了“土地抵押薄市场”概念，即现阶段我国土地市场发育程度低的现状。一方面，尽管国家制度松动给予土地经营权抵押贷款试点实施的机会，但是中央决议并没构成法律意义上的要件，土地市场上也并未形成依法可行的高效的“违约土地处置”机制。制度上所提及的“拍卖”“集体内部再处置”在具体实施中要么不可操作而流于形式，要么成本太高而不可持续。另一方面，土地经营权抵押贷款的其他环节并未形成切实可行的专业分工。如现行的土地价值评估，要么由地方政府官员组成，要么由金融机构单方完成，并未形成客观的第三方评估，这就带来了土地市场的不完全性。

3.2 主要调研地区土地经营权抵押贷款模式

本节对所选择的 4 个主要调研地区的土地经营权抵押贷款模式进行总结。借鉴杨婷怡（2014）的模式划分方法，将贵州凤冈县、嘉兴南湖区、宁夏同心县和重庆江津区的模式归纳为“地方政府供给推动型”“金融机构供给推动型”“合作社需求推动型”和“互助社需求推动型”。其中前两者合称“供给推动型”，后两者合称“需求推动型”。

3.2.1 供给推动模式

供给推动模式，地方政府与金融机构作为制度与产品的供给者，由他们所推动的土地经营权抵押贷款。制度由供给者制定并推动实施，信息也相应从上至下传递到农户层面。

（1）地方政府供给推动型。

该模式由地方政府出台相关指导文件，主导并参与实施的土地产权抵押贷款，信息的传递也是由地方政府逐层向下进行。

凤冈县位于贵州省东北部，总面积 1 885.09 平方千米，辖 13 镇 1 乡 86 个村（社区），总人口 44 万人。凤冈县属于典型的山区农业县，全县有 91% 的农业人口，耕地面积 40 万亩。2013 年农业产值为 126 281 万元，农民平均收入为 4 752 元。凤冈县的主要经济作物是茶叶，其茶叶种植具有地理、文化以及制度上的优势。凤冈县土壤含丰富的锌硒元素，形成了茶叶含锌硒元素的特点；凤冈县是少数民族聚居地，以苗族、土家族、仡佬族为主，其中土家族人一直有着喝“油茶”的传统习俗。2009 年凤冈县被贵州省定位为“湄潭实验区政府辐射凤冈”，成为“城乡一体化改革试点”。凤冈县政府提出“茶产业拉动经济”的发展战略，2009 年制定并实施土地流转、土地金融改革、种茶补贴等具体措施发展茶产业，本书所关注的农村土地经营权抵押贷款就是其中土地金融改革中的一项具体内容。

2009 年凤冈县下发《中共凤冈县委、凤冈县人民政府关于开展农村改革试验试点工作的实施意见》，意见指出以“农村产权制度改革、农村金融服务改革和农村基层治理方式改革”为突破，其中“农村产权制度改革和农村金融服务改革”具体落实为农村土地经营权抵押贷款。2010 年凤冈县下发《凤冈县农村资产评估管理工作实施方案》《凤冈县茶叶资产评估办法（试行）》《凤冈县农村集体土地承包经营权评估办法（试行）》等文件，具体落实土地经营权抵押贷款的实施方法，相关文件制度设计如图 3.1 所示。

根据图 3.1，对贵州凤冈县土地经营权抵押贷款的流程进行以下特点分析：

第一，整个实施过程由地方政府主导，信息从上至下传递。从土地经营权抵押贷款的前期准备（包括接件、确权、评估）到实际操作（地方政府设立国有担保公司）再到违约处置（地方政府设立产权交易中心处置或者收储中心收储）都由地方政府设立相应机构，并推动其运行。从流程也可见，信息是从地方政府下达，通过各级传递到达农户。

第二，交易成本高，原始制度设计并未完全实现。对于地方政府而言，高交易成本体现在需要额外设立相应机构（如由县到乡设立产权服务中心、各种

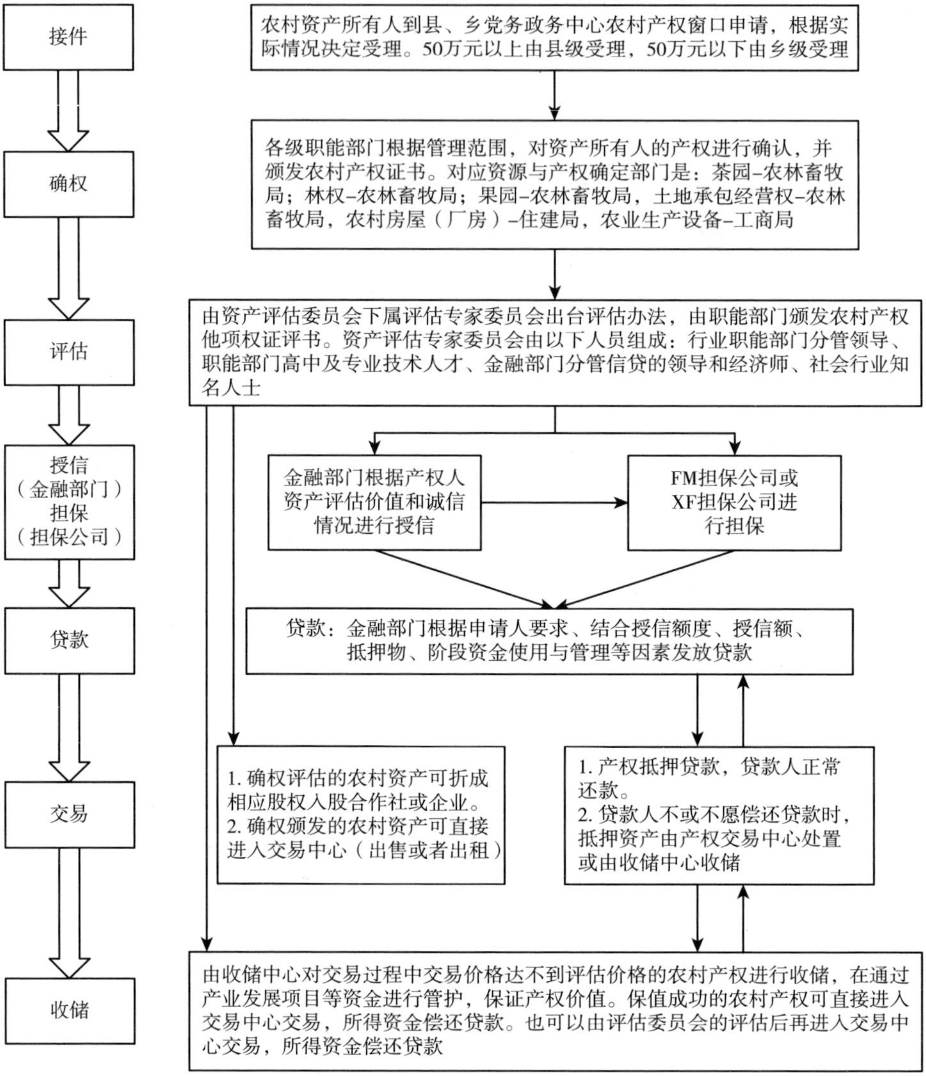

图 3.1　贵州凤冈县土地经营权抵押贷款制度设计

资产的评估专家组、国有的担保公司、土地收储中心等）。此外，还要推进相应机构的运行（如土地确权、土地规范流转、土地交易）。事实上，从 2009 年实施至今，凤冈县收储中心未建立，产权服务中心虽已建成但并未进入实质运行。原始制度所设计的“土地资产股权入股，直接进入交易中心”也并未实施。土地经营权抵押贷款也以反抵押担保形式在进行，具体实施流程如图 3.2 所示。

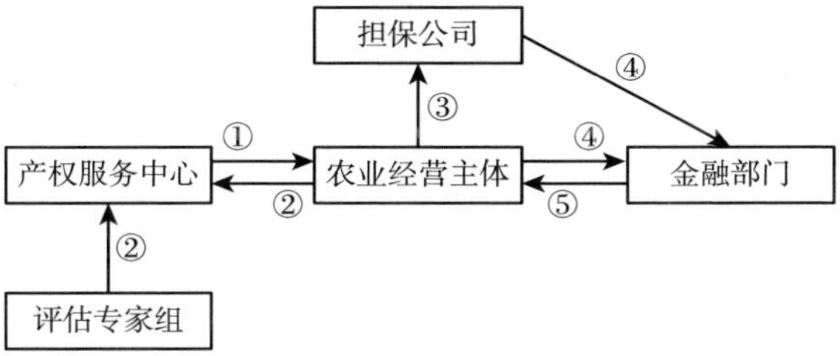

图 3.2 贵州凤冈县土地经营权抵押贷款流程

农业经营主体按规定提交自评表、申请表及其他资产证明向产权服务中心申请资产确权（①）；获取产权证后，经营主体向产权服务中心申请资产评估获取他项权证，由资产评估专家组对申请抵押资产进行评估，形成资产价值评估报告，以此为基础，产权服务中心制定关于土地经营权价值、土地面积、土地经营权年限、土地地理位置等内容的他项权证，农业经营主体获取他项权证后将产权证留存于产权服务中心处（②）；农业经营主体向担保公司申请土地经营权抵押担保，担保公司评估其资信，通过后签署担保协议，担保公司收取他项权证（③）；农业经营主体和担保公司分别与金融部门签署贷款协议与担保协议（④）；金融部门分批向农业经营主体发放贷款，每笔金额发放前需获担保公司出具的前期资金使用情况以及是否继续放贷的说明（⑤）。

第三，从本质上来说，地方政府认可土地经营权的“可抵押性”，金融机构接受的是“担保”贷款。凤冈县的土地经营权实质上是作为“反担保资产”，价值相对较低。在《凤冈县农村集体土地承包经营权评估办法（试行）》中，凤冈县制定了土地价值评估办法，如下所示：

$$\begin{cases} \text{土地价值} = \text{平均分值} \times 5\,000\ \text{元/亩} \times \text{抵押年限}/10 \times \text{实际亩数} \\ \text{平均分值} = \text{土质评分} + \text{土地分布状况评分} + \text{土地承包经营期限评分} \\ \text{土质评分} = f(\text{好，}45 \sim 50\ \text{分；中，}40 \sim 45\ \text{分；差，}30 \sim 40\ \text{分}) \\ \text{分布状况评分} = f(\text{山地，}10 \sim 20\ \text{分；平地，}20 \sim 25\ \text{分；坝子，}25 \sim 30\ \text{分}) \\ \text{经营期限评分} = f(3 \sim 5\ \text{年，}10 \sim 15\ \text{分；}6 \sim 10\ \text{年，}15 \sim 20\ \text{分；}10\ \text{年以上，} \\ 20\ \text{分}) \end{cases}$$

其中，平均分值由土地的土质、区位、经营期限共同决定，总分值为 50 ~ 100 分，每亩 5 000 元的评估价值是以抵押 10 年为标准。依此推算，理论上每亩土地每年的抵押价值在 250 ~ 500 元。根据金融机构贷款金额不得超过抵押价值的 70% 来算，一亩土地经营权理论上可以抵押 175 ~ 350 元。但在实际操作中，土地经营权通过担保后获得贷款的金额更低。以凤冈县 MN 茶叶有限公司为例，该公司用260亩土地经营权（150亩与村集体签署30年期，110亩与村民签署流转合同15年）获得的抵押金额是12万元，平均每亩每年的实际抵押价值仅20元。如此低的抵押价值，导致担保公司基于成本考虑设定担保条件，只接受包含10亩以上规模土地的一揽子资产。换言之，能进入贵州凤冈县土地经营权抵押贷款的群体是10亩以上规模土地，拥有其他高资产的农业经营主体。

第四，从农村金融理论来看，贵州凤冈县是农村补贴信贷理论的实际运用。地方政府推动土地经营权抵押贷款信贷市场，成立专门的担保公司促进运行，以救助式金融形式对担保公司补贴、金融机构补贴，限制金融机构土地经营权抵押贷款最高利率，规定贷款利率不得超过基准利率的30%。

（2）金融机构供给推动型。

金融机构供给推动，是由金融机构主导实施，经地方政府规范的土地经营权抵押贷款模式。金融机构作为贷款的供给方，其推动的模式具有直接性。信息的传递过程是：金融机构形成制度，地方政府合法化后往下传递给农户。

嘉兴市南湖区位于浙江省东北部，区总面积425.83平方千米，辖5个镇、8个街道、57个行政村。总人口48.39万人，其中农村人口19.71万人，耕地总面积28.95万亩，2013年南湖区农民人均年收入为20 091元。嘉兴市南湖区具有实施土地经营权抵押贷款的区域与土地市场优势。区域上的金融竞争优势包括，近邻中国金融中心上海，大量正规金融机构辐射嘉兴农村金融市场，毗邻温州、台州，丰富的民间融资产品涌向嘉兴。土地市场优势在于规范的、活跃的土地流转市场。2013年、2014年土地流转面积分别为99.7万亩和101.2万亩，土地流转率高达41.2%、41.8%。

2010年嘉兴市农村信用社下发《土地流转经营权抵押贷款办法》，2011年嘉兴市南湖区农经站下发《土地流转经营权证办理办法》，2011年8月浙江省嘉兴市农经局联合浙江省农村信用合作联社下发《浙江省嘉兴市农村土地流转经营权抵押贷款专项贷款实施办法（试行）》，文件中明确指出该办法的最终解释权归属农村信用合作社嘉兴办事处。具体抵押贷款流程如图3.3所示。

嘉兴市南湖区土地经营权抵押贷款由横向土地流转过程和纵向经营权抵押贷款过程构成。

农村土地流转过程：以村为单位成立村级经济合作社，农户将土地经营权流转给合作社（①），合作社将规模土地流转给转入方（②-①）获取流转期租金（③-①），支付给农户（④）；若短期内无流入方，则合作社将土地流转给村集

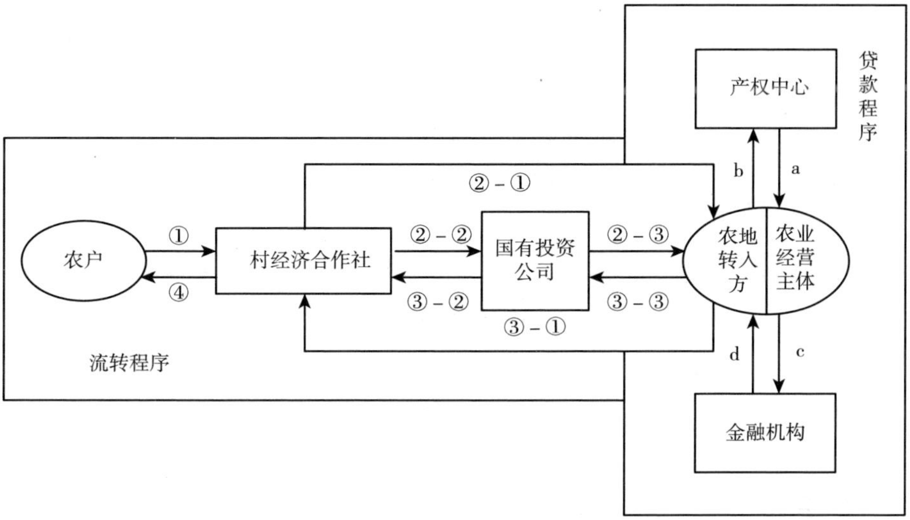

图 3.3　嘉兴南湖区土地经营权抵押贷款流程

体成立的国有投资公司（②-②），投资公司支付租金给合作社（③-②），合作社将租金支付给农户（④）；若有短期小规模土地流入方，国有投资公司将土地流出（②-③），获取租金（③-③）。村经济合作社与国有投资公司作为两个独立的发包方，都具有流转土地的权利。村经济合作社主要以长期性大规模土地流出为主，而国有投资公司以化整为零的方法，将土地短期、部分流出，国有投资公司以解决村经济合作社短期内无法流转的情况为主。国有投资公司或村经济合作社流转成功后，收取流入方每亩 50 元的管理费，且地方政府每年会补贴国有投资公司资金，防止出现支付租金过长导致的亏损现象。此外，租金的管理方式是：流入方一次性支付多年期租金，由村经济合作社或国有投资公司保管并按年支付给农户。

土地经营权抵押贷款过程：土地流入方（农业经营主体）与土地流出方（村经济合作社、国有投资公司）签订流转合同后，农业经营主体向产权中心（包含土地流转服务中心）申请办理土地流转经营权证（a）。产权中心审核无误，发放土地流转经营权证，证明申请人在流转土地上具有一定期限的经营权，该期限以实际支付的租金年限为准（b）。农业经营主体将流转经营权证向金融机构申请抵押贷款（c）。金融机构审核通过后和农业经营主体签订贷款合同，并按规定发放贷款（d）。

嘉兴市南湖区土地经营权抵押贷款模式具有以下特点：

第一，直接抵押贷款，地方政府干预少，交易成本低。该模式下金融机构直接接受农业经营主体抵押贷款，整个过程由金融机构推动，相关的评估、审核均由金融机构内部化。地方政府并未设置额外机构，仅起备案和证明作用。

第二，金融机构认可的抵押物是“流转土地的经营权”，抵押价值是“剩余的租金金额”。《浙江省嘉兴市农村土地流转经营权抵押贷款专项贷款实施办法（试行）》指出抵押贷款的主体是“具备一定生产规模的农业生产组织”，抵押标的物是“合法取得土地流转经营权证”“缴纳流转租金的具备相应抵押价值”的农村流转土地。在实际操作中，金融机构往往要求“20 亩以上规模流转土地的经营权”。作价方法如下：

$$\begin{cases}\text{总评估价格}=\text{土地流转经营权价值}+\text{地上/下附着物价值}\\ \text{土地流转经营权价值}=\text{每亩土地年租金}\times\text{剩余经营权年限}\times\text{流转面积}\\ \text{剩余经营权年限}=\text{已支付租金的期限}-\text{已经营流转土地的年限}\end{cases}$$

估价案例：JXY 农户，2012 年 6 月 1 日向南湖区某村国有投资公司流转土地 974.3 亩，流转期限到 2013 年 5 月 31 日，流转价格是每年 560 元/亩，已支付完流转期限内的所有租金。2012 年 9 月向银行提出申请土地流转经营权抵押贷款，抵押资产还包括管理用房 2 间、仓储房 1 间，银行贷款评估价格核算如下：

$$\begin{cases}\text{土地流转经营权价值}=\text{剩余租金年限}（2013\text{年}5\text{月}-2012\text{年}9\text{月}=8\text{个月}）\times\\ \text{流转价格}(560\text{元/年})\times\text{流转面积}（974.3\text{亩}）=36.37（\text{万元}）\\ \text{管理用房价值}=\text{管理用房面积}\times\text{单位价格}=600m^2\times300\text{元/平方米}=18（\text{万元}）\\ \text{仓储房价值}=\text{仓储房面积}\times\text{单位价格}=100m^2\times200\text{元/平方米}=2（\text{万元}）\\ \text{总评估价值}=36.37\text{万元}+18\text{万元}+2\text{万元}=56.37（\text{万元}）\end{cases}$$

最终 J 农户土地流转经营权抵押贷款总的评估价格是 56.37 万元。

第三，市场链接是嘉兴南湖区土地经营权抵押贷款的实质。该模式有效地将申请人所处的“土地流转市场”与“信贷市场”充分链接。一旦贷款人违约，银行有流转经营权的处置权，可将抵押的剩余期限经营权向“村级合作社”“国有投资公司”、其他农户或土地交易市场进行再流转。此外，链接市场的专有资产损失也会给贷款申请人实施“有效的威胁”，增加贷款者的自我履约率。

第四，从农村金融理论来看，嘉兴市南湖区更倾向不完全竞争市场理论。地方政府介入的内容是向金融机构提供申请者在流转市场上的信息，以此减少信贷双方信息的不对称，并不对金融机构的放贷利率、放贷规模进行限制。嘉兴南湖区鼓励金融竞争，目前接受土地经营权抵押贷款的金融机构就有 5 家之多，在调研中农业部门负责人表示还有很多股份制、外资银行业正在申请该项业务。

3.2.2 需求推动模式

需求推动模式是由农户推动、自发形成的做法，经调整稳定后，由地方政府合法化，通过正规制度稳定下来的模式。信息传递过程是：信息源于农户所在组织，向上传递给地方政府，经地方政府规范后，再次返回给农户。

（1）合作社需求推动型。

宁夏同心县从 2003 年开始探索实施，经过 10 多年的运作形成了成熟的土地经营权抵押贷款模式，也引起了众多学者的关注（汪险生，2014；伍振军，2011）。这促使我们想要去了解民间如何在法律不允许、政府不介入、银行积极性不强的情况下自发形成土地融资？是否这种凝聚着民间智慧的做法更能持续长久运行？带着这些问题，2016 年 2—3 月，课题组前往宁夏同心县调研。

同心县位于宁夏回族自治区中部干旱带核心区，从自然条件上来说并不是一个宜农耕种的县份。一方面宜农面积小，总耕地面积为 212.45 万亩，其中水田仅有 40.05 万亩，全县丘陵、沟壑、山地、沙漠等占总面积的 65.4%；另一方面，同心县属于温带大陆气候，常年干旱缺水。自然环境形成了宁夏同心县以畜牧养殖为主的农业特点。同心县 2014 年总人口 37.97 万人，其中农业人口占比 74.99%，回族人口 33.49 万人，占比 85.6%。农业产值占总产值的 24.7%，农村居民人均收入 6 123 元。“自然禀赋差”“收入水平低”“养殖为主”导致了同心县农民长期处于资金匮乏状态，尤其是每年购买羊崽、牛崽时。“回族聚居”的特点，因为具有相同信仰、相同生活方式，形成了同心县互帮互助、注重人情往来的，较为封闭与稳定的“熟人社会”。

2003 年同心县探索利用熟人社会以及村集体力量向金融机构贷款的融资方法，2006 年形成较为稳定做法，并大范围运行。2010 年吴忠市规范同心县做法，下发《吴忠市农村土地承包经营权反担保贷款管理办法》，赋予其合法性。同心县土地经营权抵押贷款做法一直在实施中不断调整，2016 年我们调研的结果与伍振军（2012）、汪险生（2014）文献中总结的模式有了一些变化。具体如图 3.4 所示。

农户以自己承包或流转的土地经营权入股土地承包经营权流转合作社。合作社以村为单位，设立会长、副会长、常务会员，通常会长和副会长是村干部，常务会员的选取综合考虑资信、经济条件、所处民族、所处村民小组等条件。农户土地经营权入股，原则上要求入股面积不得超过自有土地面积的 70%，即“留

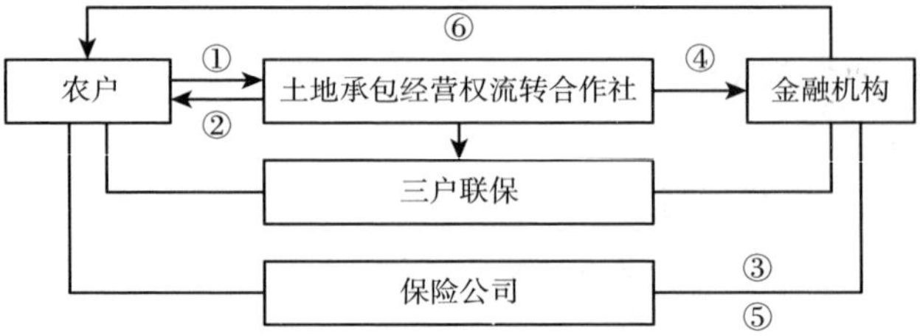

图 3.4 宁夏同心县土地经营权抵押贷款流程

足基本生存口粮土地，剩余可酌情入股”的原则，但在实际操作中有农户全部土地入股（①）。合作社对申请农户进行审查，内容包括申请人的信用历史、家庭资产情况、入股土地质量等信息，经 2/3 会员同意后颁发合作社社员入股证，成为会员，享有合作社赋予的融资担保权（②）。有贷款需求的农户向金融机构提出贷款申请，贷款条件有 3 个：一是三户联保，即申请农户寻求其他社员自愿组成三户联保体，为其担保，合作社对会员担保数量做出相应规定，即每户每次只能担保 1 户（③）；二是合作社为贷款农户提供总担保（④）；三是贷款农户需要向保险公司购买意外伤害保险，有条件的农户也可额外再购买其他农业保险，保险公司出具保单后，农户递交相关证明给金融机构（⑤）。金融机构对以上资料及农户资信、贷款用途、还款来源、担保情况、保险情况综合考虑后，发放贷款（⑥）。

宁夏同心县土地经营权抵押贷款具有以下特点：

第一，由农户需求推动，金融机构与地方政府并未增加额外工作。从整个抵押过程来看，不需要地方政府做任何确权、评估等相关事宜，金融机构也未增加新的金融产品与工作。

第二，同心县抵押贷款的实质是农户通过土地经营权入股获得“关系担保”权，金融机构接受“关系信用联保”，小组成员之间承担连带责任（joint liability）。研究表明，连带责任通过否决整个小组未来贷款权利的设置，能有效激励农户的还贷保障（Huppi et al.，1990）。此外，如果农户出现违约，金融机构有 3 层还款保障，分别是保险公司承保、联保户偿还、合作社偿还，违约土地归村集体“联保户”“合作社”处置，破解了一直饱受争议的土地处置难的问题。此外，熟人社会的声誉机制减少农户的主观道德风险，最终提高了农户的自我履约率。

第三，同心县土地经营权抵押贷款模式不断调整。与 2010 年文件规定、2012 年伍振军的研究、2014 年汪险生的研究为对比，2016 年模式上存在了较大的调整。首先，农户入社条件降低，抵押贷款覆盖面增加。之前农户入社需要交纳 1 000 元保障金，且常务会员的数量受到限制，即控制到会员的 1/10。2016 年，保证金取消，且常务会员数量不限。其次，银行调整还款保障，降低关系联保，增加商业保险要求。2011 年需要 3 名普通会员与 1 名常务会员，或者 5 户联保。2014 年后降到 3 户联保。2016 年又增加了商业保险公司的意外伤害险。再次，金融机构调整了放贷金额与利率。旧模式下 2011 年贷款金额在 1 万元以内，2014 年后调整到 3 万元，2016 年有条件的可扩展到 5 万元。利率从原来的 10% 下降到 8%，且随着同一户贷款次数的增加，利率还会逐步下降。最后，违约后的代偿顺序发生了变化。旧模式下代偿顺序是合作社、联保户，新模式下代偿顺序是保险公司、联保户、合作社。土地处置的范围由旧模式下“社员内部”扩展到包括社区外、村集体外的其他农业经营主体。可见，模式的调整向着市场化、交易成本简约化以及处置外部化方向发展。

第四，从农村金融理论来看，宁夏同心县的土地经营权抵押贷款实践更倾向农村金融市场理论。地方政府未做任何干预，仅规范土地经营权抵押贷款，实际运行由贷款供给方金融机构和贷款需求方农户直接推动。

（2）资金互助社需求推动型。

江津区位于重庆市东南部，是重要的农村改革试验地。江津区辖 4 街 25 镇。江津区是一个农业大区，从农业人口数来看，2014 年总人口 150 万人，其中农业人口占 66.7%。从土地面积来看，区总面积 3 129 平方千米，其中集体所有农用地面积有 2 009.75 平方千米，占总面积的 64.30%。江津区农业主要依托“长寿之乡”之名，大力发展花椒、柑橘、生猪养殖。

重庆江津区实施土地经营权抵押贷款具有良好的制度环境。重庆市在 2010 年出台了《重庆市人民政府关于加快推进农村金融服务改革创新的意见》，赋予土地经营权抵押贷款的地方合法性。2011 年出台了多份抵押贷款的保障性文件以及实施准则，如《关于开展农村土地承包经营权居住民屋和林权抵押贷款即农户小额信用贷款工作的实施意见》《重庆农村“三权”抵押登记实施细则》《重庆市农村土地承包经营权登记实施细则（试行）》《重庆市农村“三权”抵押融资风险补偿金管理暂行办法》《关于为推进农村金融服务改革创新提供司法保障的意见》等。江津区 2011 年制定了具体的土地经营权抵押贷款办法，如《重庆市江津区人民政府关于加快推进农村金融服务改革创新的意见》《江津区农村土地承包经营权抵押登记办法（试行）》等。

在此良好的制度环境下，重庆江津区出现了多种模式共存的情况，同时存在地方政府供给推动型和资金互助社需求推动型。由于该区供给推动型与贵州凤冈县的相同，在此不赘述，仅就差异化的资金互助社需求推动型进行介绍。具体模式如图 3.5 所示。

图 3.5 重庆江津区土地经营权抵押贷款流程

农户申请加入资金互助社，社员有身份和金额条件约束，必须是出生或者现居在当地，需要以资金入股互助社。资金最低限制是单农户 100 元，经济组织 15 万元，最高金额不得超过总资产的 5%。成为社员后，具备向资金互助社贷款的权利（①）。有贷款需求的社员向资金互助社提出贷款需求，并按要求提供土地经营权抵押资料（②）；互助社审核贷款人资信和其抵押物后放贷。资金互助社发放金额在 30 万元以下。贷款金额在 5 万元以下的，申请者只需要向互助社提供土地经营权证即可，金额在 5 万～30 万元的，需要在相关农业部门办理登记手续，提供土地经营权和其他证明材料后放贷（③）。

重庆江津区资金互助社需求推动模式具有以下特点：

第一，信息只在内部传递，是一种封闭式运行的模式。从图 3.5 可见，该模式不涉及除互助社外的其他机构，资金供给是互助社社员的入股资金与社员的存款（资金互助社不仅提供社员借款，还开通社员的存款业务），资金借贷也限制在社内成员。封闭式的运行形成了信息只在内部传递的特征，由于银监局严控互助社社员数量，互助社的运行与信息传递被限制在小范围内。

第二，贷款信用实质是社员身份、股金与土地经营权。社员身份、股金、土地经营权以及社区内的声誉机制是贷款自我履约的保障机制，如果发生违约，互助社用社员的抵押股金、经营权再流转后获取的租金清偿违约金。

第三，从农村金融理论来看，重庆江津区资金互助社是农村金融市场理论的体现。地方政府不介入，肯定并鼓励资金互助社作为非正规金融机构的参与，资金由内部社员入股资金、存款资金构成，市场自由化利率，资金互助社土地经营权抵押贷款利率为 12%～15%，远高于其他试点地区利率。

3.3 主要调研地区土地经营权抵押贷款实施效果

本节从相关机构运行情况与放贷结果两个方面对主要调研试点地区土地经营

权抵押贷款实施效果进行分析。

3.3.1　机构运行情况

贵州凤冈县从 2009 年运行至今，已建立并运行的有产权服务中心、担保公司，曾建立但停止运行的是评估专家组，未建立的是收储中心。

嘉兴南湖区所涉及的机构较少，仅包括产权服务中心、村经济合作社、国有投资公司。从 2009 年实施至今，所需机构全部建立，且运行良好。

宁夏同心县所需要的相关机构有村级土地承包经营权流转合作社、保险公司。从 2016 年调研来看，各村都建立了合作社，且拥有大量的村民会员。保险公司是已有的独立经济机构，银行所需要的意外伤害险也是成熟的产品。

重庆江津区共成立村级资金互助社 2 个，运行良好。

3.3.2　银行放贷情况

从试点地区金融机构、农业主管部门、担保公司等处获取放贷数据，经整理如表 3.2 所示。

表 3.2　4 个试点地区主要实施效果

试点地区	时期	放贷规模	覆盖群体	违约
贵州凤冈县	2009 ~ 2014 年	3 亿元	12 家新型农业经营主体	1 000 万元
嘉兴南湖区	2011 ~ 2014 年	1 001 万元	20 家新型农业经营主体	1 例违约
宁夏同心县	2009 ~ 2015 年	15.9 亿元	75 442 户农户	无违约
重庆江津区	2012 ~ 2015 年	8 131.64 万元	673 户农户	无违约

注：时期是数据统计时期。

从覆盖群体来看，供给推动模式主要的受益群体是新型农业经营主体，需求推动模式下是农户受益。从覆盖面来看，需求推动模式下的宁夏同心县、重庆江津区分别覆盖了 75 442 户、673 户农户，供给推动模式下的嘉兴南湖区、贵州凤冈县分别有 20 家、12 家新型经营主体受益。

从违约情况来看，需求推动模式下的违约率为零，供给推动模式下存在违约的情况，其中贵州凤冈县合计违约金额 1 000 万元，嘉兴南湖区有 1 例违约事件。一方面，违约率与从事农业生产的风险相关，新型农业经营主体往往从事风险更高的现代农业。另一方面，违约率与模式的自我履约相关，需求推动模式下，声誉机制是自我履约的首要保障，而供给推动模式下，专有资产是自我履约的保障。

从放贷规模来看，规模最大的是宁夏同心县的15.9亿元，规模最小的是嘉兴南湖区的1 001万元，贵州凤冈县与重庆江津区居中。绝对数的规模不仅与放贷时期长短相关，也与抵押贷款的一篮子资产价值有关。进一步对试点地区放贷规模变化进行分析，由于贵州凤冈县供给模式下放贷数量较少，土地经营权抵押价值小，故只列出嘉兴南湖区、宁夏同心县以及重庆江津区的放贷变化情况，如图3.6和图3.7所示。

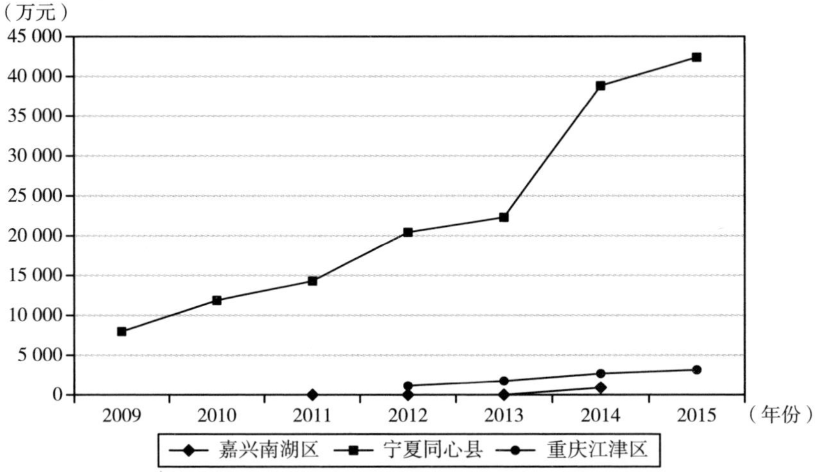

图3.6 3个试点地区历年放贷金额

从图3.6可见：第一，试点地区放贷规模逐年上升。宁夏同心县从2009年的7 832万元上升到2015年的42 097万元；重庆江津区从2012年的778.24万元上升到2015年的3 133.5万元；嘉兴南湖区从2011年的86万元上升到2014年的693万元。第二，试点地区放贷规模差异性逐渐减少。从放贷规模的增幅来看，基数最小的嘉兴南湖区2011～2014年年均放贷规模增长率为245.2%，宁夏同心县年均增长率为15%，重庆同心县年均增长率为63.3%。可见，试点地区放贷基数和增长率的反向关系使区域间的差异逐渐减少。第三，2013年与2014年为放贷规模突变点。两年间宁夏同心县放贷规模增长了10.1%和74.5%，重庆江津区分别增长了1.126倍和55.1%，嘉兴南湖区分别增长了5.4倍和2.61倍。

从图3.7来看，各试点区放贷数量都有了不同程度的增加。嘉兴南湖区从2011年的5笔上升到2014年的8笔；宁夏同心县从2009年的6 300户增加到

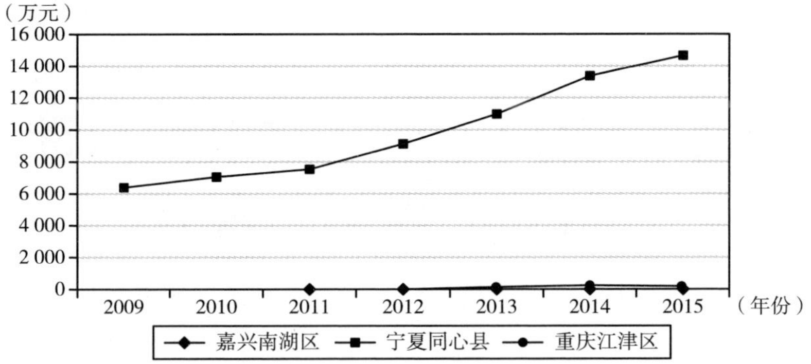

图 3.7　3 个试点地区历年放贷数量

2015 年的 13 240 户，年均增幅是 15.14%；重庆江津区从 2012 年的 97 户增加到了 2015 年的 187 户，年均增长 33.74%。

将放贷金额与放贷数量增长结合来看，宁夏同心县的放贷金额和放贷笔数都在 15%左右幅度稳步增长，可见宁夏同心县已经进入了土地经营权抵押贷款的稳定运行期。嘉兴南湖区放贷金额平均增长率为 245.2%，数量增长率为 31.1%；重庆江津区放贷金额平均增长率为 63.3%，数量增长率为 33.74%；可见两个试点区都出现了金额增长率高于数量增长率的情况，可推测两个试点地都采取了稳定放贷数量，扩大单笔放贷规模的推进方式。

3.4　本章小结

本章首先对我国土地经营权抵押贷款的制度背景以及经济社会背景进行概述。将贵州凤冈县、嘉兴南湖区、宁夏同心县、重庆江津区 4 个试点地区土地经营权抵押贷款模式归纳为“地方政府供给推动型”“金融机构供给推动型”“合作社需求推动型”和“资金互助社需求推动型”，并对其模式与特征进行分析。在此基础上从机构建设、放贷情况两个方面对试点地区土地经营权抵押贷款的实施效果进行总结。研究表明，试点地区结合当地社会经济发展，形成了差异化的抵押贷款模式。从机构建设来看，需求推动型所需机构较少，已有组织运行良好。从实施效果来看，供给推动模式受益的是新型农业经营主体，需求推动模式受益的是农户；供给推动下的违约率大于需求推动模式；各试点地区放贷规模逐年增加。

第4章 农户土地经营权抵押贷款认知的内涵与现状

本章在认知理论基础上，结合国内农户土地制度认知文献，界定以过程为逻辑的农户土地经营权抵押贷款认知，构建其测量指标。利用实地调研数据对农户土地经营权抵押贷款认知现状和特征进行分析。关注的主要问题是，何为农户土地经营权抵押贷款认知？在“法律禁止、制度允许、试点区突破”的背景下，其认知水平如何？有何特征？

4.1 农户认知内涵

农户土地经营权抵押贷款认知指农户对该试点地区实施的土地经营权抵押贷款政策刺激的心理反应。认知心理学将人脑看作信息加工系统，认知是信息加工的过程，包括感觉输入的变化、简化、加工、储存和使用。认知是可以分解为一系列相互联系的阶段。本章秉承此观念，将认知视为一个动态过程，是接受信息刺激、分析信息、联结信息的心理活动。基于此，借鉴哈耶克的认知分类与过程，本章将农户土地经营权抵押贷款认知分成接受新素材、回忆旧素材、联结新旧素材3个阶段。

哈耶克的个人主义是建立在知识分工基础上的，认为经济研究应该“尊重差异性的每个人”“承认个人的意见和偏好在他自主活动领域是至高无上的，不受他人命令的约束，个人应作为其目标的最高判断者”。个人认知是知识的一种体现，是形成秩序的关键。哈耶克认为，在人类历史上有两种认知与秩序的对应，第一种是“构建理性主义认知”与“构建秩序”，该组关系的动力是从上至下的“完全理性的制度设计与命令”。第二种是“进化论的理性主义认知”与“自生自发的经济秩序”，该种认知与秩序是“人之行动的非意图结果”，是“遵循规律和惯例”的结果。随后，哈耶克旗帜鲜明地主张“进化认知”与“自发秩序”

对社会经济发展的贡献。在此严密逻辑而自成一体的论证中，哈耶克详细剖析个人“认知”形成过程，该内容为本章农户土地经营权抵押贷款认知分析提供了十分重要的理论基础。

4.1.1 新素材认知

哈耶克将认知客体的载体信息称为新素材。鉴于此，本章将土地经营权抵押贷款的所有信息总和称为新素材，包括制度信息、实施信息等。新素材的认知过程类同于诺思的共享心智传递过程，即行为人 A 将其决策基础传递给行为人 C，形成共有决策基础。首先，行为人 A 对决策基础进行多维度编码，若 A 能澄清每个维度的度量，则为完全编码。编码通过某一种通信渠道，使用某种特定的语言，传递给行为人 C。若所有编码都能完全传递给 C，则为完全传递。行为人 C 对其进行解码接收，并导入自己的神经网络系统，解码将影响 C 心智中现存的认知方式。站在行为人 C 角度的解码就是本章所指的新素材认知。

理论上，新素材形成和传递的方式会对认知产生影响，就如哈耶克“构建认知”与“进化认知”的区分一样。本章认为抵押贷款模式差异会带来认知过程的差异，故分别对供给推动模式和需求推动模式下的农户新素材认知进行分析。

(1) 供给推动模式下的农户新素材认知过程。

供给推动型是由地方政府或者金融机构制定并实施的土地经营权抵押贷款模式，是“有意识构建”的制度。对于农户而言，新素材认知也具有“从上至下”“从无到有”的特征。具体认知过程如图 4.1 所示。

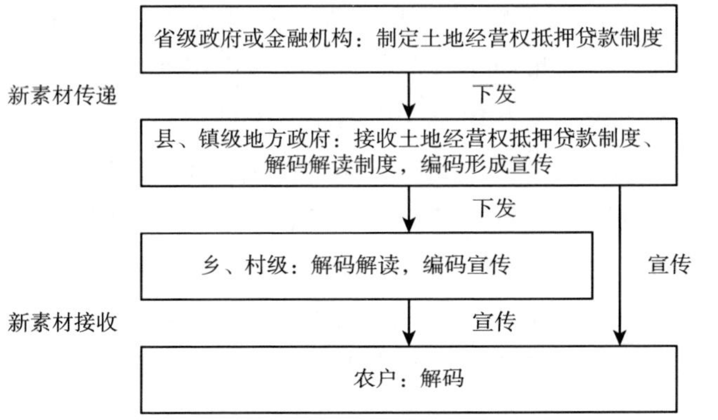

图 4.1 供给推动模式下农户新素材认知过程

由图4.1可见，供给推动模式下的农户新素材认知过程由传递与接收两部分构成。传递指土地抵押贷款新素材到达农户层面的过程；接收指农户获得传递后的新素材，并进行解码的过程。

土地经营权抵押贷款作为试点区合法化的正式制度，其新素材传递也具有科层制的特点。通常情况下，省一级地方政府或金融机构制定并由地方政府规范形成正式制度，此过程为编码阶段。制度以文件形式下发，到达县、镇一级，县、镇级相关人员通过文件学习解码，形成该级的认知。县、镇级可能基于认知进行制度的二次编码，通过宣传到达农户；也有可能县、镇级继续下发原始的文件，将制度的二次编码下放到乡、村一级。二次编码到达农户层面后，农户基于自己的认知能力，进行解码，完成接收过程。

从以上分析可见，农户新素材认知过程会受到多因素影响。①新素材能否传递到农户层面，通道是否畅通。从原始制度编码到农户接收到新素材编码会经过2个（省—县、镇—农户）或3个通道（省—县、镇—乡、村—农户），只有所有通道畅通才能保证农户能接收到新素材，并形成新素材的认知。②传递到农户的新素材，能否被农户识别。新素材能否被农户识别，包括农户对识别成本的权衡和识别动力的判断。一方面，新素材识别需要耗费农户经济成本和心智成本，这些成本一旦产生就是“沉淀成本”，与后期信息被利用没有关系（Stigler，1967）。如果新素材识别成本大于识别收益，则不会被农户所接收。农户更倾向于直接、生动、简单宣传方式下的新素材获取，在农村喜闻乐见的是将制度浓缩成可直接明示后果、朗朗上口的标语。如刷在墙上的“要想富，就种树”的宣传标语，简单地将政策导向的“种树”和结果“致富”联系到一起，易于理解；押韵的“富”和“树”能节约农户的心智，形成长期记忆；抬头就能看到的墙体宣传不会产生农户的收集成本。反之，如果县、镇级选用的是规范的小册子、网络的电子数据等现代宣传方式，农户理解与整理众多条款需要耗费心智，获取数据也需要网络电子设备成本，这在主观和客观上就带来农户新素材识别的高成本。此外，能否被识别还受到农户主观接受意愿的影响。认知受其行为目的利益驱使（宋洪远，1994），若农户并无行为动力，即使新素材“触手可及”，也不会有识别的强倾向。具体到土地经营权抵押贷款，农户是否有贷款需求，直接影响农户是否愿意去识别土地经营权抵押贷款新素材。③假设新素材以农户易得的方式传递，被接收到新素材是否完全。通信渠道中存在噪声和不完全性（North，1996），这会造成传递的新素材缺失。土地经营权抵押贷款制度需要县、镇或者乡、村级进行二次编码，由于人的有限理性以及宣传时的信息浓缩，二次处理必定会造成新素材的缺失。④假设农户接受完全新素材，认知能力与认知偏好会影响农户新素材筛选。一个完整的制度是由多维的信息表征构成，农户在信息接收时会受到记忆容量有限、信息处理简化、信息处理能力有限等的影响，造成农户有选择性的部分新素材接受。此外，农户新素材的接收还会受到个人偏好对多维信息进行过滤的影响（洪名勇，2016），选择与自己动机最接近的、最能指导行为的那部分进行下一步加工处理，这在一定程度上会造成农户新素材认知的缺失。⑤接收到新素材后，农户形成的认知是否有偏差。农户接收到新素材后，基于自己的认知能力，形成新素材的认知。由于信息的不完全性、行为人的不完全理性以及传递通道的不完全性，无论土地经营权抵押贷款制度的新素材处于上述分析的哪个过程，都可能造成农户的认知偏差。如果新素材未到达农户层面，试点地区的“例外条例”“试点政策”“先试先行”的信息就无法被农户接收，那么停留在农户认识上的还是国家《中华人民共和国农村土地承包法》《中华人民共和国物权法》等原先法律上所规定的不可抵押，这就与试点地区“土地经营权可抵押贷款”制度有偏差的认知；如果新素材能到达农户层面，科层制的长通道会产生新素材的损伤，尤其是在县、镇级的信息二次处理，经过相关人员的理解、提炼、表达后，可能会造成新素材部分内容缺失，造成认知偏差。

（2）需求推动模式下的农户新素材认知过程。

需求推动型是由农户自发形成并实施的，地方政府在此基础上进行规范形成的土地经营权抵押贷款模式，是一种“行为结果”。对于农户而言，该模式下的认知具有“从下至上”“从已有到规范”的特征，具体过程如图 4. 2 所示。

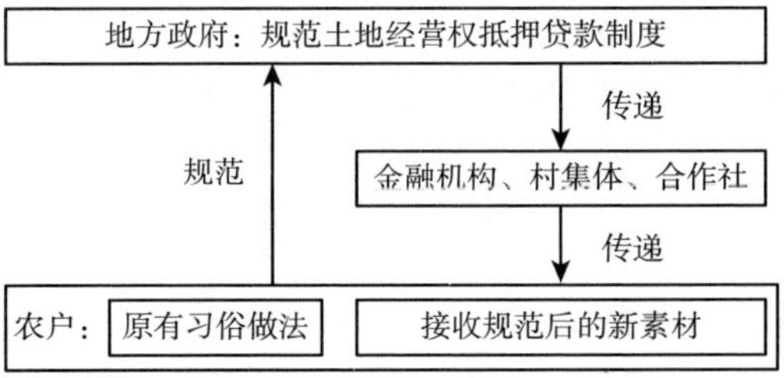

图 4. 2　需求推动模式下农户新素材认知过程

如图 4. 2 所示，需求推动模式下的农户新素材认知包括两个过程：一是制度规范过程。土地经营权抵押贷款在民间已存在并被大量利用，农户已建立起较为全面的认知。地方政府对原有做法进行规范，形成正规制度。二是规范认知过程。地方政府传递下来的新素材信息不涉及内容上改变，仅是对原有做法的规范，即认知内容的规范性调整。宁夏同心县的做法是：地方政府将规范后的制度直接传达给金融机构、村集体及土地流转合作社，农户通过以上机构获取规范后的信息。该过程与韦森（2001）所说的“从习惯到习俗、从习俗到惯例、从惯例到法律制度”的社会制序一致。

（3）两种模式下农户新素材认知对比。

两种模式下农户新素材认知具有以下几点差异：第一，从形成来看，供给推动模式下农户的新素材认知是“有意识的政府制度设计”后的认知，认知取决于“制度的构建程度”。需求推动模式下农户的新素材认知是“无意识的人类行为的结果”，通过人们在民间“自发”的做法提炼而成，认知形成于“习俗、惯例”。也就是说，供给推动模式下的认知更倾向于哈耶克的“构建认知”，需求推动模式下的农户认知更接近与“进化认知”。第二，从过程来看，供给模式下农户的认知是长通道，经过二次编码解码的过程，而需求推动模式是一次正规制度解码、扁平化的传递通道。从理论上而言，需求模式下的认知偏差会更小一些。

在已有文献中，学者们主要从“抵押贷款的知晓程度”和“可行性判断”衡量农户认知，具体问项有“是否了解/听说农村土地经营权抵押贷款”（杨怡婷，2014；安海燕，2016；牛晓东，2015；惠献波，2014；刘荣等，2016），“是否了解土地经营权抵押贷款程序”（牛晓东，2015），“你认为土地经营权是否可以抵押贷款”（徐美银等，2009；陈永桃等，2017；王凯，2010，彭艳玲等，2016）。

基于以上分析，本章从新素材接受程度、知觉反应程度与偏差3个方面，构建农户土地经营权抵押贷款新素材认知的测量维度。具体如表4.1所示。

表4.1　　农户新素材认知测量维度

类别	一级维度	二级维度	参考来源
新素材认知	接受程度		叶剑平等（2008）；罗必良等（2012）；汤谨铭等（2013）；洪名勇（2007）；牛晓东（2015）；杨怡婷（2014）；牛荣（2016）；安海燕等（2016）
	知觉反应	可行性认知程度	徐美银等（2009）；陈永桃等（2017）；王凯（2010）；彭艳玲（2016）
		可行性认知偏差	仇童伟等（2016）

4.1.2 旧素材认知

哈耶克认为，旧素材是已存在原有认知体系里的，与新素材相关的知识。知识既可由较为低级的生物调节过程获取，也可通过自我强化和自我试错的个体学习过程获取，甚至可通过模仿、观察和文化传递等社会学习过程获取。如果将认知比喻成一个网络，被心理表征独立的信息片段称为结点，那么新素材是进入的新结点，而旧素材是网络中已有的结点，只有回忆起与新结点相关的旧结点，才能将新素材纳入原有的认知体系，形成个人的整体认知网络。被回忆起的旧素材与新素材是相关的，即在某一特征上具有相似之处，或者相关联之处，如历史性的行为经历（谢利，2010）、与新素材相关的例证（卡尼曼，2008；Young，1996）、可提取性和有效性的回忆搜索集（Tversky，1973；Galbraith，1973）等。

土地经营权抵押贷款从属性上来看可归类于“土地产权”和“农村金融”。因此，本章将旧素材分为与土地产权相关的和与农户正规借贷经验相关的知识。

（1）土地产权知识。

产权归属是农户土地产权认知的重要内容，依据“权利与行为对应”的逻辑，农户对土地产权的认知首先应明晰“哪些是我的权利，我能干什么”的问题。我国土地产权变迁较大，土地产权认知“规则多元性”（张静，2003；曹正汉，2008；熊万胜，2009），形成了农户“五花八门”的产权认知（史清华，2009）。

大体上我国农村土地产权变迁经历了旧中国的土地制度安排、合作化和人民公社时期的土地制度、1978年以来的土地制度三个阶段（张红宇，2002）。1978年后家庭联产承包责任制又经历了承包权稳定、土地税免除、流转权从禁止到允许等的制度调整。这些较大的土地产权变迁在某种程度上影响了农户的产权归属认知。此外，农户的土地产权认知还会受到多方规则影响，形成多元认知。法律赋权是影响农户土地产权认知的正式制度，习得性知识也是影响农户认知的非正式制度。多元认知有以市场效率为主导的产权私有认知，以地方知识与家业产权规则主导的特定群体共有的土地产权认知（黄鹏进，2014）。多元产权归属认知在理论上会通过产权预期影响农户的土地处置行为。基于此，将农户的产权归属认知以及拓展后的认知偏差纳入农户旧素材认知体系中。

在现有文献中，大量学者用产权归属测量农户的土地产权认知（钱忠好，2009；洪名勇，2007；史清华等，2009；叶剑平等，2008；徐美银等，2009；汤谨铭等，2013；肖屹等，2009；曾福生，2012；王凯，2010；马婷婷，2015；陈成文等，2006）。近年来，渐有学者关注到认知偏差，如仇童伟等（2016）将“农户产权安全认知偏差”与“土地调整认知偏差”纳入认知体系，用“农户土地及经营权证书重要性认知与证书实际法律效率的差值”和“农户土地调整认知与实际的土地调整可能性的差值”进行偏差量化。

（2）正规借贷经验。

正规借贷经验作为农村金融运用的体现，是农户旧素材认知的内容之一。农户在当期借贷决策时，往往会提取以往自己或者他人的正规借贷历史，评估获贷发生的概率，以此形成判别倾向。此外，人的认知存在路径依赖，在不确定性环境下，会不自觉地从以往同类事情的经历中抽取知识进行预期，以此减少风险（Burger & Palmer，1992；Weinstein，1987；Price，2002）。

综合以上分析，借鉴已有文献，本章从产权知识与正规借贷经验两个方面建立农户旧素材认知维度，具体如表4.2所示。

表4.2 农户旧素材认知测量维度

类别	一级维度	二级维度	参考来源
旧素材认知	产权知识	归属认知	钱忠好（2009）；洪名勇（2007）；史清华等（2009）；叶剑平等（2008）；徐美银等（2009）；汤谨铭等（2013）；肖屹等（2009）；曾福生（2012）；王凯（2010）；陈成文等（2006）；马婷婷等（2015）
		认知偏差	仇童伟等（2016）；刘一明等（2013）；高佳等（2015）
	借贷经验	是否申请 申请次数	Burger & Palmer（1992）；Weinstein（1987）；Price（2002），谢林（2010）；杨婷怡（2014）
		获贷情况	

4.1.3 新旧素材联结认知

哈耶克指出，新旧素材联结是主体通过对比、验证、推断后将新素材与旧素材进行结点联结，纳入认知体系的过程。依据新旧素材特征的差异性，将联结过程分成相同特征的归类联结和不同特征的协调联结。

（1）归类联结。

类（categorization），社会心理学认为是记忆中一组某些重要特征相似的物质，类里面的物质可被等价看待（Markman & Ross，2003），对类里物质施以同等刺激会产生相同的行为结果（Moreau & Markman，2001）。归类有助于快速识别一个刺激，从指派给它的类中获取意义（Fiske & Susan，2013），能有效地进行预测和简化行为（Moskowitz，2005）。归类的过程就是人们对新旧素材的整合思考，与哪些已有旧素材联结？以何种特征为联结线索？如何进行联结？菲克斯（1986）和布鲁尔（1988）将归类认知分为 3 个步骤：第一，属性判断（attribute judgments），对事物所具备的某些特征判断，属于描述性判断；第二，对过去和未来事件的推理（inferences of past and future events），是归类判别认知的重要类型，在过去经验、知识，新信息传递内容上形成的效果预期；第三，评价性判断（evaluative judgments），是主观个体对事物的内在情感反应，形成诸如“喜欢不喜欢”“满意不满意”的情绪。依此分类定义，本章以农户对土地经营权抵押贷款的效果预期、整体评价来衡量新旧素材的归类联结。

部分学者已涉及相关内容研究，如刘鹏凌等（2005）用“赞同、反对、无所谓”衡量农户对土地制度改革方案的态度；钟涨宝等（2011）用“还可以、不太好、很不好”衡量农民对土地承包经营权制度的评价；马婷婷等（2015）将农户农地产权认知分成情感认知、强度认知、行为认知与价值认知 4 个部分；安海燕等（2016）用农户五维度预期土地经营权抵押贷款实施效果进行衡量。此外，曹瓅等（2015）、罗芳等（2012）等学者也做了相关研究。

（2）协调联结。

新旧素材因为某一属性联结时，可能在其他属性认知上存在冲突，即出现认知不协调现象。认知不协调是经济转型下行为人认知出现的显著特征（Akerlof，1982），有必要将其纳入我国农业转型时期，农户对土地经营权抵押贷款的认知体系。费斯汀格（1999）将新旧素材联结分成认知无关、认知失调和认知协调 3 类。认知不协调的原因有“逻辑上不一致，如一个负债累累的人却买了一辆新的小汽车；也有文化习俗造成的，如一个人在晚宴上用手捡滑溜的鸡骨头与晚宴的礼仪不协调；也有特定观点包含在一个普遍的观点，如一个民主党人在一次具体选举中偏好共和党候选人等”。费斯汀格认为“认知不协调是决策必然存在的，也正是不协调才推动了人们认知的不断完备”。具体到本书，土地经营权抵押贷款和土地产权归属因土地性质联结到一起，但农户对两者的认知有可能因为以上原因造成农户认知上的非协调情况。

朱宪辰等（2006）以南京住宅小区为例，分析了业主对共享资源的权属认知与责任认知联结时产生的认知协调问题。借鉴此文，本章构建土地经营权归属与经营权抵押贷款可行性的复合场景，以此衡量农户新旧素材联结时的认知协调。

综合前面归类联结与协调联结的分析，本章设立农户新旧素材联结认知的衡量维度，如表 4.3 所示。

表 4.3 农户新旧素材联结认知衡量维度

认知类别	一级维度	二级维度	参考来源
新旧素材联结	同质归类	预期效果	Manuel (2007)；洪名勇 (2007)；安海燕等 (2016)；Steven (1984)；汤谨铭等 (2013)；刘鹏凌等 (2005)
		整体评价	钟涨宝等 (2011)；马婷婷等 (2015)；曹瓅等 (2015)；罗芳 (2012)；安海燕等 (2016)
	异质协调	认知协调	朱宪辰等 (2006)；Akerlof (1982)

4.2 农户认知测量指标

依据以上农户土地经营权抵押贷款认知的内涵界定与测量维度分析，参考已有文献，建立本章农户认知的整体测量指标，如表 4.4 所示。

表 4.4 农户认知测量指标

类别	一级	二级维度	衡量指标	对应答项
旧素材认知	产权旧识	产权归属	您认为土地所有权归谁所有？	国家 =1，集体 =2，自己 =3，不清楚 =4
			您认为土地经营权归谁所有？	国家 =1，集体 =2，自己 =3，不清楚 =4
			您认为土地承包权归谁所有？	国家 =1，集体 =2，自己 =3，不清楚 =4
		归属偏差	所有权认知与法律赋权偏差	有偏差 =0，无偏差 =1
			经营权认知与法律赋权偏差	有偏差 =0，无偏差 =1
			承包权认知与法律赋权偏差	有偏差 =0，无偏差 =1
	借贷经验	是否申请	您是否向银行申请过贷款？	没有 =0，申请过 =1
		申请次数	近 3 年申请过多少次？	
		获贷情况	您是否获得银行贷款？	没有 =1，部分 =2，全部 =3
		难易评价	您认为向银行贷款容易吗？	很困难 =1，比较困难 =2，还好 =3，比较容易 =4，很容易 =5

续表

类别	一级	二级维度	衡量指标	对应答项
新素材认知	知晓程度		你知道土地经营权抵押贷款吗？	完全不了解 =1，了解小部分 =2，基本了解 =3，大体了解 =4，完全了解 =5
	知晓内容	可行性内容	你认为土地经营权可否拿去向银行抵押贷款？	可以 =1，不可以 =2，不知道 =3
		可行性偏差	农户认知可行性与试点区抵押认可偏差	有偏差 =0，无偏差 =1
新旧素材联结认知	同质归类	预期效果	您认为土地抵押贷款能解决农民融资难的问题吗？	完全不能 =1，解决小部分 =2，基本解决 =3，大体解决 =4，完全解决 =5
			您认为土地经营权抵押贷款能增加农民收入吗？	完全不能 =1，可能性不大 =2，不一定 =3，可能性很大 =4，完全可能 =5
			您认为土地经营权抵押贷款会长久实施吗？	完全不会 =1，可能性不大 =2，不一定 =3，可能性很大 =4，完全可能 =5
			您认为土地经营权抵押贷款会大范围实施吗？	完全不会 =1，可能性不大 =2，不一定 =3，可能性很大 =4，完全可能 =5
		整体评价	您对土地经营权抵押贷款政策满意吗？	完全不满意 =1，小部分满意 =2，基本满意 =3，大体满意 =4，完全满意 =5
	异质协调		经营权归属与经营权抵押可行性复合认知	协调 =1，不协调 =2，无关 =3

对表 4.4 中部分指标作进一步说明：

（1）认知偏差测量。

以国家法律法规或地方规定为认知标准，异于此标准的认知被界定为认知偏差，反之无偏差。具体如表 4.5 所示。

表 4.5 农户认知偏差测量

一级维度	二级维度	0 - 有偏差	1 - 无偏差
旧素材认知	所有权归属	国家、自己、不清楚	集体
	经营权归属	国家、集体、不清楚	自己的
	承包权归属	国家、集体、不清楚	自己的
新素材认知	经营权抵押可行性	不可以、不清楚	可以

旧素材认知偏差是土地产权归属问项的再加工，以国家法律赋予的“三权分置”为标准，对农户产权归属认知做偏差测量。徐美银等（2009）认为在农户朴素的产权意识里，国家和集体是同等的，将作答为所有权归集体和国家的都视为无偏差。但随着各界对农村集体资产农户收益权的重视，集体资产确权、入股等农村改革的推进，土地产权“国家”和“集体”归属的差异越发凸显，故不能简单同等对待。因此本章将回答“所有权归村集体”的认知界定为无偏差，其余的视为认知偏差。新素材认知偏差以国家和试点地区制度文件为标准（详见3.1.1 国家制度背景），本章将“土地经营权可以抵押贷款”界定为新素材认知标准，而“不可以和不清楚”界定为认知偏差。

（2）认知协调测量。

将旧素材中土地经营权归属与新素材中土地经营权抵押可行性两个认知联结，形成复合认知，如表 4.6 所示。

表 4.6 农户认知协调测量

旧素材认知 \ 新素材认知		V_1：你认为土地经营权可否抵押贷款？		
		可以	不可以	不清楚
V_2：你认为土地经营权归谁所有？	自己	W_1	W_2	W_3
	非自己	W_2	W_1	W_3
	不清楚	W_3	W_3	W_3

表 4.6 由两个单认知（V_1、V_2）构成复合认知（W）。单认知 V_1 是农户对新素材土地经营权抵押贷款可行性认知，依据作答可分成可以、不可以、不清楚 3 个维度；单认知 V_2 是农户对旧素材土地经营权归属认知，依据作答可分为自己、非自己和不清楚，其中非自己包括回答集体、国家的农户。复合认知由单认知 V_1 和 V_2 构成，形成 9 个象限、3 种不同的认知协调状态。

当 W = 1 时，农户新旧素材联结认知协调，逻辑具有一致性。即当土地经营权权属自己时，是可以拿去抵押贷款的；当土地经营权不属于自己（归属国家或集体）时，是不可以抵押贷款的。

当 W =2 时，农户新旧素材联结认知不协调，逻辑上出现冲突。即当土地经营权不属于自己时，可以抵押贷款；当土地经营权属于自己时，不能抵押贷款。有学者对流转后的经营权是否能抵押贷款进行讨论，赵振宇（2014）按照经营土地的农业主体进行区别分析，认为专业大户、家庭农场、农业企业在一定期限内一次性交清土地流转费用的，可以用流转年限的土地经营权来抵押贷款，但是流转租金按年支付的类型，理论上是不具有土地经营权抵押的可操作性。农民专业合作社因为合作资产是所有成员的共同出资，经营权依然归成员农民所有，是不可抵押贷款的；农户拥有土地的承包经营权，农户的土地经营权是具有可抵押性的。对此，本章需要做进一步说明。第一，本章的调研对象是农户，逻辑上不具备抵押资格的家庭农场、农业企业、合作社主体不在本章研究之列。第二，本章考量的是试点地区农户的认知与行为，因此所有样本来自国家允许土地抵押贷款的试点地区，且在试点区已经明文规定“可以抵押贷款的是农户自有的或者流转的土地经营权”。因此，基于调研对象以及地区的特殊性，本章界定“土地经营权归自己所有，却不能抵押”为认知不协调。

当 W =3 时，农户新旧素材联结认知无关。无关乎有两种情况：一种是农户在两新旧素材中只建立起一种认知，而与未建立的素材无法产生联结；另一种是农户两种素材均未形成认知，则更无法产生下一步的联结。

4.3　农户认知现状及特征

依据以上分析，利用试点地区 1 953 份调研数据，本节对农户新素材认知、旧素材认知以及新旧素材联结认知现状及特征进行分析。

4.3.1　新素材认知现状

（1）农户知晓程度。

农户土地经营权抵押贷款知晓程度均值为 1.64，介于完全不知道和知道小部分。其中，66% 的农户表示完全不知道，15% 的农户表示知道小部分，12% 农户表示知道一些，5% 农户表示知道大部分，3% 的农户表示完全知道（见图 4.3）。以上表明，农户土地经营权抵押贷款知晓存在严重的信息不对称，信息覆盖面极其有限。

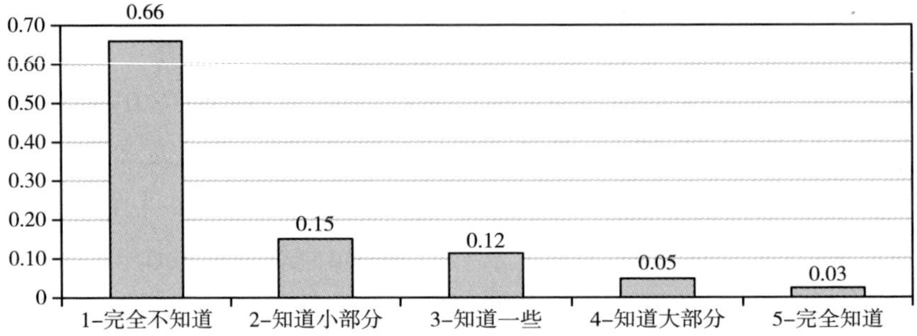

图 4.3　农户知晓程度分布

本章的农户知晓程度值小于已有文献结论。牛晓东等（2015）对陕西高陵、杨凌的调研发现，农户知晓均值为 2.61；杨怡婷等（2014）对陕西高陵与宁夏同心县的调研数据表明 60% 的农户了解土地经营权抵押贷款；惠献波等（2014）的河南省试点区的数据是 58%。这可能与样本选取有关，鉴于此，本章进一步做区域和模式差异性下的知晓程度分析，统计结果如表 4.7 所示。

表 4.7　农户知晓程度：模式差异性分布

模式	区域	1-完全不知道	2-知道小部分	3-知道一些	4-知道大部分	5-完全知道	均值
供给推动	贵州凤冈县	78.3%	18.6%	2.3%	0.8%	0	1.25
	嘉兴南湖区	55.6%	40%	4.4%	0	0	1.48
需求推动	宁夏同心县	35.9%	7.8%	33.5%	12.6%	10.2%	2.53
	重庆江津区	77.4%	6.5%	6.5%	9.7%	0	1.48

从分区域来看，贵州凤冈县农户知晓程度最低，为 1.25；其次是嘉兴南湖区和重庆江津区，认知值均为 1.48；宁夏同心县农户认知水平最高，为 2.53，与该区域杨怡婷等（2014）的结论相一致。从模式差异来看，需求推动模式下的农户整体认知水平高于供给推动下的农户认知。

继续对知晓的农户做信息渠道分析，询问“你从什么什么地方知道土地经营权抵押贷款的”。数据统计显示，主要渠道有电视广播（26.3%）、村里聊天（16.8%）、亲戚朋友（14.2%）、村干部通知（13%）。分区域来看，贵州凤冈县、嘉兴南湖区、重庆江津区农户都以电视广播（37.5%）为主要获取途径，宁夏同心县以村干部通知（36.3%）和村里聊天（26.5%）为主。

（2）农户可行性认知及可行性认知偏差。

可行性认知是农户对土地经营权抵押贷款可否抵押的直观感知，对数据进行整理，并对比已有文献结论，统计如表 4.8 所示。

表 4.8　农户可行性认知分布

类型	区域	可行性认知（%）			认知偏差	样本数
		可以	不可以	不清楚		
本书研究	全样本	32.30	22.90	44.80	67.70	1 953
	贵州凤冈县	9.50	33.80	56.70	90.50	318
	嘉兴南湖区	46.70	48.90	4.40	53.30	114
	宁夏同心县	65.90	7.20	26.90	34.10	443
	重庆江津区	20.70	24.4	54.90	79.30	237
陈永桃（2017）	甘肃省	3.34	81.29	15.37	96.66	1 097
徐美银（2009）	江苏省	26.50	62.80	10.70	73.50	736
彭艳玲（2016）	陕西省、甘肃省、河南省、山东省	8.79	82.19	9.02	91.21	1 465

对表 4.8 进行分析：①大量农户在可行性认知上出现了模糊态度。从全样本来看，有 44.8% 的农户选择了不清楚。调研中也发现，多数农户用“这个问题不是我说了算”“要看国家的了”“我不能乱说”“我不清楚”等回答表达其“谨慎、模糊”的土地改革态度。从分区域来看，可行性认知具有显著的差异性，嘉兴南湖区有 95.6% 的农户明确作答，而贵州凤冈县和重庆江津区农户仅有 43.3% 和 45.1% 的农户进行回答，相差近 52.3 个百分点。本章明确作答的比例低于已有文献结论。②较多农户具有土地经营权抵押贷款的可行性认知。本章可行性认知均值高于已有文献结论，其中 32.3% 的农户明确表示土地经营权抵押贷款是可行的，在宁夏同心县，有 65.9% 的农户直接表示“我就是这么做的，怎么会不可行呢?”“我们村里都这么做的，是可行的”。从分区域来看，可行性认知依然存在较大的差异，最高的宁夏同心县（65.9%）与最低的贵州凤冈县（9.5%）相差近 53.6 个百分点。一方面与农户知晓程度相关，宁夏同心县农户的知晓均值高出贵州凤冈县农户近 1.28 个单位。另一方面与模式相关，宁夏同心县是需求推动模式，面向农户，大量农户受益于此，而贵州凤冈县是供给推动模式，面向新型农业经营主体，农户覆盖率较低。③农户可行性认知偏差较大。有 67.7% 的农户出现了可行性认知偏差，其中贵州凤冈县偏差最大，高达 90.5%，宁

夏同心县偏差最小，为34.1%。与已有文献相比，本章的均值偏差比率更低。

4.3.2 旧素材认知现状

（1）土地产权旧识。

对农户土地产权归属认知和归属认知偏差进行分析，数据统计如表4.9所示。

表4.9 农户土地产权认知分布

类型	产权类别	归属认知（%）			归属认知偏差（%）		
		国家的	集体的	自己的	不清楚	有偏差	无偏差
本书研究	所有权	50.00	15.40	26.50	8.10	84.60	15.40
	经营权	2.20	4.70	87.10	6.00	12.90	87.10
	承包权	2.90	6.20	83.80	7.10	16.20	83.80
对比文献①	所有权	39.56	29.68	25.50	5.26	70.32	29.68

从表4.9可见，农户对土地权属认识的几个特点：①认知多元性。无论是所有权还是经营权、承包权，农户均有不同比例的多主体产权归属认知。综合现有文献来看，农户多主体性认知是具有长期持续性的（张静，2003）。造成此现象的可能原因有：中国土地产权制度一直存在着界定、变迁的模糊性（史清华，2009），法律歧视造成的公共领域以及主体形成的公共领域（张曙光，2016），识别成本的存在以及当人事识别能力的有限性（诺思，1998），多元规则如法律规则、市场规则、宗祖规则、地方规则等（曹正汉，2007）。②不同产权的多元性认知存在差异。农户在所有权归属上同时出现了“土地国有化（50%）”“土地私有化（26.5%）”的认知，存在较大的所有权认知偏差（84.6%）。这与现有文献私有化倾向（史清华等，2009；晋洪涛等，2011）、偏差较大（高佳，2015；徐美银，2009）的观点相一致。在调研中也发现，土地“国有化”的农户表达“无论土地是谁的，最终还是国家的”“国家什么时候让收回就收回，所以土地还是国家的”；农户对土地“私有化”认知的表达多以案例为主，“村头

① 本章将国内相关文献中农户产权归属认知结论进行简单求平均数后呈现出数据总和。参考文献包括钱忠好（1996，2006）、陈文成（2005）、洪名勇等（2003，2006）、高云等（2006）、梅东海（2005）、杨琦等（2006）、龚启圣等（1995）、肖屹等（2007）、王凯等（2008）、陈胜祥（2008）、尹朝华（2010）等。

某某将土地卖了钱，所以土地是自己的”“我死了，土地是要传给娃们的，土地当然是我的了”；也有农户表示“不管是谁的，有地种不饿死就行了”的土地功能观。与所有权归属认知相比，农户对经营权和承包权的认知较为一致，八成以上的农户认为承包、经营权归属自己，认知偏差较少。其原因可能是经营权和承包权更具体和实际，随着国家土地确权、土地流转政策的实施，承包权证和经营权证的发放，农户对两者的区别认知也更加明确。

（2）农户正规借贷经验。

对农户正规借贷经验进行问卷调查后，数据统计如图 4.4、图 4.5 所示。

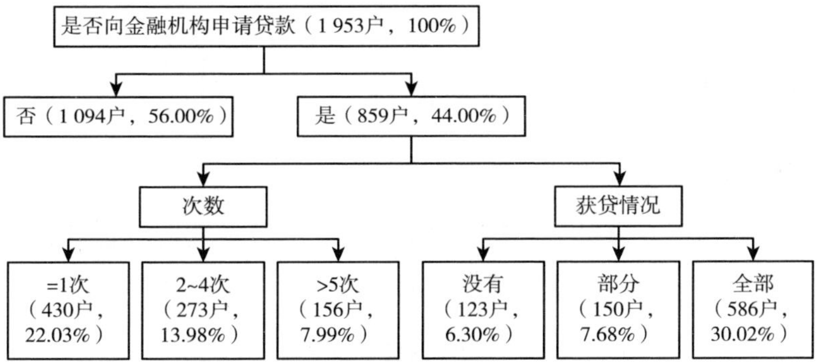

图 4.4　农户正规借贷经历分布

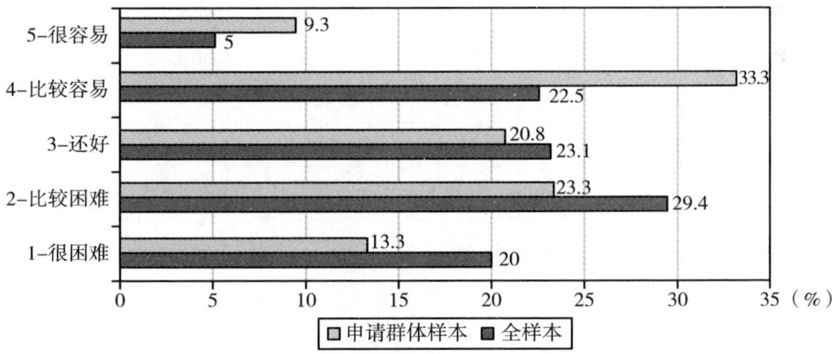

图 4.5　农户正规借贷难易评价

由图 4.4 可知，近 3 年内有 44% 的农户向银行申请过贷款。将申请没有获得以及只获得部分贷款的农户视为信贷约束（刘西川，2007），有 14% 的农户受到了信贷约束，其余 30% 的农户通过银行获得了全额贷款。该数据与牛荣（2016）对宁夏、陕西 581 户农户信贷约束分析的结论一致。从申请次数来看，有

13.98%的农户申请了2~4次，有7.99%的农户申请了5次以上，最多申请次数高达7次，有22.03%的农户仅有1次申请经验。以上数据表明，在土地经营权抵押贷款试点地区，正规金融市场较活跃，能较好地满足农户的资金需求。

从全样本来看，20%的农户认为向银行借贷是非常困难的，29.4%的农户认为比较困难，22.5%的农户认为比较容易，只有5%的农户认为很容易。难易度均值为2.63，介于比较困难与还好之间。单独对申请过贷款的群体进行分析，发现有13.35%的农户认为很困难，23.3%的农户认为比较困难，33.3%的农户认为比较容易，9.3%的农户认为很容易，均值为3.02，介于还好与比较容易之间。可见，有过申请经验的农户其借贷评价更加积极。

4.3.3 新旧素材联结认知现状

(1) 同质归类认知。

同质归类认知是农户对土地经营权抵押贷款的效果预期以及整体评价，认知越积极，则农户对其的认同程度越高。数据统计如表4.10所示。

表4.10 农户同质归类认知分布

维度	内容	完全没有/不满意	比较不可能/不满意	不一定/一般	比较可能/满意	完全可能/满意	均值
预期效果	解决贷款难问题	6.00%	40.80%	24.10%	22.90%	6.20%	2.83
	增加农户收入	13.50%	38.20%	26.00%	18.60%	3.70%	2.61
	长久实施	2.00%	8.20%	46.90%	23.80%	19.10%	3.50
	大范围实施	2.50%	10.00%	41.80%	30.20%	15.50%	3.46
评价	整体满意度	7.40%	4.80%	46.60%	29.50%	11.70%	3.33

从表4.10可见，在预期解决贷款难问题上，有40.80%的农户认为不可能解决，22.90%的农户认为可能解决；在预期增加农户收入上，有38.20%的农户认为不太可能，26.00%的农户认为一般，18.60%的农户认为可能性较大。两种预期的均值都介于2~3，即处于比较不可能与不一定之间。农户在预期政策的后期执行上，分别有23.80%、30.20%的农户认为较大可能长久和大范围实施，有19.10%、15.50%的农户认为完全可能长久和大范围实施。两种预期均值介于3~4，即处于不一定与比较可能之间。由此可见，农户对政策本身发展的预期比政策实施效果的预期要强。从整体满意度来看，有7.40%的农户完全不满意，11.70%的农户完全满意，满意度均值为3.33，介于一般与比较满意之间，与曹

瓅（2014）得出的农户满意度值（3.98）一致。

（2）异质认知协调。

异质认知协调是新旧素材关于土地经营权归属与经营权抵押贷款可行性的复合认知。对其进行数据统计，有 33.30% 农户处于认知协调，20.20% 的农户处于认知不协调，46.50% 的农户处于两种认知无关的状态。进一步细化到各象限，如表 4.11 所示。

表 4.11　农户异质认知协调分布

旧素材认知 \ 新素材认知		V_1：你认为土地经营权可否抵押贷款？		
		可以	不可以	不清楚
V_2：你认为土地经营权归谁所有？	自己	W_1（31.30%）	W_2（19.60%）	W_3（36.20%）
	非自己	W_2（0.60%）	W_1（2.00%）	W_3（4.30%）
	不清楚	W_3（0.40%）	W_3（1.30%）	W_3（4.30%）

由表 4.11 可见，有 31.30% 的农户处于认知无偏差状态下的认知协调，认为土地经营权归自己所有，并能进行抵押贷款；有 2.00% 的农户处于认知偏差状态下的认知协调，即土地经营权不是自己的，同时不可以抵押贷款。有 19.60% 的农户处于旧素材认知无偏差，而新素材认知偏差下的不协调，即土地经营权是自己的但是却不可以抵押贷款；有 0.60% 的农户处于旧素材认知偏差，新素材认知无偏差下的不协调，即土地经营权不是自己的，但是可以抵押贷款的综合认知。在调研中发现，拥有“土地经营权即使不是自己的也可以抵押贷款”认知的往往是农村阶层较高的农户，如村干部、高收入农户或者农业大户。这与史清华等（2009）提出的“明知故犯的往往是农村国家地方干部”的观点有相似之处。此外，姚洋（2000）、张静（2003）等的观点也给我们提供了一个解读思路。中国土地使用规则是一个具有多个合法性生成的系统，农户往往选择对自己有利的规则，秉承“功能性”的土地态度，换言之，什么样的土地认知能给自己带来收益最大化，即追求土地剩余之和，就持有什么样的土地认知。

4.3.4　认知特征

（1）认知内容的关联性分析。

理论上新素材认知、旧素材认知和新旧素材联结认知之间是具有关联性的，是以新素材为基础的相关或拓展认知。对 3 个认知内容进行相关性分析。为简化汇报结果，赋予认知内容代号，所有权认知偏差（C_{1-1}）、经营权认知偏差（C_{1-2}）、承包权认知偏差（C_{1-3}）、是否借贷（C_{1-4}）、借贷次数（C_{1-5}）、获贷情况（C_{1-6}）、借贷评价（C_{1-7}）；知晓程度（C_{2-1}）、可行性偏差（C_{2-2}）；认知协调（C_{3-1}）、认知预期（C_{3-2}）。统计结果如表 4.12 所示。

从维度来看，旧素材认知（C_1）、新素材认知（C_2）、新旧素材联结认知（C_3）之间存在显著的关联性。其中新旧素材联结（C_3）与其他两种认知的关联性在 1% 置信区间内显著，且关联性较强。这也证实了本书认知指标设置的合理性。从具体变量来看，关联性较强的有可行性认知偏差（C_{2-2}）与认知协调（C_{3-1}），高关联性（0.83）的原因是认知协调变量由可行性认知偏差（C_{2-2}）和经营权认知偏差（C_{1-2}）复合而成。是否借贷（C_{1-4}）与借贷次数（C_{1-5}）也出现了 0.74 的高相关性，两者具有逻辑上的顺延关系。不具有显著相关性的认知出现在旧素材认知内部，即旧素材认知中的所有权认知偏差（C_{1-1}）与其他变量、经营权认知偏差（C_{1-2}）与借贷次数（C_{1-5}）、获贷情况（C_{1-6}）、借贷评价（C_{1-7}）。从方向上来看，除所有权认知偏差（C_{1-1}）与认知协调（C_{3-1}）出现了负相关外，其他认知之间呈现正相关关系，证实了认知之间方向的一致性。

（2）认知与制度的匹配分析。

土地经营权抵押贷款制度调整已多年，那么与此对应的农户认知是否实现了同步转换？从新素材认知数据看，农户的知晓程度仅为 1.64，有 67.70% 的农户存在可行性认知偏差，可见，农户的认知滞后于制度的设置与实施。从新旧素材联结看，农户对土地抵押贷款的预期效果均值介于比较不可能与比较可能之间，预期效果值相对较高。从农户的协调认知来看，大部分农户处于认知无关状态，33.30% 处于认知协调状态，20.20% 处于认知不协调状态。可见农户预期效果较积极，而协调认知度较低。

综上可知，农户土地经营权抵押贷款的认知滞后于制度变迁，尤其是知晓程度、可行性认知偏差和认知协调。但从预期效果来看，农户认知具有较好的前景，大量农户处于认知无关状态，一旦信息补充后，会进入认知协调状态。

（3）认知的分模式分析。

理论上，土地经营权抵押贷款模式会通过制度形成与制度传递的差异，对农户的认知产生不同的影响，即农户的认知存在模式差异性。本章用 1 112 份 4 个主要试点地数据，运用单样本 T 检验方法对供给推动模式和需求推动模式下的农户认知差异进行检验。因产权归属与认知偏差，可行性与可行性认知偏差是同一问项的不同处理，故只选择归属认知偏差和可行性认知偏差进行分析。结果如表 4.12 和表 4.13 所示。

表 4.12　农户认知内容相关性分析

		旧素材认知 C_1							新素材 C_2		新旧联结 C_3	
		C_{1-1}	C_{1-2}	C_{1-3}	C_{1-4}	C_{1-5}	C_{1-6}	C_{1-7}	C_{2-1}	C_{2-2}	C_{3-1}	C_{3-2}
C_1	C_{1-1}	1										
	C_{1-2}	-0.02	1									
	C_{1-3}	-0.01	0.46***	1								
	C_{1-4}	-0.04	0.10**	0.12**	1							
	C_{1-5}	-0.06	0.07	0.13**	0.55***	1						
	C_{1-6}	-0.01	0.06	0.14**	0.74***	0.40***	1					
	C_{1-7}	0.03	0.02	0.08*	0.29***	0.23***	0.39***	1				
C_2	C_{2-1}	-0.05	0.15***	0.14***	0.30***	0.39***	0.21***	0.22***	1			
	C_{2-2}	-0.07	0.18***	0.20***	0.29***	0.33***	0.20***	0.16***	0.60***	1		
C_3	C_{3-1}	0.02	-0.21**	-0.23***	-0.34***	-0.30***	-0.25***	-0.13***	-0.50***	-0.83***	1	
	C_{3-2}	-0.03	0.18***	0.21***	0.23***	0.25***	0.22***	0.26***	0.31***	0.36***	-0.29***	1

注：*、**、*** 分别表示在 1%、5%、10% 水平上显著，括号内为标准误差。

表 4.13　　农户认知：模式差异性检验

类别	指标	均值		Levene 变异数相等测试		平均值是否相等 T 测试		显著性结果
		供给	需求	F 值	显著性	T 值	显著性	
新素材认知	知晓程度	1.28	2.15	387.80	0.00	-10.44	0.00	有显著差异
	可行性偏差	0.14	0.56	221.06	0.00	-11.57	0.00	
旧素材认知	所有权偏差	0.20	0.08	67.81	0.00	3.89	0.00	部分显著性差异
	经营权偏差	0.82	0.95	119.70	0.00	-4.97	0.00	
	承包权偏差	0.75	0.96	333.96	0.00	-7.38	0.00	
	是否借贷	0.40	0.56	1.86	0.17	-3.66	0.00	
	借贷次数	0.61	2.13	130.21	0.00	-7.93	0.00	
	获贷情况	1.31	1.43	19.35	0.00	-2.80	0.01	
	借贷评价	2.65	2.77	16.69	0.00	-1.26	0.20	
新旧素材联结	解决贷款难	2.64	3.13	8.51	0.00	-5.72	0.00	有显著差异
	增加农户收入	2.44	2.84	10.25	0.00	-4.58	0.00	
	长久实施	3.15	4.00	16.60	0.00	-11.40	0.00	
	扩大范围实施	3.15	3.89	1.91	0.10	-9.85	0.00	
	总体满意度	3.19	3.63	29.91	0.00	-5.32	0.00	
	认知协调	2.36	1.82	80.49	0.00	7.65	0.00	

农户认知模式差异在旧素材认知上部分显著。其中“是否借贷”和“借贷评价”没有完全通过显著性检验，其余认知具有显著差异性。从 T 值方向来看，需求模式下农户的经营权、承包权归属认知无偏差比率更大，正规金融机构借贷次数更多，且获贷率更强，而在所有权认知上，需求模式弱于供给模式。

农户分别在新素材和新旧素材联结上存在显著的认知差异性。在新素材认知中，农户新素材知晓程度和可行性偏差在 1% 水平上有显著差异，需求模式下农户的认知程度（T = -10.44）和无偏差程度（T = -11.57）更高。在新旧素材联结认知中，农户在预期效果、满意度与认知协调上均具有显著差异性（$p = 0.000$），从 T 值方向来看，需求模式下的农户认知程度更高。由于认知协调是没有序列关系的虚拟变量，因此，对其做进一步处理，如表 4.14 所示。

表 4.14　农户认知协调：模式差异性分布

		认知协调	认知不协调	认知无关
模式	1 - 供给模式	16.60%	30.80%	52.60%
	2 - 需求模式	55.40%	7.70%	36.90%

需求模式下认知协调农户占总样本的55.4%，不协调的占7.70%。供给模式下认知协调的农户仅占16.6%，而近一半以上的农户处于认知无关状态，30.8%的农户处于认知不协调状态。由此可见，需求模式下农户的认知协调性更强。

（4）认知偏差的关联性分析。

本节还需检验的一组认知关系是，旧素材认识偏差是否会对新素材认知偏差产生影响。理论上，认知具有稳定性，一旦形成后就很难再以另一种方式看待（Bruner，1964），即认知的路径依赖性（诺思，1998）。路径依赖一方面可以节约心智成本；另一方面易于个体形成认知协调，避免不协调产生的心理压力。具体到本书，旧素材中"农户土地经营权归属认知偏差"是否会延续影响到新素材中"经营权抵押贷款的可行性认知偏差"呢？对两者做相关性分析，结果显示两者在1%置信区间内显著相关，相关系数为0.176。由此证实，旧认知偏差会对新素材认知偏差产生影响。

4.4　本章小结

本章对农户土地经营权抵押贷款认知内涵进行界定，结合已有文献，构建农户认知的测量指标。在此基础上，利用实地调研数据，量化认知，对其认知现状和认知特点进行分析。主要研究结论有：①农户认知是农户对土地经营权抵押贷款制度信息加工的过程，包括新素材认知、旧素材认知和新旧素材联结认知。②新素材认知包括农户对土地经营权抵押贷款的知晓程度、可行性认知偏差；旧素材认知包括农户对产权归属认知偏差与以往借贷经验认知；新旧素材认知包括农户对制度预期效果评价与认知协调。③农户认知现状分析，在新素材认知中，知晓程度低，可行性认知偏差大；在旧素材认知中，产权归属认知存在偏差，农户普遍具有借贷经验；在新旧素材联结认知中，农户预期评价高，少数农户处于认知协调状态。④农户认知具有滞后性、关联性、模式差异性、偏差延续性特点。

第 5 章　农户土地经营权抵押贷款认知的影响因素

第 4 章表明，农户对土地经营权抵押贷款的知晓程度不高，存在较大的可行性认知偏差；呈现多元主体的产权归属认知，具有一定的正规借贷经验；对土地经营权抵押贷款的效果预期良好，但认知协调度不高。本章将实证分析，哪些要素影响了农户的土地经营权抵押贷款认知？是以何种方向和强度实施影响的？

5.1 引　　言

研究农户对土地制度的认知是非常有意义的。一方面，中国是农业大国，农户稳定的土地制度认知会带来稳定的生产预期，保障我国农产品生产，尤其是粮食生产的安全。另一方面，中国是农业人口大国，如果千万农户对土地制度形成一致认知，同样的制度预期，就会产生积极的土地制度效应。反之，如果农户认知差异大，就可能带来行动的不一致，最终造成土地市场的混乱。随着制度经济学、行为经济学对个体认知的重视，越来越多的学者开始关注农户的土地制度认知，并积累了较多的研究成果。相关研究多集中在产权归属认知（土地所有权、经营权、承包权、收益权）、国家出台的新土地制度认知（土地承包权 30 年不变、承包权永久不变、土地流转、土地调整、征地、确权等）的接收程度与预期评价上。学者们普遍认为，农户对土地制度高度重视，但认知水平较低，归属认知模糊。以土地制度中最重要的所有权归属认知为例，普罗（1995）的调查发现“农户大多不清楚谁拥有土地”“有的说是国家的，有的说是乡的，有的说是大队的”“一位农户说，人人都有，只有农民没有”。史清华（2009）基于全国 1 694 份农户问卷，指出“有 86.28% 的农户给出了土地权属肯定的回答”，但继续提问“土地属于谁所有”时，答案却“五花八门”。陈胜祥（2009）基于 1995 ~2008 年农户土地产权认知的文献进行二次分析，发现农户的产权归属认知不但没有随着时间的推移逼近法律规定，反而是渐行渐远，偏离更大。20 多年来，我国农村发生了巨大的变化，信息化拓宽了认知渠道，市场化加大了认知的交流，国家每年通过相关土地制度稳固“三权分置”的产权归属。但为何农户依然存在认知模糊，认知水平低的情况？究竟是什么影响了农户的认知？是固有的认知习惯、地域性的习俗文化，还是农户的自身禀赋？只有找到影响农户认知的因素，才有可能探索到农户认知背后的规律，从根本上提高土地制度的实施效果。

关于农户土地制度认知的影响因素，已有文献对其进行了研究。有学者从理论层面进行探讨，认为影响农户认知的因素包括农户已有的知识存量与文化背景、土地制度的历史与变迁、农户相关群体的认知与理解（与农户直接打交道的基层政府工作人员、企业事业单位、有关媒体）（洪名勇，2016）。更多学者从实证层面探索，归纳起来有以下几类：第一，个体特征。年龄显著影响农户认知，年龄越小则认知水平越高（陈永桃，2017；吴萌等，2016；徐美银等，2009）；受教育程度越高则认知水平越高（吴萌等，2016；徐美银等，2009）。第二，家庭基本特征。家庭类型、有人担任村干部显著影响农户认知，越偏非农户以及非农户家庭（吴萌等，2016）、担任过村干部的家庭认知水平越高（陈永桃，2017，徐美银等，2009）。第三，外部环境特征。政策宣传、村庄地理位置、村级企业数量、是否参与农民专业合作化组织等对农户产权认知有显著影响（陈永桃，2017；徐美银等，2009）。此外，还有学者将研究拓展到认知偏差的影响因素分析。仇童伟（2016）关注土地产权环境对农户产权安全认知偏差的影响，研究表明，村庄产权环境与其他农民的认知会影响农户认知的准确性，具体来说，同村其他农户的认知偏差会扩大农户的认知偏差，实际土地调整次数会对不同产权经历农户的认知偏差产生差异性的影响。

土地经营权抵押贷款是以缓解农业经营主体正规信贷约束、刺激农业投资、增加农业收入为宗旨的一项农村土地金融改革，现还处于试点阶段。各试点地区依据地方特征制定差异性的抵押贷款模式，并布局差异化的实施方案。试点效果将会作为全国是否全面推广土地经营权抵押贷款、如何推广的重要依据。土地经营权抵押贷款作为一项土地金融新制度，农户对其的认知不仅能影响农户的参与行为，直接产生制度绩效，还直接反映了试点地区制度的推行情况。因此，深入分析农户认知的影响因素有助于试点地区土地经营权抵押贷款工作的具体开展，提高制度使用效率。

综合已有文献，有以下内容值得进一步拓展。第一，在已有文献中，影响要素选取随意性较大，缺乏系统的理论依据。影响认知的因素众多，要逐一列举是不可能的，而建立在理论基础上的要素选取，能从某一维度中获取影响意义。第二，现有实证多从个体特征或家庭特征来考量，并未注意地方文化、社会关系对其的影响。农户的认知和行为是嵌入社会关系、文化氛围中的。个体处于社会群体中，不可避免地会受到别人的影响，期望与他人认知达到一致，避免失调带来的不适。地区文化会通过习俗、惯性甚至是遗传影响到农户的认知。因此仅从原子个人或原子家庭角度考量是不完全的，需要拓展到个体所处的社会、文化环境中。第三，现有文献未结合模式进行认知分析，试点阶段各地区实施的贷款模式不同，若将其同等看待必定带来结论的不准确性。因此有必要考量抵押贷款模式差异下的认知影响。

基于此，本章以社会心理学的分布式认知理论为基础，结合土地经营权抵押贷款特征，作进一步理论拓展，系统性研究农户土地经营权抵押贷款认知的影响因素。

5.2 理论与机理分析

5.2.1 理论及拓展

（1）分布式认知理论。

分布式认知理论（the distributed cognition theory）与其他认知理论一样，都是寻求系统性的理解认知。不同之处在于，分布式认知理论从外围视角去理解影响认知因素，也更加看重认知过程（Chuah，1999）。该理论指出认知不是独立的，是包括认知主体和环境的系统（Salomon，1997），是系统分布在个体内、个体间、媒介、环境、文化、社会和时间之中的（Cole，1993）。分布式理论一经提出后，被广泛运用在教育学、社会学、组织学、医学等领域，随着行为经济学的发展，也逐渐被引入经济、管理学领域。

Gardner 和 Hatch（1993）在分布式理论基础上提出教室中认知活动的同心圆模型，从个人力、地域力、文化力三个层次概括认知的影响因素，如图 5.1 所示。

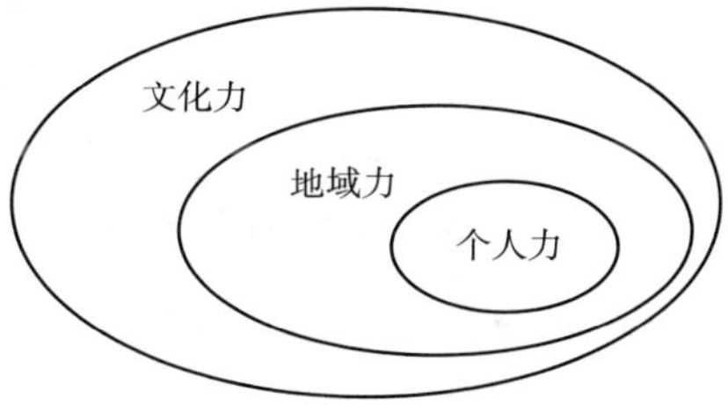

图 5.1　分布式认知模型

个人力作为最内圈是有限个人认知的核心因素，表示个体在一定场景下的倾向及经验；中间圈是地域力，个体外围所处的社会与地理环境，即社会资源与地理资源对个体认知的影响；最外层是文化力，表示个体所处的信仰、习俗、惯例等对认知的影响。人们会把所在某一文化中的经验滤聚成抽象的文化图式，此图式潜伏在人们的记忆中，当与此图式相连的外界刺激出现时，图式便会自动被激活，并在人们不自觉的情境下，影响思维和行为，做出与文化经验相符的行为（Hong，2001）。认知不能独立于文化出现（Cole，1996；Shore，1996；Strauss and Quinn，1998），主体生活在复杂的文化环境中，认知活动也是嵌入文化中的。文化是塑造主体的认知途径（Hutchins，1995），确保在面临复杂不确定环境时，知道什么该做什么不该做（Hollan，2000）。

这三种影响力相互依赖，共同作用于个体认知。总而言之，个体的认知是在与他人、家庭成员、群体交往中形成的，会受到外围资源有限的约束，也会受到期望和文化价值等因素的影响（周国梅等，2002）。

（2）理论拓展。

在分布式认知理论下，认知对象是普适性的，即所有主体面临的是同样客体，主体依据自身以及外界环境不同而对同一客体产生差异化的认知。与此不同的是，本章的认知对象——土地经营权抵押贷款对于认知主体——农户而言，并非“同一”性的。现阶段我国土地经营权抵押贷款处于“百花齐放”的状态，各试点地实施差异化的贷款模式，因此不同试点区农户面临的是不同的“土地经营权抵押贷款”制度。依据第 3 章的理论分析，在供给推动与需求推动模式下，制度信息形成与传递方向不同，农户获取的途径也不同，理论上会对农户认知产生影响。鉴于此，本章在分布式理论“个人力、地域力、文化力”基础上加入“模式力”因素，调整该理论在本章的运用。拓展后的分布式认知理论框架如图 5.2 所示。

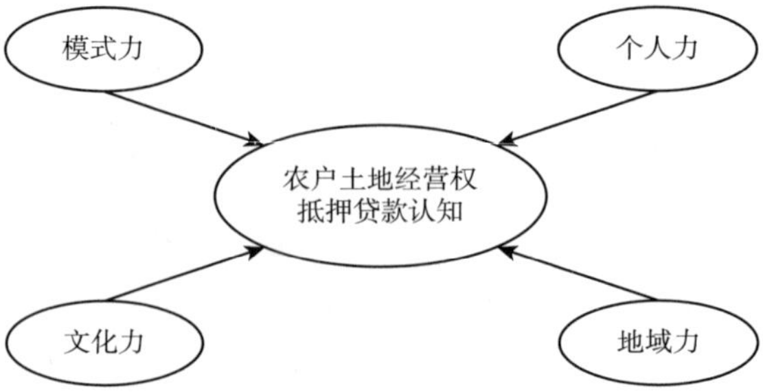

图 5.2 拓展后的分布式认知模型

5.2.2 模型设定

借鉴现有文献研究方法，建立农户土地经营权抵押贷款认知影响因素计量模型，表达式如下：

$$Y_1 = \alpha_{1-1}X_{1-1} + \alpha_{2-1}X_{2-1} + \alpha_{3-1}X_{3-1} + \mu \tag{5.1}$$

$$Y_2 = \alpha_{1-2}X_{1-2} + \alpha_{2-2}X_{2-2} + \alpha_{3-2}X_{3-2} + \alpha_{4-2}X_{4-2} + \mu \tag{5.2}$$

式（5.1）是原分布式认知理论下的模型1，式（5.2）是拓展后的分布式认知理论下的模型2。建立两模型的原因：一是样本数据的不同，可以检验影响要素的稳健性；二是通过结论的对比，可检验农户更适合土地经营权抵押贷款认知的理论。Y 表示农户土地经营权抵押贷款认知。Y_1是以分布式认知理论为基础，全样本下未考虑模式差异的农户认知；Y_2是拓展分布式认知理论下，4 个试点地区（贵州凤冈县、嘉兴南湖区、宁夏同心县、重庆江津区），加入了模式力要素（供给推动模式、需求推动模式）下的农户认知。自变量 X_1是个人力因素、X_2是地域力因素、X_3是文化力因素、X_4是模式力因素。α 为对应变量系数，μ 为随机误差项。

5.2.3 机理分析

（1）个人力对农户认知的影响。

分布式认知理论认为个人力是影响认知的核心要素。一方面，认知是个人的认知，是个体对外围环境的看法与评价，是外界作用于个体的反映，因此个人能否对外界有感知，对外界的感知反应和理解都会直接影响个人的认知水平。另一方面，个体自身特征会形成个体的认知倾向与偏好，而认知倾向与偏好是形成认知的根本。

已有文献也关注了个人特征对农户认知的影响。陈胜祥（2009）的研究表明，农户土地制度认知受到个人教育程度、年龄、社会地位的影响，而职业分化与认知无关。其他学者如高佳（2015）、徐美银（2009）、陈永桃（2017）、王建华（2011）、陈成文（2006）等也基于一手调研数据，检验了个人特征对农户认知的影响。借鉴已有文献，本章认为以下个人特征会影响农户的认知。

①性别。从生理构成来说，女性以养育子女、稳定家庭为主要行为准则，对风险具有天生排斥性。因此，对于用经营权"稳定的土地收益"换取"不确定的农业投资"贷款而言，女性的认知较男性来说会更难以接受与理解。

②年龄。从认知偏好与认知经验来说，随着年龄的增加，认知经验越来越丰富，认知偏好也越来越稳定。丰富的认知经验易于农户对新事物的理解，但同时稳定的认知偏好却也会让认知被锁进"路径依赖"中，阻碍差异性的认知调整。也就是说，随着年龄的增加，农户认知力增加，但对新事物的接收能力却减弱，因此具体年龄对农户认知产生什么方向的影响，本章认为取决于两种方向的总和。从已有文献结论来看，有的结果呈现正相关关系，有的呈负相关关系，也有呈现"U"形特征的。鉴于此，本章在模型中纳入年龄和年龄平方。

③人力资本。人力资本是个体特征的一个重要部分，是个人能力的反映。人力资本越高，个人对新事物的接受力与理解力越强，越容易拥有较高的认知水平。依据舒尔茨（1987）与贝克尔（1987）对人力资本的界定，本章选择农户受教育程度、是否外出打工两变量进行衡量。受教育程度对农户认知的影响途径是：受教育程度越高，其储备相关知识越多，认知经验越丰富，也越容易将新制度信息与原有认知体系整合，形成系统性的认知体系。已有文献也一致证实，受教育程度正向显著影响农户的认知。"是否外出打工"就理论而言，会对农户认知产生影响。外出打工，农户多从欠发达地区到发达地区迁移，地区间差异性的信息强度会对农户认知产生影响；此外，外出打工是一种经验，通过与工友交流、做法的见识等"见多识广"的方式，提高了农户对新事物的接收程度与认知水平。

（2）地域力对农户认知的影响。

地域力通过个体所处的地理与社会环境对农户认知产生影响。地理环境包括农户所处的地理位置、村庄环境与社会环境。农户地理位置离中心距离越近则交易成本越小，便利性越强，越容易产生集聚效应，形成较高的认知水平。村庄环境指农户所处村庄的发展状态，村庄越开放，农户的认知越具有包容性。农户所处的社会环境包括个体所属的家庭环境与拥有的社会资本，这对应洪名勇（2016）所指的“农户相关群体的认知会对农户认知产生影响”。家庭是生产、投资决策的主要单位，农户通过与家庭成员之间生活的磨合，形成较为统一的人生观与价值观，对农户的认知产生影响。社会资本会通过机会影响农户的认知，社会资本越强，农户获取信息、正确理解信息的机会就越多，则更容易形成高水平的认知。已有文献也关注到此，如徐美银等（2016）检验了村庄离城镇的距离、村级企业数量、是否担任村干部、家庭人均收入水平、是否参加专业化合作社组织对农户产权认知的影响。结果表明干部身份、参加专业合作社、村级企业数量对农户认知有显著影响。仇童伟（2016）证实村庄环境会对农户认知产生影响，尤其是其他农户的认知偏差。综合以上分析，本章设置以下的地域力变量。

①综合距离。已有文献有用农户家庭离城镇距离、离银行网点距离（刘荣等，2016）来衡量地理距离。土地经营权抵押贷款是农村金融的一种，市场位置也同样重要。因此本章同时考虑农户家到权利中心距离（到县城距离）、市场中心距离（到集市距离）与金融中心距离（到银行网点距离），将 3 个距离取均数处理视为综合距离。

②村庄环境。已有文献用村庄企业数来衡量村庄环境，本章认为合作社、家庭农场同样具有农业企业的功效，应同等对待。此外，基于农户问卷获取企业数量相对准确性不高，在调研中发现，对农户产生影响的大多是影响力较大的新型农业经营主体，如龙头企业、大型合作社、大规模家庭农场等。此外，本章涉及的是农村金融，而村庄里其他金融组织，如资金互助社、信用担保协会等也应被考虑。基于以上分析，本章用“优质新型经营主体”与“其他金融组织”两变量衡量村庄环境，其中优质指的是具有影响力的、龙头的新型农业经营主体。

③家庭环境。已有文献用家庭人均收入、家庭类型、家庭务农人数、家庭成员是否有人担任村干部等衡量家庭环境。参考现有文献，纳入结论显著的家庭类型、是否担任村干部变量。此外，本章涉及的是土地金融，因此需要考虑农户家庭借贷需求情况。一般而言，有借贷需求的农户家庭会更加关注土地经营权抵押贷款，也会具备更高的认知水平。综上所述，家庭环境由家庭类型、是否有人担任村干部、是否有借贷需求构成。

④社会资本。已有大量文献量化农户社会资本，有关系网数量（边燕杰等，

2007）、与权利中心人物关系（牛荣等，2016）、信任（安海燕，2016）等。本章借鉴以上文献，选择交往人数、信任、是否有亲戚朋友在银行工作衡量农户的社会资本。其中交往人数采用边燕杰等（2007）的“春节拜年网”，即“去年过年，大概有多少人来你家拜年”衡量；信任用“总体来说，外面的人是否值得信任?”问项测量；与权利中心人物关系借鉴刘荣等（2016）的“你是否有亲戚朋友在银行工作?”测量。一般而言，交往人数越多则人际网络越强，信息获取渠道越多；银行里有熟悉的人，则农户获取土地经营权抵押贷款信息的数量与质量更具有优势；对外界越信任，越容易对政策形成认知。

（3）文化力对农户认知的影响。

除前面提及的文化塑造认知的影响途径外，社会认同理论也为我们提供另一思路。文化相似性会维持和建立个体间的社会认同，拥有相同文化的个体会形成“内群体”，反之是“外群体”。在资源有限的前提下，人们会产生“内群体偏好”与“外群体歧视”的行为倾向（Tajfel et al.，1982），即对“内群体”的人配以较多资源并给予积极评价，对“外群体”的人分配较少资源和消极评价（戴亦一等，2016）。不同的资源配给和评价标准，势必会影响群体内外个体不同的认知水平。

本章认为与农户土地经营权抵押贷款认知相关的文化包括“农业文化”与“借贷文化”。“农业文化”指农户对待农业的态度，理论上态度越积极则越重视土地利用，对土地经营权抵押贷款认知也就越高。“借贷文化”指农户对借贷作用的看法，在调研中发现，农户存在“借贷是一种投资行为”“借贷是一种缺钱表现”的差异性观念。从逻辑上来看，农户越积极看待借贷，将其看成一种投资，则越契合土地经营权抵押贷款的制度初衷，认识水平会越高。越保守看待借贷，认为是一种“无奈之举”，相应认知会越低。具体量化，“农业文化”从农业职业、自己现在、将来、下一代是否愿意从事农业 4 方面来衡量；“借贷文化”用“你是否同意只有家庭穷才会贷款的说法”来衡量。

（4）模式力对农户认知的影响。

本章认为，抵押贷款模式会对农户信息获取与信息理解产生影响，进而影响农户的土地经营权抵押贷款认知。制度如果是“由下至上”形成，农户的信息获取与理解相对容易，那么农户认知水平较高，反之亦然。结合第 3 章试点地区土地经营权抵押贷款模式分析，将模式力分为“供给推动型”和“需求推动型”。

5.3 模型设定与变量处理

为简化模型的计量，对部分变量做进一步处理。

（1）新素材认知。该认知包括农户土地经营权抵押贷款知晓程度与可行性认知两部分，其中，可行性认知分为可行性判别与可行性认知偏差，两者是同一问题的不同表达。为简化计量，只将农户知晓程度和可行性认知偏差两个变量纳入模型。

（2）旧素材认知。该认知包括农户产权旧识与正规金融借贷经验两部分，其中，产权旧识分成产权归属认知与产权认知偏差，借贷经验包括借贷行为与结果。在旧识中产权归属与认知偏差是同一问题的不同视角，因此选其一纳入模型。在已有文献中，有学者将产权认知偏差作为变量（刘一明，2013）；也有学者将归属认知作为变量，但在结果讨论时多以“法律产权标准”为对照组进行解释（汤谨铭等，2013），其实质也是偏差与非偏差的对比。基于此，在产权旧识中，本章选择农户产权认知偏差作为变量。

（3）新旧素材联结认知。该认知包括农户对土地经营权抵押贷款的同质归类认知与异质协调认知，其中同质归类认知由预期效果与总体满意度构成。为简化计量，运用因子分析法对两模型的联结认知降维。结果显示，全样本模型1的KMO值为0.72，Bartlett球形检验值为1 280.139（$p<0.01$），说明模型1适合做因子分析。提取出1个特征值大于1的公因子，方差贡献率为77.47%。主要试点地区模型2的KMO值为0.803，Bartlett球形检验值为1 130.027（$p<0.01$），同样模型2数据适合做因子分析。提取出1个特征值大于1的公因子，方差贡献率为77.37%。具体数据如表5.1所示。

表5.1 农户同质归类认知的因子分析

测量项目	模型1（N=1 953）			模型2（N=1 112）		
	均值	标准差	因子载荷	均值	标准差	因子载荷
解决贷款难	2.83	1.04	0.43	2.87	1.04	0.46
增加农户收入	2.61	1.05	0.40	2.63	1.06	0.44
长久实施	3.50	0.96	0.78	3.54	0.98	0.74
大范围实施	3.46	0.95	0.73	3.49	0.96	0.75

续表

测量项目	模型 1（N = 1 953）			模型 2（N = 1 112）		
	均值	标准差	因子载荷	均值	标准差	因子载荷
总体满意度	3.33	0.98	0.60	3.39	0.99	0.68
特征根值	2.742			2.773		
累计方差解释	77.47%			77.37%		

（4）农业文化。本章用 4 个问项测量农户所处的农业文化，分别是“你是否认同，从事农业和从事其他行业一样，是一份工作的说法?”“你是否愿意从事农业?”“将来你是否还会从事农业?”“你是否愿意下一辈继续从事农业?”问项均以 5 维度回答，为简化计量，对其做因子分析，如表 5.2 所示。

表 5.2　　农户农业文化的因子分析

测量项目	模型 1（N = 1 953）			模型 2（N = 1 112）		
	均值	标准差	因子载荷	均值	标准差	因子载荷
农业是一种职业	3.68	1.42	0.78	3.74	1.40	0.61
现在从事农业	3.62	1.33	0.80	3.69	1.33	0.82
将来从事农业	3.54	1.39	0.81	3.62	1.39	0.84
下一代从事农业	1.99	1.31	0.55	1.99	1.32	0.29
特征根值	2.572			2.555		
累计方差解释	64.29%			63.38%		

从均值来看，农户自身对待农业的态度是积极的，而对待下一代从事农业的态度是消极的。在其职业认知、现在以及将来从事农业意愿中均值都介于 3 ~ 4，即一般与比较同意/愿意。只有在最后选项即“是否愿意下一代继续从事农业”问项中，均值介于 1 ~ 2，即非常不愿意与比较不愿意。调研中农户也表示“我们是没有办法才做农活，不愿意下一代也这样”“希望孩子去城市工作，不辛苦”“孩子自己也不愿意待在家里”“下一代做农活没有什么出路”等的观点。从两模型对比来看，模型 2 的前 3 项均值大于模型 1，说明主要试点地区农户对待农业的态度更加积极。农业文化的因子分析结果是：模型 1、模型 2 的 KMO 值分别为 0.73 与 0.72，Bartlett 球形检验值分别为 776.37（$p < 0.01$）和 710.34（$p < 0.01$），说明两模型数据适合做因子分析。

（5）综合距离。本章的综合距离是农户家离 3 个中心均值，如表 5.3 所示。

表 5.3 综合距离

测量项目（单位：千米）	模型 1（N = 1 953）				模型 2（N = 1 112）			
	均值	最大值	最小值	标准差	均值	最大值	最小值	标准差
到县城距离	23.14	140	0	18.19	24.33	140	0	15.10
到集市距离	4.33	20	0	4.37	4.25	17	0	4.27
到银行距离	3.63	13	0	2.94	3.51	10	0	2.96
综合距离	10.22	57.5	0	—	10.69	55	0	—

模型 1 中农户家庭平均到县城距离为 23.14 千米，到集市距离是 4.33 千米，到银行网点距离是 3.63 千米。模型 2 中上述平均距离分别是 24.33 千米、4.25 千米、3.51 千米。将 3 者做平均数处理，数据显示综合距离模型 1 是 10.22 千米，模型 2 是 10.69 千米。

（6）家庭类型。已有文献对家庭类型进行界定，有学者按照非农收入占总收入比（张锦华等，2016；黎毅等，2014；钱龙，2016），也有学者按照家庭成员务农情况（马贤磊等，2015；Zhang et al.，2004；Kun，2002）来划分。其结果分类为“纯农户、兼业户、非农户”（汤谨铭等，2013），也有更细地划分为“纯农户、半纯农户、兼农、半兼农、非农”（杨怡婷等，2014；牛荣，2016）。本章以家庭成员务农程度划分，界定为“纯农户、兼业户、非农户”三种，其中纯农户是家庭所有劳动力都从事农业，非农户指所有劳动力都从事非农业，兼业户处于两者之间。对模型变量做描述性统计和进一步说明，如表 5.4 所示。

表 5.4 变量定义及描述性统计

维度	类别	变量	变量定义	模型 1		模型 2		方向预测
				均值	标准差	均值	标准差	
个人力	特征	性别	男 = 0，女 = 1	0.05	0.21	0.04	0.20	-
		年龄	岁	47.95	10.42	47.73	10.62	?
		年龄^2		—	—	—	—	?
	人力资本	教育	未读书 = 1，小学 = 2，初中 = 3，高中 = 4，高中以上 = 5	2.43	0.78	2.42	0.79	+
		务工	否 = 0，是 = 1	0.74	0.44	0.75	0.44	+

续表

维度	类别	变量	变量定义	模型 1		模型 2		方向预测
				均值	标准差	均值	标准差	
地域力	综合距离		千米	10.22	7.01	10.69	6.90	-
	村庄环境	新型主体	否 =0，是 =1	0.61	0.78	0.634	0.76	+
		金融组织	否 =1，是 =2，不知道 =3	2.26	0.46	2.27	0.47	+
	家庭环境	纯农	否 =0，是 =1	0.31	0.48	0.32	0.46	
		兼农	否 =0，是 =1	0.57	0.41	0.53	0.50	
		非农	否 =0，是 =1	0.12	0.20	0.15	0.36	
		干部	否 =0，是 =1	0.15	0.36	0.14	0.35	+
		借贷	否 =0，是 =1	0.56	0.49	0.59	0.49	+
	社会资本	拜年人数	< 11 = 1，11 - 20 = 2，21 - 30 = 3，31 - 40 = 4，> 40 = 5	1.64	0.96	1.53	0.89	+
		银行	否 =0，是 =1	0.10	0.30	0.09	0.29	+
		信任	完全不信任 =1，比较不信任 =2，还行 =3，比较信任 =4，非常信任 =5	3.25	1.08	3.28	0.96	+
文化力	农业文化			3.21	1.07	3.25	1.08	+
	借贷文化		完全同意 =1，比较同意 =2，还行 =3，比较不同意 =4，完全不同意 =5	3.07	1.42	3.08	1.43	+
模式			供给推动模式 =0 需求推动模式 =1	-	-	0.46	0.70	+
			样本数	1 953		1 112		

从个人力来看，受访样本以男性为主，年龄以 40 ~ 50 岁为多，受教育程度介于小学和初中，多有务工经历。从地域力来看，大部分村庄里都有优质的新型农业经营主体，家庭以兼农户为主，有较强的借贷需求。在社会资本中，大部分农户没有熟人在银行，对外信任程度较高介于“还行”与“比较信任”之间。在借贷文化中，农户拥有较强的借贷投资观。模型 1 是全样本下的变量统计，模型 2 是 4 个主要试点地区的变量统计。从两模型的均值对比来看，模型 2 的村庄环境、农户借贷需求、对外信任程度、文化均要高于模型 1。

5.4 计量结果与分析

本章设立两个模型对农户土地经营权抵押贷款认知影响因素进行检验，模型1是基于原分布式认知理论的1 953份全样本数据的模型，模型2是以拓展后分布式认知理论为基础的，以贵州凤冈县、嘉兴南湖区、宁夏同心县、重庆江津区4个试点地区1 112份数据为样本的模型。

在计量方法选择上，认知是“0、1”虚拟变量的采用Logit模型进行影响因素估计，分别有归属认知偏差、申请与否、可行性认知偏差；认知是可比较程度虚拟变量的，选择Ordered Logistic模型进行分析，分别有获贷情况、借贷评价、新制度知晓情况、预期效果；对于无序虚拟变量的农户协调认知，利用Logistic模型对其分析。以上计量均利用Stata12软件进行检验。

5.4.1 分布式理论下结果分析

表5.5是原分布式认知理论下农户旧素材认知影响因素的检验结果，表5.6是新素材、新旧素材联结认知的检验结果。

(1) 旧素材认知的影响因素。

表5.5 分布式理论下旧素材认知回归结果

维度	变量	旧素材—产权认知偏差			旧素材—借贷经验认知			
		所有权	经营权	承包权	是否借贷	次数	获贷情况	借贷评价
个人力	性别	-19.05 (90.1)	-0.83 (0.81)	1.83 (1.19)	-1.55** (0.71)	-0.64 (0.68)	-0.18 (0.12)	-0.36 (0.31)
	年龄	0.46** (0.21)	0.02 (0.09)	-0.07 (0.09)	-0.08 (0.07)	-0.04 (0.07)	-0.01 (0.01)	-0.03 (0.03)
	年龄^2	-0.01** (0.01)	0.01 (0.01)	0.01 (0.01)	0.01 (0.01)	0.01 (0.01)	0.01 (0.01)	0.01 (0.01)
	教育程度	0.13 (0.07)	0.19* (0.06)	0.52 (0.05)	0.77* (0.05)	0.10** (0.05)	0.01 (0.01)	0.18 (0.02)
	外出打工	-0.21 (0.46)	-0.28 (0.48)	-0.31 (0.41)	0.55* (0.34)	0.15 (0.35)	0.03 (0.06)	0.22 (0.04)

续表

维度	变量	旧素材—产权认知偏差			旧素材—借贷经验认知			
		所有权	经营权	承包权	是否借贷	次数	获贷情况	借贷评价
地域力	综合距离	-0.01 (0.02)	0.03 (0.02)	0.01 (0.02)	-0.04** (0.02)	-0.02 (0.01)	-0.01 (0.01)	-0.02* (0.01)
	新型主体	0.15 (0.29)	0.56* (0.25)	0.11 (0.23)	-0.11 (0.20)	0.01 (0.20)	0.04 (0.03)	0.09 (0.09)
	金融组织	0.23 (0.42)	0.42 (0.41)	-0.03 (0.34)	0.24 (0.31)	-0.13 (0.31)	0.12* (0.05)	-0.10 (0.14)
	纯农户	0.19 (0.23)	-0.58 (0.26)	-0.27 (0.24)	-0.08 (0.18)	-0.14 (0.21)	-0.03 (0.04)	-0.14 (0.10)
	非农户	0.15 (0.31)	-0.40 (0.33)	-0.14 (0.34)	-0.92*** (0.25)	-0.76** (0.28)	-0.19** (0.06)	-0.25** (0.14)
	任村干部	1.17** (0.49)	0.42 (0.63)	-0.652 (0.46)	0.72* (0.47)	0.18 (0.46)	0.10 (0.08)	0.16 (0.21)
	借贷需求	0.36 (0.43)	0.17 (0.42)	0.06 (0.36)	2.74*** (0.31)	1.86*** (0.31)	0.37*** (0.05)	0.22 (0.14)
	交往人数	0.32* (0.22)	-0.22 (0.20)	-0.28 (0.19)	-0.57** (0.19)	-0.35* (0.18)	-0.09** (0.03)	-0.10 (0.08)
	银行熟人	-0.05 (0.68)	-0.45 (0.60)	-0.39 (0.56)	-0.04 (0.59)	-0.07 (0.58)	-0.01 (0.10)	0.25 (0.26)
	信任	0.05 (0.22)	0.19 (0.22)	0.48** (0.17)	0.02 (0.16)	0.13 (0.16)	0.04 (0.02)	0.15* (0.07)
文化力	农业文化	0.15 (0.20)	0.43* (0.19)	0.42** (0.17)	0.03 (0.14)	0.20 (0.14)	0.03 (0.02)	0.07 (0.06)
	借贷文化	0.09 (0.15)	0.16 (0.15)	0.04 (0.13)	0.28 (0.10)	0.20* (0.10)	0.04** (0.01)	0.06* (0.04)
常数		-14.83** (5.60)	1.45 (2.74)	1.15 (2.64)	2.41* (2.14)	5.04** (2.17)	2.02 (0.38)	3.91 (1.01)
调整后 R^2		0.18	0.20	0.20	0.48	0.18	0.22	0.23

注：*、**、*** 分别表示在 1%、5%、10% 水平上显著，括号内为标准误差。

①个人力对旧素材认知的影响。性别、年龄、教育与外出打工对旧素材认知的不同变量产生影响。其中性别在 5% 区间内负向影响农户的借贷认知，即男性较女性而言更倾向于借贷，这与牛荣（2016）、刘纯彬等（2009）的结论一

致；年龄对所有权认知偏差产生影响，结合年龄平方来看，出现了先升后降的影响趋势，即随着年龄的增加所有权正确认知会增加，达到峰值后，随着年龄继续增加，正确认知会下降；教育程度分别对经营权认知偏差、是否借贷与借贷次数产生显著影响，从方向来看，受教育程度越高，农户经营权认知越不容易产生偏差，越倾向借款，且借贷次数越多；外出务工仅在10%区间内对是否借贷产生正向影响，即有过外出务工经历的农户借贷认知越强烈，借贷倾向越大。

②地域力对旧素材认知的影响。综合距离，村庄情况的新型经营主体、金融组织，社会环境的家庭类型、是否担任村干部、借贷需求，人力资本中的交往人数、信任程度分别对旧素材认知产生影响。农户地理距离分别对“是否借贷”“借贷评价”在5%、10%置信区间内显著影响旧素材认知。从方向上来看，地理距离越近，农户越容易形成借贷行为，形成较好的借贷评价。村庄环境中“是否有优质的新型农业经营主体”对农户的经营权认知偏差产生影响，即村里新型经营主体的增加会减少农户经营权认知偏差。该结论较好理解，当村里优质新型经营主体存在时，农户与新型经营主体产生联结，无论是直接流转、入股联结，还是交流示范间接联结，都加强了农户土地经营权的认知。如贵州湄潭县，几家国家级、省级龙头企业建立，向农户流转土地，或与土地入股的农户共同生产经营，双方签署合同，合同明确指出是经营权的利用。其他金融组织对农户“获贷情况”在10%区间内显著影响，村庄里其他金融组织越多，农户获得贷款的概率就越大，尤其是担保组织的存在。在家庭环境中，家庭类型对农户借贷经验认知产生影响。以兼业户为参照组，非农户在是否借贷、借贷次数、获贷情况与借贷评价上均有负向影响。即非农户的借贷认知、获贷认知与借贷评价均要弱于兼业户。纯农户的认知与兼业户不存在显著差异。这与牛荣（2016）的研究结论一致。担任村干部对“所有权认知偏差”“是否借贷”产生影响，村干部作为农村精英，需要协调处理村级矛盾，尤其是土地矛盾，因此会较一般农户而言更能准确把握国家相关规定。调研中发现，村干部多是农业经济的领军人物，通常村里的第一个合作社、第一个本土企业都有村干部参与，这也是村干部更有借贷倾向的原因。以兼业户为对照组，非农户家庭对借贷经验产生影响。从方向上来看，相对于兼业户而言，非农户的申请行为、借贷次数、获贷情况与借贷评价都较低。旧产权认知不具有农户家庭类型差异性。“借贷需求”显著影响农户的正规金融借贷经验，在1%置信区间内，对农户“是否借贷”“借贷次数”“获贷情况”产生正向影响。从行为经济学来看，动力是产生行动的基础，只有具有

借贷需求，才会产生借贷行为。社会资本对农户旧素材认知产生影响，其中交往人数、信任影响部分农户认知。交往人数分别影响农户"所有权认知偏差""是否借贷""借贷次数"与"获贷情况"。交往人数越多，农户之间关于产权认知的交流越多，就越容易调整个体认知，靠近认知标准。交往人数负向影响农户"是否借贷""借贷次数"与"获贷情况"，交往人数越多，亲朋好友之间借贷机会越多，则向正规金融机构申请借贷、借贷的次数也就减少，对应获贷率也就越低。信任对"承包权认知偏差"与"借贷评价"产生影响，信任度越高，农户对外的包容性越好，主观评价就越高。银行是否有熟人对农户旧素材认知不产生显著影响，以往熟人在借贷中的作用是"信息传递，获贷门槛降低"，但随着农村金融市场化推进，金融激烈的竞争降低了农户的准入门槛，正规金融借贷中的"人格化"特征逐渐被"非人格化"取代，熟人的作用也被消减。

③文化力对旧素材认知的影响。农户的农业态度对农业经营权、承包权认知偏差产生显著影响，农户越看重农业，对其的认知度就越高，认知偏差也就越小。借贷文化对借贷情况产生显著影响，即越认为借贷是一种投资而非一种"穷人"表现的农户，其越具有借贷动机和借贷行为，且获贷率也就越高。

（2）新素材、新旧素材联结认知的影响因素。

将个人力、地域力、文化力变量对农户新素材、新旧素材联结认知做回归分析，整理结果如表5.6所示。

表5.6　分布式理论下新素材、新旧素材联结认知回归结果

因素	变量	知晓政策	可行性偏差	预期效果	认知协调
个人力	性别	0.06 (0.31)	0.16 (0.60)	0.16 (0.18)	0.09 (0.24)
	年龄	-0.01 (0.03)	0.09 (0.07)	0.01 (0.02)	-0.02 (0.02)
	年龄^2	0.01 (0.02)	-0.01 (0.01)	-0.01 (0.01)	0.00 (0.01)
	教育程度	0.05 (0.02)	0.26* (0.12)	0.05 (0.01)	0.06* (0.05)
	外出打工	-0.03 (0.14)	-0.04 (0.28)	-0.09 (0.09)	-0.02 (0.12)

续表

因素	变量	知晓政策	可行性偏差	预期效果	认知协调
地域力	综合距离	-0.05 (0.06)	-0.02* (0.02)	0.05 (0.04)	0.01* (0.05)
	新型主体	0.17* (0.09)	0.29* (0.17)	0.15 (0.22)	0.14* (0.07)
	金融组织	0.07 (0.18)	0.37 (0.26)	0.08 (0.08)	-0.01 (0.11)
	纯农户	-0.14 (0.10)	0.46** (0.19)	0.05 (0.06)	0.19* (0.08)
	非农户	-0.18 (0.13)	-0.44* (0.26)	-0.34** (0.09)	0.16 (0.10)
	任村干部	0.43** (0.20)	0.03 (0.40)	0.08 (0.12)	-0.07 (0.16)
	借贷需求	0.48*** (0.13)	0.39 (0.26)	-0.05 (0.08)	-0.10 (0.11)
	交往人数	0.19** (0.08)	0.43** (0.17)	0.09* (0.05)	0.13* (0.06)
	银行熟人	0.02 (0.26)	0.42 (0.54)	0.08 0.15)	-0.04 (0.29)
	信任	0.05 (0.07)	0.32** (0.14)	0.08* (0.04)	0.09* (0.05)
文化力	农业文化	0.13* (0.06)	0.20* (0.12)	0.25*** (0.09)	-0.07* (0.05)
	借贷文化	0.09* (0.04)	0.10 (0.08)	0.02 (0.02)	0.01 (0.03)
常数		2.48 (0.97)	-3.29 (2.01)	2.57*** (0.58)	2.45** (0.78)
调整后 R^2		0.11	0.16	0.23	0.21

注：*、**、*** 分别表示在1%、5%、10%水平上显著，括号内为标准误差。

①个人力对新素材、新旧素材联结认知的影响。个人力中教育在10%置信区间内对农户可行性认知偏差与认知协调产生影响。从方向上看，农户受教育程度越高则可行性认知偏差概率越小。对农户可行性认知偏差与认知协调做进一步分组均值分析，如表5.7所示。认知无偏差群体的教育均值为2.47，高于有偏差群体近

0. 16 个百分点；以认知不协调组为参照，认知协调群体的受教育水平均值为 2. 51，认知无关组均值为 2. 45，分别高于参照组（0. 19），0. 13 个教育水平值。

表 5. 7　　认知偏差与认知协调：教育差异性分布

	可行性认知偏差		认知协调		
教育	1 – 无偏差	0 – 有偏差	1 – 认知协调	2 – 认知不协调	3 – 认知无关
均数	2. 47 (0. 81)	2. 31 (0. 70)	2. 51 (0. 82)	2. 32 (0. 70)	2. 45 (0. 81)

②地域力对新素材、新旧素材联结认知的影响。地域力对农户新素材、新旧素材联结认知有显著影响。地理距离在 10% 区间内对农户可行性认知偏差、认知协调产生影响。从方向上看，地理距离越近，农户越倾向认知无偏差。近距离一方面有利于信息的有效传递，减少通道过长导致的信息失真；另一方面有利于农户的信息证实。调研中农户表示“银行就在村里面，有什么消息直接去问就可以了”“隔得近，信用社的同志随时都可以问的”，可知，地理位置上的优势有助于提高农户的认知水平。村庄情况中的“优质新型农业经营主体”在 10% 区间内对农户政策知晓程度、可行性认知偏差、认知协调产生显著影响。从方向来看，村庄里有优质新型经营主体，农户对政策的知晓程度提高，可行性认知偏差减少。调研中发现，村庄里的优质新型农业经营主体往往是新政策的“弄潮儿”，是农业政策的最先实验者。如供给推动模式下，新型农业经营主体是政策的主要受益者，成为试点区的“实验”对象，这种“实验”会直观地对农户的认知产生正向影响。农户类型在可行性认知偏差、预期效果与认知协调上存在显著认知影响。以兼业户为参照组，纯农户的认知偏差较少，非农户的认知偏差多于兼业户，即呈现出农户从事农业程度越高，认知偏差就越小的特征。非农户的预期效果在 5% 区间内显著低于兼业户。此外，家庭环境中“是否担任村干部”“是否具有借贷需求”分别在 5% 、10% 区间内对农户知晓程度产生正向影响。调研中发现，村干部大多知道土地经营权抵押贷款，但问及为何不对村民进行宣传时，嘉兴南湖区的村干部表示“村民不会对这个感兴趣的”，所以“没有告诉的必要”；贵州凤冈县村干部表示“现在整个凤冈县的土地抵押贷款都不做了”，所以“告诉农户也没有用”。也就是说，村干部对制度的了解程度较高，但因为种种原因并未积极向其他农户宣传。社会资本中“交往人数”与“信任”分别对新素材以及新旧素材联结产生显著的影响，其中交往人数越多，农户信息知晓程度越大，可行性认知偏差就越小，预期政策效果越高。“信任”分别对“认知偏差”“预期效果评价”与“认知协调”产生影响，从方向来看，农户对外信任

度越高，认知偏差越小，对政策效果的预期判断也就越高。“认知协调”受到地域力中“地理距离”“优质新型农业经营主体”“交往人数”“信任”的影响，对其进行分组均值分析，如表5.8所示。从均值分布来看，认知协调组的地理距离是20.27千米，认知无联结组是21.09千米，认知不协调组是21.44千米；在优质新型农业经营主体中，认知协调组、认知无联结组、认知不协调组分别有68%、65%与56%的农户表示村庄里有优质的农业新型主体；在交往人数中，认知协调组的交往均值为1.94，无联结组是1.58，认知不协调组是1.52；在信任中，按照均值大小分别是认知协调、认知无联结与认知不协调组。由此可见，以上认知变量的均值都呈现出了“认知不协调—认知无联结—认知协调”的均值趋势特征。

表5.8 农户认知协调：地域差异性分布

	1-认知协调	2-认知不协调	3-认知无联结
综合距离	20.27 (12.4)	21.44 (16.44)	21.09 (13.94)
新型主体	0.68 (0.65)	0.56 (40.83)	0.65 (0.82)
交往人数	1.94 (1.05)	1.52 (0.92)	1.58 (0.92)
信任	3.47 (0.95)	3.17 (0.97)	3.14 (0.93)

③文化对新素材、新旧素材联结认知的影响。农业文化对新素材、新旧素材联结认知均产生显著影响。即农户对农业态度越积极，土地经营权抵押贷款制度的知晓程度越高，认知偏差越低，对抵押贷款制度的效果预测也就越积极。这表明，农户将农业作为自己现在、将来的一份职业，则会积极对待与此相关的土地改革制度，其未来预期判断也就越好。借贷文化对知晓程度有影响，即农户越将借贷看作一种投资，对制度的知晓程度也就越大。

5.4.2 拓展分布式理论下结果分析

拓展分布式认知模型从个人力、地域力、文化力三维要素扩展到了个人力、地域力、文化力与模式力4要素，增加了模式力的影响。与此对应，模型样本也从1 953份全样本调整到主要4大试点地区的1 112份样本。计量方法同上，计量结果统计如表5.9和表5.10所示。

（1）农户旧素材认知影响因素。

表 5.9　　拓展分布式理论下旧素材认知回归结果

维度	变量	旧素材—产权认知偏差			旧素材—借贷经验认知			
		所有权	经营权	承包权	是否借贷	次数	获贷情况	借贷评价
个人力	性别	-18.96 (86.4)	-1.16 (0.87)	1.40 (1.23)	-1.88 ** (0.71)	-0.89 (0.74)	-0.22 (0.12)	-0.029 (0.35)
	年龄	0.55 ** (0.24)	0.13 (0.09)	-0.12 (0.11)	-0.07 (0.07)	-0.05 (0.08)	-0.06 (0.05)	-0.04 (0.05)
	年龄^2	-0.05 * (0.03)	0.01 (0.01)	0.01 (0.01)	0.01 (0.01)	0.01 (0.01)	0.01 (0.01)	0.01 (0.01)
	教育程度	0.14 (0.73)	0.17 (0.09)	0.07 (0.63)	0.27 ** (0.13)	0.37 ** (0.14)	0.57 ** (0.03)	0.67 ** (0.07)
	外出打工	-0.29 (0.48)	-0.37 (0.54)	-0.19 (0.49)	0.64 * (0.36)	0.15 (0.37)	0.03 (0.68)	-0.23 (0.16)
地域力	综合距离	-0.11 (0.22)	0.25 (0.03)	0.07 (0.20)	-0.51 ** (0.07)	-0.08 * (0.15)	-0.03 (0.03)	-0.08 (0.07)
	新型主体	0.34 (0.35)	0.80 ** (0.29)	0.37 (0.29)	-0.09 (0.26)	0.09 (0.22)	0.04 (0.04)	0.15 (0.09)
	金融组织	0.37 (0.48)	0.52 (0.45)	0.27 (0.42)	0.17 (0.32)	-0.33 (0.33)	0.19 * (0.06)	-0.08 (0.18)
	纯农户	0.63 ** (0.26)	0.18 (0.31)	0.10 (0.26)	-0.09 (0.19)	-0.34 (0.22)	0.09 * (0.05)	-0.04 (0.11)
	非农户	0.44 (0.31)	-0.36 (0.34)	0.09 (0.35)	-0.89 ** (0.26)	-0.85 ** (0.29)	-0.14 * (0.06)	-0.23 (0.14)
	任村干部	1.01 ** (0.58)	0.03 (0.69)	-1.56 (0.57)	0.69 (0.49)	0.27 (0.57)	0.92 (0.91)	0.96 (0.25)
	借贷需求	0.29 (0.48)	0.28 (0.49)	0.73 (0.49)	2.62 *** (0.23)	1.92 *** (0.34)	0.37 *** (0.61)	0.11 (0.47)
	交往人数	0.39 * (0.25)	-0.21 (0.36)	-0.14 (0.26)	-0.35 * (0.28)	-0.24 * (0.23)	-0.87 * (0.42)	-0.08 (0.99)
	银行熟人	-0.56 (0.89)	-0.24 (0.45)	-0.34 (0.65)	-0.24 (0.63)	-0.07 (0.62)	-0.03 (0.13)	0.52 (0.28)
	信任	0.27 (0.25)	0.24 (0.27)	0.81 (0.28)	0.15 (0.18)	0.39 * (0.19)	0.38 (0.35)	0.21 ** (0.86)

续表

维度	变量	旧素材—产权认知偏差			旧素材—借贷经验认知			
		所有权	经营权	承包权	是否借贷	次数	获贷情况	借贷评价
文化力	农业文化	-0.21 (0.26)	0.73* (0.65)	0.47* (0.26)	0.25 (0.63)	0.34 (0.70)	-0.36 (0.31)	0.21** (0.75)
	借贷文化	0.17 (0.63)	0.16 (0.73)	0.62 (0.58)	0.30** (0.15)	0.23* (0.18)	0.44** (0.19)	0.02* (0.47)
模式力		-0.65 (0.25)	1.60** (0.39)	1.95** (0.81)	0.45* (0.18)	0.54** (0.86)	0.10 (0.33)	-0.57** (0.08)
常数		-16.84** (6.26)	1.27 (3.65)	0.07 (3.22)	2.41* (2.12)	5.63** (2.27)	2.04*** (0.10)	3.89*** (0.94)
调整后 R^2		0.23	0.32	0.45	0.47	0.19	0.24	0.13

注：*、**、*** 分别表示在 1%、5%、10% 水平上显著，括号内为标准误差。

①个人力对旧素材认知的影响。与模型 1 相比，模型 2 中个人力对旧素材认知的差异性是受教育程度的影响，在 4 个试点地区，受教育程度增加了对获贷情况的影响，减少了对经营权认知偏差的影响。

②地域力对旧素材认知的影响。与模型 1 相比，模型 2 的影响差异性有以下几个：第一，距离不仅对“是否借贷”产生影响，还影响“借贷次数”。距离越近，农户的借贷次数就越多。第二，在家庭类型中，纯农户相比较兼业户而言，其产权认知的正确性更强。但与模型 1 相比，模型 2 中家庭类型对借贷经验的影响较小。更多区别体现在非农户与兼业户之间，即兼业户要比非农户的借贷行为、借贷评价更积极。第三，村干部对“是否借贷”的影响减弱。在模型 2 中“担任村干部”并不显著影响农户向金融机构的借贷申请，这可能与 4 个试点地区农户正规借贷行为很普遍有关。第四，信任对“借贷次数”产生影响，模型 2 中信任在 10% 区间内对农户“借贷次数”产生正向影响，即农户对外信任度越高，向金融机构借贷的次数就越多。调研中也发现，信任度较低的农户多选择不申请贷款，多将被拒贷的原因归结到“无权”“无人”“无钱”上，进而对正规金融借款“失望”。除以上 4 个变量有影响差异外，其他变量的影响同模型 1 一致，表明具有较好的稳健性。

③文化力对旧素材认知的影响。与模型 1 相比，模型 2 的农业文化对农户“借贷评价”在 10% 置信区间内正向影响农户认知，即农户越看重农业，则对正规金融借贷的评价越高。借贷文化不仅影响农户的“借贷次数”，“借贷情况”与“借贷评价”还对农户“是否借贷”产生正向影响，即农户越不认为借款是

穷人的行为，则越倾向正规金融机构借贷。

（2）新素材、新旧素材联结认知的影响因素。

表 5.10 拓展分布式理论下新素材、新旧素材联结认知回归结果

维度	具体变量	知道政策	可行性偏差	预期效果	认知协调
个人力	性别	0.05 (0.24)	0.08 (0.64)	0.16 (0.15)	0.18 (0.23)
	年龄	-0.07 (0.31)	0.04 (0.84)	-0.07 (0.21)	-0.03 (0.06)
	年龄^2	0.00 (0.00)	0.00 (0.01)	0.00 (0.00)	0.00 (0.01)
	教育程度	0.08* (0.05)	0.24* (0.15)	0.01 (0.13)	0.05* (0.09)
	外出打工	-0.08 (0.15)	-0.19 (0.35)	-0.07 (0.08)	-0.06 (0.23)
地域力	综合距离	-0.02* (0.02)	-0.05** (0.01)	0.02 (0.04)	0.01*** (0.05)
	新型主体	0.27** (0.09)	0.57** (0.28)	0.07 (0.08)	0.29*** (0.02)
	金融组织	0.16 (0.14)	0.20 (0.20)	0.16* (0.08)	-0.04 (0.11)
	纯农户	-0.17 (0.10)	0.15 (0.20)	0.10 (0.07)	0.03 (0.09)
	非农户	-0.22* (0.13)	-0.43*** (0.27)	-0.31*** (0.09)	0.14 (0.11)
	任村干部	0.57** (0.21)	0.34 (0.48)	0.19 (0.13)	-0.21 (0.16)
	借贷需求	0.58*** (0.14)	0.88** (0.32)	-0.06 (0.08)	-0.23* (0.11)
	交往人数	0.14* (0.09)	0.69** (0.29)	0.01* (0.06)	0.18** (0.07)
	银行熟人	0.16 (0.26)	0.13 (0.65)	0.19 (0.16)	-0.11 (0.26)
	信任	0.13 (0.08)	0.07* (0.18)	0.05* (0.05)	0.04 (0.04)
文化力	农业文化	0.03 (0.07)	0.03* (0.15)	0.28*** (0.04)	-0.07 (0.05)
	借贷文化	0.12** (0.04)	0.14 (0.09)	0.02 (0.08)	0.05 (0.05)

续表

维度	具体变量	知道政策	可行性偏差	预期效果	认知协调
模式力		0.38*** (0.09)	1.01*** (0.19)	0.19*** (0.04)	0.30*** (0.06)
常数		2.81** (0.96)	-1.95 (2.24)	2.83*** (0.37)	1.97** (0.74)
调整后 R^2		0.29	0.36	0.28	0.27

注：*、**、***分别表示在1%、5%、10%水平上显著，括号内为标准误差。

①个人力的影响：将模型2与模型1的结果对比，个人力中依然只有“受教育程度”对农户新素材以及新旧素材联结认知产生影响。区别在于模型2中“受教育程度”还对农户“知晓程度”产生影响，即随着农户教育程度越高，对土地经营权抵押贷款政策的知晓程度就越高。

②地域力的影响。与模型1相比，模型2的结果差异有以下几点：第一，增加了“其他金融组织”对农户认知的影响。模型2显示其他金融组织对农户预期效果评价有显著影响，即金融组织越存在，则农户预期评价越高。可能的原因有，其他竞争或者互补关系的金融组织越多，正规金融机构放贷比例就越大，进而农户的预期评价增加。第二，要素影响认知内容的增加。距离除影响模型1中的“可行性认知偏差”和“认知协调”外，模型2中还影响了农户的“知晓程度”“借贷需求”，增加了对农户“可行性认知偏差”与“认知协调”的影响。从结论可知，农户越有借贷需求就越关注土地经营权抵押贷款，越能正确理解其利用的可行性。在农户类型中，非农户相对于兼业户而言，土地经营权抵押贷款制度的知晓程度更弱。第三，已有影响要素中，信任减少了对认知协调的影响，即在模型2中信任不会对认知协调产生影响。

③文化力的影响。与模型1相比，农业文化对农户的“知晓程度”与“认知协调性”不产生显著影响。

④模式力对新素材、新旧素材联结认知的影响。模式力是拓展理论中增加的影响因素，从模型结果来看，借贷模式对农户新素材、新旧素材认知均在1%区间内正向影响。对供给推动和需求推动模式下的认知均值进行比较，如表5.11所示。

表 5.11　农户新素材、新旧素材联结认知：模式差异性分布

模式	样本	知晓程度	可行性偏差	预期效果	认知协调（%）			
					均值	协调	不协调	无关
供给推动型	432	1.28 (0.54)	0.28 (0.35)	2.91 (0.60)	2.36 (0.75)	16.6	30.8	52.6
需求推动型	680	2.15 (1.33)	0.43 (0.49)	3.50 (0.77)	1.81 (0.94)	55.4	7.70	36.9

需求推动模式下农户的认知程度更高，需求推动模式下农户的知晓程度、可行性偏差与预期效果均值分别是2.15、0.43、3.50，都高于供给推动模式下的均值1.28、0.28和2.91。从认知协调性来看，供给模式下52.6%的农户处于认知无关状态，30.8%处于不协调状态，16.6%处于协调状态；需求模式下55.4%的农户处于协调状态，仅有7.7%的农户处于不协调状态。由此可见，需求模式下农户的认知协调性强于供给模式下的农户。

5.5　本章小结

本章考察了分布式认知理论与拓展分布式认知理论下的农户土地经营权抵押贷款认知的影响因素。主要研究结论有：①拓展后的分布式理论更适合农户土地经营权抵押贷款认知影响因素的研究，个人力、地域力、文化力、模式力同时影响农户的认知。②在个人力影响要素中，教育程度、年龄、性别和外出打工显著影响农户的认知；在地域力因素中，农户家庭距离、村庄环境、家庭环境与社会资本均对农户认知的不同维度产生影响；在文化力要素中，农户对农业的态度直接影响农户的整体认知水平，而借贷文化更影响农户旧素材与新素材认知；在模式力要素中，试点地区土地经营权抵押贷款模式显著影响农户的整体认知水平。从两个计量模型结果来看，结论的稳健性较好。③影响因素对认知协调的影响具有群体差异性，发现随着影响因素均值的增加，农户“认知不协调”会分阶段地转变到“认知无联结”状态或“认知协调”状态。

第6章　农户认知对其土地经营权抵押贷款参与意愿的影响

第4章和第5章分析了农户土地经营权抵押贷款认知及影响因素，本章进一步将认知作为一个核心因素，结合实际抵押贷款利率、抵押贷款模式与已有文献涉及的部分变量，实证农户认知对农户土地经营权抵押贷款参与意愿的影响。

6.1 引　　言

为何一项同样的制度在有的地方可以良好实施，而有的地方却举步维艰？此问题引起了制度经济学家们浓烈的兴趣。有学者认为，制度与实施对象的契合度是决定制度是否有效的因素之一（诺思，1998）。换言之，该项制度是否在当地具有可行性，制度实施对象是否有利用它的意愿，这直接影响了制度的实施效果。土地经营权抵押贷款作为一项农村土地金融改革，在试点区是否具有农户可行性？农户对此的参与意愿程度有多大？这两个问题也就值得格外关注了。

农户参与意愿及影响因素研究，成为土地经营权抵押贷款实施后学者们研究的热点问题。学者们基于不同的试点区，获得了丰富的研究成果，主要代表性的研究见表6.1。

表6.1　农户参与意愿的代表性研究

文献	区域、问卷数	意愿度	影响因素
杨怡婷等（2014）	陕西高陵县、宁夏同心县919户	介于一般与意愿之间	性别、家庭生产经营类型、家庭负债水平、是否担任过村干部、信用社服务评价、制度了解程度、是否获得过农村产权抵押贷款

续表

文献	区域、问卷数	意愿度	影响因素
惠献波（2014）	河南 640 户	37.6% 愿意，58.7% 不愿意，3.7% 态度模糊	年龄、文化程度、家庭农业劳动力人数
肖轶等（2012）	重庆 1 141 户	61.6% 愿意，38.4% 不愿意	户主性别、打工经历、家庭投资风险承受能力，年龄、非农就业比
刘婷婷等（2013）	辽宁、河南 237 户		户主年龄、农户土地流转意愿
曾庆芬（2011）	成都 254 户		户主性别、年龄、村民正规金融信贷经历
牛晓冬（2015）	陕西高陵县、宁夏同心县 1 192 户	29% 愿意，71% 不愿意	乡镇层面特征、农村家庭特征、农户认知、宗教信仰、融资模式、主办金融机构数目以及家庭网络关系
黎毅等（2014）	陕西、宁夏 448 户		年龄、土地面积、非农收入率、业务办理平均往返次数、是否满意、模式
许泉等（2016）	江苏 910 户	42.5% 愿意 57.5% 不愿意	年龄、风险偏好、兼业程度、受教育年限、正规信贷经历、耕地面积、土地流入、土地产出价值、土地价格、家庭劳动力人数、家庭人均收入
罗兴（2017）	重庆 484 户	71.7% 愿意，28.3% 不愿意	
	内蒙古 468 户	66.4% 愿意，33.6% 不愿意	

从表 6.1 可见，有的研究显示农户参与意愿高达 71.7%，有的却表明愿意抵押贷款的农户仅占 29%。出现差异化结论的原因可能有以下几点：第一，与调研区域选择相关。区域差异性的经济社会发展，造成农户借贷渠道、借贷成本等的不同，这些均可能影响农户不同的土地经营权抵押贷款参与意愿。第二，与农户资金需求程度相关。土地经营权抵押贷款是为了缓解农户信贷约束而进行的一项土地金融改革，是面向有资金需求的农户群体。已有研究将样本对象缩小为“有融资需求”的农户（李韬等，2015），但更多文献对象依然是“试点区农户”，包括试点区“无资金需求”的农户。就理论上而言，“无资金需求”的农户并非政策的受益对象，若纳入模型则其参与意愿肯定低于“有资金需求”的农户群体，则结论必然被弱化。第三，与农户对土地经营权抵押贷款知晓程度相关。在调研中我们发现，即使在实施多年的试点区，依然有大部分农户不知道土

地经营权抵押贷款，如果直接进行意愿的回答，必定会导致结论的偏颇。综上所述，如果忽略区域选择、农户资金需求与农户知晓程度，那么得到的农户意愿结论会存在较大的偏差。当农户意愿结论值得推敲时，影响农户需求要素的分析也就更值得商榷了。

利率对农户借贷需求影响的研究一直被国内外学者所关注，主要观点可归纳为3种：第一种观点认为农村信贷市场是不完全竞争市场，农户关心的是贷款的可得性而不是利率的高低。农户自我储蓄力不够，外来工商资本投资动力不足，因此政府外部注入大量低利率的农业贷款，相比非正规市场的高利率而言，农户对其几乎不敏感。第二种观点是，农村信贷市场是完全竞争市场，利率是信贷供给方和需求方之间的权衡，因此利率通过价格机制影响着农户的需求行为。第三种观点是农户利率敏感性是具有条件的。部分农户存在敏感性，而部分农户需求对利率无弹性，农户收入水平、农户对资金需求的强烈程度均不同程度地影响农户利率敏感性。在农户利率敏感性实证研究中，主流观点认为，中国农户借贷对正规金融产品的利率并不敏感，而更加关注贷款的可获性，但越来越多的研究表明，农户对金融市场利率是敏感的。少量学者将土地承包经营权抵押贷款利率作为影响因素之一进行实证考虑。以宁夏同心县、平罗县为样本的研究表明，农户对利率水平的评价值并不影响任何收入水平下农户的土地经营权抵押贷款意愿；而基于河南省样本的研究却显示相反的结论，农户对土地承包经营权抵押贷款利率的评价值以弹性0.306的程度负向影响农户的参与意愿。在收入分化农户对利率敏感性研究中，更多学者认为正规信贷需求的利率弹性存在异质性，不同收入水平农户的利率弹性是不同的。长期以来，学者们普遍认为，穷人的贷款需求由于中国农村金融制度上的缺陷长期没有得到有效满足，因而低收入群体对贷款利率并不敏感。一项针对中国山西和甘肃农户的实证研究表明，中国农户信贷需求对利率的弹性均值为－0.6，其中有近20%的贫困农户信贷需求对利率无弹性，近20%的高收入农户有弹性，其中有15%的弹性大于1。但最近一项针对孟加拉国的数据却表明，借款者对利率高度敏感，利率弹性范围是（－0.73，－1.04），而贫困农户的敏感性范围是（－0.86，－1.12），高于平均水平。

以上文献成果为我们的研究提供了宝贵的参考，但同时也有以下空间值得继续拓展：第一，现有文献并未重视农户认知对参与意愿的影响。土地经营权抵押贷款作为一项新的土地金融改革，农户对其的认知是具有复杂性与关联性的。已有少量文献对此有所涉及，如牛晓东（2015）以农户“政策了解程度”“程序了解程度”为认知变量，得出农户对政策了解程度除对低收入组外，对其他组农户参与意愿有正向影响，办理程序的了解程度除对高收入组外，对其他组农户也均有正向显著影响。杨怡婷等（2014）用“你是否了解土地经营权抵押贷款”衡量认知，结果表明，以从未听说过的农户为参照组，对产权抵押融资相关政策有所了解的农户持“愿意”态度的概率增加了13.90%。黎毅等（2014）的结论却表明，农户对政策的了解认知程度对意愿没有显著影响。由此可见，现有文献认知的衡量单一且结论不一致。第二，在已有影响因素研究中，缺乏对利率的考虑。土地经营权抵押贷款作为农户的经济行为，必定会考虑其借贷成本，也就是抵押贷款的利率，已有文献却鲜有提及。2013年，中国推行了利率市场化，赋予金融机构自主利率定价权，取消上下限规定。此外，土地经营权抵押贷款在各地实施方案不同，有的地方是政府指导性定价，如贵州凤冈县；有的地方是完全市场化，如嘉兴南湖区。利率市场化与抵押贷款实施的差异性，必定会形成差异性较大的土地经营权抵押贷款利率。而对于农户的参与意愿，不能绕开成本谈决策，正如黄益平（2017）所说，脱离利率谈资金缺口是没有意义的。已有文献对此忽略，一方面可能是利率数据难以从农户层面收集；另一方面样本区多集中在一个或几个调研点，农户面临同样的利率条件或利率离差不够大，因此未给予考虑。

基于以上分析，本章在借鉴现有文献的基础上，做出以下推进：第一，从认知角度探讨农户参与意愿。充分考虑土地经营权抵押贷款认知的复杂性和关联性，探究较为全面的农户认知对其参与意愿的影响。第二，纳入利率变量。包括土地经营权抵押贷款实际利率与替代利率。基于全国多试点地区，向当地金融机构、相关农业机构并辅以农户调研来获取利率数据。以此完善农户参与意愿的影响因素。第三，放开“资金需求、农户认知一致性”的假设。将样本缩小为“有资金需求”的农户群体，且对“抵押贷款政策知晓度不高”的农户进行信息补充，保证其参与意愿是在信息充分下的政策反应。

6.2　机理分析

农户土地经营权抵押贷款参与意愿，是放宽了外围环境约束，假设在供给充分条件下，农户的参与意愿程度。具体而言，农户思考的是“值不值得”“想不想”的行为倾向，而不是“能不能得到”“要不要去做”的实际行为。从社会心理学来看，认知到意愿是一个逻辑过程，将认知简化为判断，指导主体的行为倾向。基于此，本节将深入讨论农户认知对其参与意愿的机理分析，具体认知内容与代表性变量以本书5.3.2小节的处理为主。

依据成本—收益原则，假定农户是“理性经济人”，参与抵押贷款的意愿决策取决于贷款成本与收益的权衡，收益值与成本值的差距越大，农户的参与意愿就越高。参考罗兴等（2016）的农户借贷模型，本章尝试建立一个包含农户认知在内的参与意愿模型。

假设农户具有借贷需求，需求金额为D，借贷资金投资成功率为p，p受到预期努力程度e的影响，Φ为农户投资收益率。土地抵押价值为v，贷款率为r，产权的完整属性系数为τ，农户对产权的正确认知度为s。农户获得土地经营权抵押贷款的自我预判成功率为α，申请贷款过程所耗费的预期成本为u。

农户的借贷成本包括实际贷款成本、申请成本、投资失败后的资产损失成本：

$$C = \alpha rD + \alpha\mu + (1-p)\zeta\tau\upsilon \quad (6.1)$$

农户借贷的预期收益为：

$$R = \alpha p\Phi D \quad (6.2)$$

则农户的借贷约束为：

$$I = \alpha p\Phi D - [\alpha rD + \alpha\mu + (1-p)\zeta\tau\upsilon] > 0 \quad (6.3)$$

农户的激励相容约束为：

$$W \in \operatorname{argmax} \alpha p\Phi D - [\alpha rD + \alpha\mu + (1-p)\zeta\tau\nu] \quad (6.4)$$

6.2.1 农户旧素材认知对参与意愿的影响

(1) 农户产权认知对参与意愿的影响。

依据式（6.4）可知，土地产权通过农户预期投资失败后，抵押资产损失程度影响农户的参与意愿。τ为土地产权完整度，$0 \leqslant \tau \leqslant 1$，当$\tau = 0$时，表明农户完全没有土地产权的任何权利，当$\tau = 1$时，农户拥有完全的土地产权束。s为农户产权私有归属认知，s=0、1，当s=0时，农户认为土地产权不属于自己，当s=1时，农户认为土地产权完全属于自己。其中，τ为实际法律规定的产权归属，s为农户主观的产私有归属。v为土地价值，sτv则是农户预判投资失败后的抵押资产损失值。

由此可见，农户产权认知s与农户的借贷成本直接相关，进而影响农户的借贷倾向。具体而言，当农户认为土地所有权、经营权、承包权归属自己时，s=1，农户认为自己具有完全产权。当农户认为土地所有权、经营权、承包权不属于自己，s=0，农户认为自己不具有完备产权，则预期损失成本下降。在其他条件不变的情况下，农户产权认知越私有化，则参与意愿程度越低。

（2）农户借贷经验对参与意愿的影响。

制度经济学与行为经济学表明，当个体面临不确定性或陌生环境时，制度会通过预期对个体决策产生影响，以往经验会通过情境类比，形成结果预判，进而影响农户决策。本章所涉及的借贷经验通过影响农户预期借贷获得率和获贷成本，对农户参与意愿产生影响。

将式（6.4）进行整理得：

$$W \in \arg\max \alpha[p\Phi D_{-r}D_{-\mu}] - (1-p)\zeta\tau\upsilon \quad (6.5)$$

农户预期获贷率 α 越高，则贷款激励性越强，农户的参与意愿越高。预期获贷率 α 与以往贷款经验相关，即以往获贷率越高，对借贷难易度评价越积极，则土地经营权抵押贷款预期获贷率也就越高。即：

$$\alpha = \int(q、m) \quad (6.6)$$

其中，$\int$ 是函数符号，q 是农户以往实际获贷率，m 是农户贷款难易评价。

此外，参与意愿还受到预期申请贷款成本 u 影响，预期申请成本越高，农户的参与意愿越低。申请成本包括农户往返金融机构的成本、与金融机构签署合同的成本。一般来说，有过贷款申请经验的农户，申请次数越多，对申请流程越熟悉，越能有效地与银行人员进行沟通交流，则申请成本就越小。

基于以上分析，本章认为，农户以往获贷率、借贷难易评价通过影响预期获贷率，正向影响农户参与意愿；农户以往是否借贷、借贷次数的经验通过影响借贷成本，最终正向影响农户的土地经营权抵押贷款参与意愿。

6.2.2　农户新素材认知对参与意愿的影响

假设农户对土地经营权抵押贷款的知晓程度为 β（0≤β≤1），可行性认知偏差为 γ（γ=0、1）。

（1）农户知晓程度对抵押贷款的意愿影响。

需要说明的是，为测量农户在信息充分下的参与意愿值，我们在问卷调查时，对知晓程度低的农户进行信息补充后，再取其参与意愿值。即对应的是原始农户对土地经营权抵押贷款的知晓程度和信息补充后的参与意愿值。

原始知晓程度代表农户对土地经营权抵押贷款的关注程度，关注度高农户就越有动力主动去获取信息，知晓程度就越高。即当 $\beta=0$ 时，农户完全不知道土地经营权抵押贷款，对此几乎没有关注，相应其参与意愿也低。当 $\beta=1$ 时，农户原始认知完全，主动收集相关信息，具有极高的关注度。对应的是较高的参与意愿。因此，从逻辑上来说，原始知晓程度与参与意愿正相关。

（2）农户可行性认知偏差对抵押贷款意愿的影响。

从个人的行为逻辑来看，人们的行为总是要和自己的认知达成一致，以避免不一致带来的压力与不协调（埃克斯，2008）。因此，在农户资金需求一致的假设下，我们认为，当 $\gamma=0$ 农户认为土地经营权抵押贷款不可行时，与此对应的行为倾向是低程度的参与意愿；反之，当 $\gamma=1$ 农户认为是可行时，其逻辑行为倾向是较高的参与意愿。因此，我们认为可行性认知偏差直接对参与意愿产生影响，且认知无偏差的农户参与意愿更高。

6.2.3 农户新旧素材联结认知对参与意愿的影响

（1）预期评价对参与意愿的影响。

预期评价包括农户对土地经营权抵押贷款利用预期（j_1）、制度后期实施预期（j_2）、整体满意度（j_3）的评价。

农户利用预期是农户获贷资金后投资成功率的函数，农户利用预期越高，对资金作用评价越高，则预期投资成功率越大，借贷受益越大，农户越有参与意愿。

$$p=\int(j_1) \tag{6.7}$$

制度后期实施性与满意度是农户获贷率的函数。农户越预计土地经营权抵押贷款更长久，在大范围内实施，满意度越高，则制度的预期稳定性越好，农户获贷的概率就越高，就越具有抵押贷款意愿。

$$\alpha=\int(j_{2,}j_3) \tag{6.8}$$

基于以上分析，本章认为，农户新旧素材联结认知的预期评价通过作用于预期投资成功率和获贷成功率影响农户的参与意愿，且呈正相关关系。

（2）认知协调对参与意愿的影响。

费斯汀格（1962）指出认知失调后，人们往往为了避免失调带来的“不适”“不安”，会形成“放弃”“补充信息后调整认知”的对应行为。可见，认知协调会影响农户的参与意愿决策。在农户资金需求相同的情况下，认知协调的农户对其行为倾向有合理的解释，则参与意愿更高，认知不协调会对应消极等待或放弃行为倾向，其参与意愿就低。即：

$$y = \int(d) \tag{6.9}$$

其中，y 代表农户参与意愿，d 代表农户认知协调状态，d = 1 表示农户处于认知协调状态，d = 2 表示农户处于认知失调状态，d = 3 表示农户处于认知无关状态。我们认为，在协调状态下的农户参与意愿要高于认知不协调和认知无关状态下的参与意愿。

本章建立农户认知对其参与意愿影响的作用机理汇总图，如图 6.1 所示。

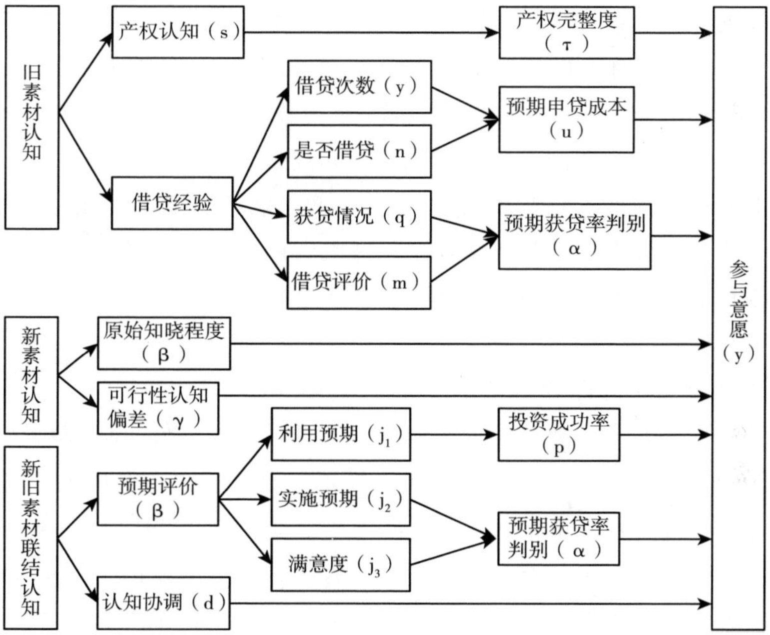

图 6.1　农户认知对参与意愿的理论影响途径

6.3　变量设置与模型选择

6.3.1　变量设置

除关键变量农户土地经营权抵押贷款认知外，本章还纳入了已有文献中未涉及的利率、模式两个主要变量。下面对变量的设置与获取进行介绍。

(1) 农户参与意愿。

已有研究用"是否愿意选择土地经营权抵押贷款"问项获取因变量数据。本章将农户参与意愿界定为"有资金需求的农户,在知道土地经营权抵押贷款内容,清楚贷款利率情况下,选择土地经营权抵押贷款方式的意愿程度",因此,本章须进一步修正已有的提问方式。第一,精确有效样本对象,现有提问方式覆盖了全体农户,通过辅助问项剔除无资金需求的农户群体。第二,补充农户土地经营权抵押贷款信息。在调研中,对知晓程度低的农户进行土地经营权抵押贷款制度信息、贷款利率补充,保证农户是在信息充分条件下的意愿选择。鉴于此,设置3个辅助问项:①"您家最近3年是否有资金需求?"(选项:0没有,1有),筛选出选项1的农户作为有效样本。②"你是否知道土地经营权抵押贷款?"(选项:1完全不知道,2知道小部分,3基本知道,4大体知道,5完全知道),调研员对选择1、2的农户进行土地经营权抵押贷款信息补充。③"你是否知道当地土地经营权抵押贷款的利率?"(选项:0不知道,1知道),选择0的农户,调研员将利率告之,并留足农户思考的时间;选择1的农户,调研员要求其说出具体利率,若不正确则进行调整。在3个辅助问项的基础上,调研员再对农户参与意愿程度进行提问。

(2) 土地经营权抵押贷款实际利率。

已有少量文献关注了利率对农户抵押贷款意愿的影响,却有差异性的结论。曹瓅等(2015)以宁夏同心县、平罗县为样本的研究表明,农户对利率水平的评价值并不影响任何收入水平下农户的参与意愿;惠献波(2014)基于河南省样本的研究却显示相反的结论,农户对土地经营权抵押贷款利率的评价值以弹性0.31的程度负向影响农户的参与意愿。造成农户对土地经营权抵押贷款利率敏感性相反结论的原因有两个:第一是样本差异,宁夏和河南两地农户由于社会经济的影响,可能会对利率产生不同的反应,导致结论的差异;第二是利率水平的衡量方法,文献中采用主观利率评价值来衡量,同一利率针对不同农户可能会出现完全不同的取值,这与农户心理参考值密切相关,这也可能导致迥异的结论;第三,未区分借贷资金用途,可能是造成农户利率敏感性差异结论的可能原因。农户贷款根据用途可以分为消费性借贷和生产性借贷,消费性借贷往往是为了平滑生活消费,或者是在应急事务上的借贷,具有很强的时间需求性。而投资性借贷则是农户为了获取更多的农业收益,基于投资成本与投资收益权衡的借贷,具有很强的经济理性。2016年由中国人民银行等单位联合发布的《农村承包土地的经营权抵押贷款试点暂行办法》第八条规定“借款人获得的承包土地经营权抵押贷款，应主要用于农业生产经营等贷款人认可的合法用途”。可见，土地经营权抵押贷款是投资性贷款。利率作为农户的借贷价格，会以贷款成本形式影响农户的投资性贷款行为。只有当包含利率的总交易成本不高于农户预期投资收益时，农户才会选择借贷。因此我们认为，利率作为交易成本中的一种，会对农户投资性的土地经营权抵押贷款意愿产生影响。根据经济学价格规律，利率是贷款的价格，会通过规模效益与替代效应负向影响农户的需求。利率调高一方面会减少农户的投资规模，淘汰部分投资回报率低的投资；另一方面会增加其他生产要素的替代效应，减少价格相对较高的资本投入量而增加其他价格相对较低的生产要素。综上所述，本章认为，土地经营权抵押贷款利率会负向影响农户参与土地承包经营权抵押贷款意愿。

现有文献用“1 非常高，2 有点高，3 一般，4 有点低，5 非常低”受访者主观评价值来衡量利率（曹瓅等，2015；惠献波，2014），该种衡量方法以农户心理利率为参考，并不能准确反映土地经营权抵押贷款的实际利率水平，以及利率的作用。本章采用客观实际土地经营权抵押贷款利率为变量，通过以下 3 种方式获取利率值：第一，通过农户获取。当农户所认知的利率在实际利率范围内时，以农户认知的利率值为准，纳入模型。第二，通过当地金融机构获取，选择浮动范围的均值作为实际贷款利率。如贵州省凤冈县规定，土地承包经营权抵押贷款利率是基准利率上浮 10% ~20%，则选择基准利率上浮 15% 纳入模型。第三，同一试点，有不同贷款模式对应不同的利率水平，以针对农户的利率为主。如重庆江津区，存在两种不同的土地承包经营权抵押贷款模式，分别是“担保 + 抵押”方式与资金互助社，对应的利率是基准利率上浮 20% ~ 30%、利率值 12%~15%。调研发现，两种模式中只有资金互助社是针对传统农户的，故选择资金互助社的利率 12% ~15% 纳入模型。

（3）土地经营权抵押贷款替代利率。

土地经营权抵押贷款是农村借贷的一种方式，存在着众多的替代品，如非正规金融借贷、正规金融借贷的其他产品。因为筛选、监督和合约实施成本的差异（Kochar，1997）导致了正规金融市场和非正规金融市场的同存。在二元借贷市场上，非正规金融商业借贷利率（高利贷、地下钱庄等）往往高于正规金融市场利率，正规金融市场利率又高于非正规金融市场上的亲戚朋友之间的低息、无息借贷。差异化的利率以及社会成本形成了农户依次选择正规的低息贷款、熟人间的无息贷款与非正规市场高息贷款的顺序（张杰，2004）。因此，非正规贷款与正规贷款的利率差显著影响农户借贷途径的选择（张宁等，2015）。正规金融市场的利率与风险组合也体现了替代利率对行为的选择，正规金融机构提供有抵押条件低风险低利率（如土地经营权抵押贷款与低利率）与无抵押条件高风险高利率（如信用贷款与高利率）的两种产品，贷款人会在风险与利率之间权衡，形成行为决策（Chan，1985；Bester，1985）。由以上文献可知，无论是二元借贷市场还是同一借贷市场的不同产品，替代利率都会影响借贷人的行为选择。此外，根据经济学的替代原理，替代产品的交叉弹性大于0，即当一种商品价格不变时，替代产品价格上涨会引起前一种产品需求量的增加。据此，本章认为，替代利率会正向影响农户参与土地经营权抵押贷款意愿。

替代利率包含农村正规与非正规金融市场的替代利率。该变量的获取方法是，问卷询问“你最近一次借钱的利率是多少?”若有，则视为替代利率；若农户没有借钱的经历，则选择农村小额信贷利率为替代利率，因为小额信贷是现今农户获取贷款最普遍的一种方式。

（4）抵押贷款模式。不同模式对农户的参与行为有着不同的激励途径，产生不同的激励效果，因此本章认为抵押贷款模式会对农户参与意愿产生影响。抵押贷款模式分为供给推动型和需求推动型两类，在供给推动模式下，政策主要对象是新型农业经营，需求推动模式下所瞄准的是普通的农户群体。基于此，本章认为需求模式下农户的参与意愿要强于供给模式下的意愿。

（5）其他控制变量。已有文献表明调研对象的个人特征、家庭特征、区域情况是影响农户参与意愿的因素（惠献波，2014，2015；肖轶等，2012；杨婷怡等，2014；曹瓅等，2015；曾庆芬等，2011；刘婷婷等，2013；林乐芬等，2011），因此，参考已有文献，本章分别从三类中各选两个作为控制变量。个人特征选择受教育程度与年龄；家庭特征选择经营的土地面积与家庭类型；区域情况选择样本所属地区和家庭离行政、市场、金融机构的综合距离。其中，经营的土地面积为农户现经营的土地规模，包括家庭承包的土地面积和流转面积；地区变量用样本地归于东、中、西部三个区位表征。影响方向借鉴现有文献主要结论。受访者年龄越大，农业投资机会越少，则借贷需求越低（贺莎莎等，2008）；受教育程度对参与意愿正向影响（惠献波，2014）；以农业为主的农户家庭其投资概率更大（杨婷怡等，2014）；土地面积越大，则农户的参与意愿越强（刘婷婷等，2013）；借贷渠道狭窄、经济相对较弱地区农户的参与意愿更强烈（杨婷怡等，2014）①。

6.3.2　模型选择

本章主要关注农户土地经营权抵押贷款认知及其他要素对参与意愿的影响，因变量是有序分类变量，即“非常不愿意”“不太愿意”“一般”“比较愿意”“非常愿意”，与之对应的数值分别是1、2、3、4、5。参考计量经济学方法，借鉴杨怡婷等（2014）的计量模型，选择有序 Logistic 模型进行实证检验。模型公式如下：

$$Y_{i-1}^{*} = \alpha_i X_1 + \beta_i X_2 + \gamma_i X_{z'} + \xi_i \tag{6.10}$$

$$Y_{i-2}^{*} = \alpha_i X_1 + \eta_i X_3 + \gamma_i X_{z'} + \xi_i \tag{6.11}$$

建立两个检验模型，模型1的公式为式（6.10），为未考虑抵押贷款模式，全样本下的模型；模型2的公式为式（6.11），是将“供给推动型、需求推动型”模式纳入分析，以四大试点地区样本为数据基础的模型。模型1是全样本，拥有大量试点地区差异性的利率，故在模型1中考虑利率要素。由于样本大，各试点地区的抵押贷款模式无法完全知晓，因此不纳入抵押贷款模式。反之，模型2针对四大试点地区，有明确的抵押贷款模式，但不具有较大差异性的利率，因此模型2纳入模式变量，而不纳入利率变量。两模型的共同分析，一方面能检验认知结果的稳定性，另一方面也检验无法在同一模型中考虑的其他重要的影响要素。

其中，Y^*是无法观测的与因变量对应的潜变量，X_1表示农户土地经营权抵押贷款认知，X_2为利率要素，包括土地抵押贷款的实际利率（X_{2-1}）与替代利率（X_{2-2}），X_3为抵押贷款模式，$X_{z'}$是除以上因素外的其他影响向量。α、β、γ、η分别是各自变量相应的待估参数，ξ_i为服从逻辑分布的误差项。Y^*与 Y 的关系如下：

$$\begin{cases} Y = 1 & \text{if} \quad Y^* \leqslant U_1 \\ Y = 2 & \text{if} \quad U_1 < Y^* \leqslant U_2 \\ \cdots\cdots & \\ Y = 5 & \text{if} \quad U_4 \leqslant Y^* \end{cases} \tag{6.12}$$

其中，$Y_i = 1$、2、3、4、5分别表示农户对土地经营权抵押贷款意愿的不同程度，U 为临界点，满足$0 < U_1 < U_2 < U_3 < U_4$。给定自变量（$X_i$，i = 1，2，3，z）

---

① 具体论证参考相关文献。

时因变量 Y 取每一个值的概率如下，式（6.13）是模型 1 下的公式，式（6.14）是模型 2 下的表达：

$$\begin{cases} P(Y_{i-1}=1/X)=P(Y^{*}\leqslant U_1/X)=P(\alpha_i X_1+\beta_i X_2+\gamma_i X_{z,}+\xi_i<U_1/X) \\ =\Lambda(U_1-\alpha_i X_1-\beta_i X_2-\gamma_i X_{z,}) \\ P(Y_{i-1}=2/X)=P(U_1<Y^{*}\leqslant U_2/X)=\Lambda(U_2-\alpha_i X_1-\beta_i X_2-\gamma_i X_{z,}) \\ -\Lambda(U_1-\alpha_i X_1-\beta_i X_2-\gamma_i X_{z,}) \\ \cdots\cdots \\ P(Y_{i-1}=5/X)=P(U_4<Y^{*}/X)=1-\Lambda(U_4-\alpha_i X_1-\beta_i X_2-\gamma_i X_{z,}) \end{cases} \tag{6.13}$$

$$\begin{cases} P(Y_{i-2}=1/X)=P(Y^{*}\leqslant U_1/X)=P(\alpha_i X_1+\eta_i X_3+\gamma_i X_{z,}+\xi_i<U_1/X) \\ =\Lambda(U_1-\alpha_i X_1-\eta_i X_2-\gamma_i X_{z,}) \\ P(Y_{i-1}=2/X)=P(U_1<Y^{*}\leqslant U_2/X)=\Lambda(U_2-\alpha_i X_1-\eta_i X_3-\gamma_i X_{z,}) \\ -\Lambda(U_1-\alpha_i X_1-\eta_i X_3-\gamma_i X_{z,}) \\ \cdots\cdots \\ P(Y_{i-1}=5/X)=P(U_4<Y^{*}/X)=1-\Lambda(U_4-\alpha_i X_1-\eta_i X_3-\gamma_i X_{z,}) \end{cases} \tag{6.14}$$

其中，Λ（.）为分布函数，采用极大似然估计法，但自变量 X_i 对因变量各个取值概率的边际贡献并不等于相应系数，边际贡献可用以下公式表示，式（6.15）、式（6.16）分别是模型 1 与模型 2 的表达：

$$\begin{cases} (\partial P_1/\partial X_k)=-\delta k\Phi(U_1-\alpha_i X_1-\beta_i X_2-\gamma_i X_{z,}) \\ (\partial P_2/\partial X_k)=-\delta k[\Phi(U_2-\alpha_i X_1-\beta_i X_2-\gamma_i X_{z,}) \\ -\Phi(U_1-\alpha_i X_1-\beta_i X_2-\gamma_i X_{z,})] \\ \cdots\cdots \\ (\partial P_5/\partial X_k)=-\delta k\Phi(U_4-\alpha_i X_1-\beta_i X_2-\gamma_i X_{z,}) \end{cases} \tag{6.15}$$

$$\begin{cases} (\partial P_1/\partial X_k)=-\delta k\Phi(U_1-\alpha_i X_1-\eta_i X_3-\gamma_i X_{z,}) \\ (\partial P_2/\partial X_k)=-\delta k[\Phi(U_2-\alpha_i X_1-\eta_i X_3-\gamma_i X_{z,}) \\ -\Phi(U_1-\alpha_i X_1-\eta_i X_3-\gamma_i X_{z,})] \\ \cdots\cdots \\ (\partial P_5/\partial X_k)=-\delta k\Phi(U_4-\alpha_i X_1-\eta_i X_3-\gamma_i X_{z,}) \end{cases} \tag{6.16}$$

其中，k 为自变量的个数，(.）为密度函数。

6.4　实证过程

6.4.1　样本筛选

依据前面分析，本节的研究对象为“试点地区”“有资金需求”的农户群体，对样本做进一步的筛选。通过“近三年，你家是否有资金需求”问项筛选结果如表 6.2 所示。

表 6.2　样本筛选

区域	地点	全样本（份）	有需求样本（份）	比例（%）
全国试点地区		1 953	852	43.60
4 个主要调研地区	4 个调研点合计	1 112	678	60.10
	贵州凤冈县	318	160	50.30
	嘉兴南湖区	114	75	65.60
	宁夏同心县	443	365	82.50
	重庆江津区	237	78	32.80

由表 6.2 可见，在全国 1 953 份样本中，有 43.60% 的农户具有资金借贷需求，共计 852 份；在 4 个主要试点地区 1 112 份样本中，有 60.10% 的农户具有资金需求，共计 678 份；4 个主要调研地区农户的资金需求度高于全国平均水平近 16.50 个百分点。在 4 个调研地区间，农户的资金需求度存在较大的差异，宁夏同心县的资金需求高达 82.50%，在 443 份样本中，有 365 户具有资金需求；资金需求最低的是重庆江津区，仅为 32.8%，即在 237 份样本中，仅有 78 户有资金借贷需求。贵州凤冈县和嘉兴南湖区的农户资金借贷需求比例分别是 50.3% 和 65.6%。由此可见，农户资金借贷需求从直观上来看，具有地区差异性。

6.4.2 变量描述

（1）利率统计。

对各试点区的土地经营权抵押贷款利率进行统计，如表 6.3 所示。

表 6.3 土地经营权抵押贷款实际利率统计

利率规定	利率范围	主要试点区
基准利率上浮 10%～30%（包含 30%）	6.6%～7.8%	贵州瓮安县、贵州遵义县、浙江嘉兴市、宁夏同心县、宁夏永宁县、云南隆阳区、湖南祁东县、贵州凤冈县
基准利率上浮 30%～60%（包含 60%）	7.8%～9.6%	贵州习水县、贵州剑河县、贵州湄潭县、辽宁丹东县、青海湟中县、甘肃天水县、山西运城市、陕西宝鸡市
基准利率上浮 60%～90%（包含 90%）	9.6%～11.4%	贵州威宁县、湖北仙桃市、河北盐山县
不和基准利率绑定	12%～15%	重庆江津区

统计发现，多数试点地选择和基准利率挂钩，规定土地经营权抵押贷款利率的范围。具体利率范围在 6.6%～15%。利率最高的出现在重庆江津区，即上文所提及的资金互助社的实际利率，最低的是基准利率上浮 10%，出现在贵州省遵义县以及浙江嘉兴市。

（2）变量统计。

对本章所涉及的变量做基本统计，其中模型 1、模型 2 的样本数分别为 852 份和 678 份。具体如表 6.4 所示。

表 6.4 认知对参与意愿影响：变量定义及描述性统计

类型	变量	变量定义及赋值	模型 1		模型 2		预测
			均值	标准差	均值	标准差	
核心变量	参与意愿	不愿意＝1，小部分愿意＝2，还行＝3，比较愿意＝4，非常愿意＝5	3.45	1.15	3.46	1.15	－

续表

类型	变量	变量定义及赋值	模型 1		模型 2		预测
			均值	标准差	均值	标准差	
核心变量	所有权私有	非自己 =0，自己 =1	0.28	0.44	0.30	0.45	-
	经营权私有	非自己 =0，自己 =1	0.89	0.31	0.89	0.31	-
	承包权私有	非自己 =0，自己 =1	0.85	0.35	0.86	0.34	-
	是否借贷	否 =0，是 =1	0.69	0.46	0.72	0.45	+
	借贷次数	次	1.53	1.81	1.64	1.85	+
	获贷情况	没有获得 =1，部分获得 =2，全部获得 =3	2.26	0.87	2.29	0.86	+
	借贷评价	很困难 =1，比较困难 =2，还好 =3，比较容易 =4，很容易 =5	2.79	1.20	2.85	1.18	+
	原始知晓程度	完全不知道 =1，知道小部分 =2，基本知道 =3，大体知道 =4，完全知道 =5	2.47	1.25	2.49	1.24	+
	可行性偏差	有偏差 =0，无偏差 =1	0.40	0.49	0.42	0.49	+
	预期效果		2.41	1.32	2.43	1.29	+
	认知协调	否 =0，是 =1	0.39	0.49	0.41	0.49	
	认知不协调	否 =0，是 =1	0.22	0.42	0.22	0.42	
	认知无关	否 =0，是 =1	0.39	0.49	0.37	0.48	
主要变量	贷款利率	%	8.24	1.49	—	—	-
	替代利率	%	6.89	3.58	—	—	+
	模式	供给推动型 =0，需求推动型 =1	—	—	0.48	0.50	+
控制变量	教育	未读书 =1，小学 =2，初中 =3，高中 =4，高中以上 =5	1.70	0.96	1.67	0.92	+
	年龄	岁	47.16	10.45	46.98	10.66	
	土地面积	亩	3.91	3.16	3.93	3.15	+
	纯农户	否 =0，是 =1	0.32	0.47	0.35	0.48	+
	兼农	否 =0，是 =1	0.56	0.49	0.57	0.47	+
	非农	否 =0，是 =1	0.12	0.32	0.08	0.25	
	东部	否 =0，是 =1	0.11	0.31	0.11	0.32	-
	中部	否 =0，是 =1	0.12	0.32	—	—	
	西部	否 =0，是 =1	0.77	0.42	0.89	0.48	+
	综合距离	千米	10.70	6.72	10.89	6.51	-
样本数 N			852		678		

6.4.3 估计结果

利用 Stata 12.0 对样本数据进行逐步回归分析，回归结果如表 6.5 所示。

（1）模型 1 回归结果。

表 6.5　认知对参与意愿影响：全样本回归结果

类型	变量	回归 1		回归 2		回归 3	
		系数	标准差	系数	标准差	系数	标准差
核心变量	所有权私有	0.36	0.26	0.46*	0.27	0.34	0.26
	经营权私有	-0.24	0.34	-0.12	0.38	-0.03	0.39
	承包权私有	-0.01	0.32	-0.36	0.34	-0.17	0.35
	是否借贷	1.21**	0.46	0.98*	0.52	0.96**	0.53
	借贷次数	0.28***	0.08	0.27***	0.08	0.22***	0.09
	获贷情况	0.73***	0.22	0.60**	0.23	0.69***	0.24
	借贷评价	0.02	0.92	0.02	0.10	0.01	0.10
	原始知晓程度	0.99***	0.16	1.14***	0.18	1.11***	0.18
	可行性偏差	0.59*	0.38	0.52	0.42	0.43	0.43
	预期效果	0.76***	0.13	0.54***	0.15	0.56***	0.15
	认知协调	1.35***	0.26	1.27**	0.36	1.12***	0.261
	认知无关	0.17	0.25	0.12	0.36	0.30	0.26
主要变量	贷款利率	—	—	-0.17**	0.08	-0.12*	0.09
	替代利率	—	—	0.02	0.03	0.01	0.04
	模式	—	—	—	—	—	—
控制变量	教育		—	—	—	0.03	0.12
	年龄	—	—	—	—	-0.01	0.03
	土地面积	—	—	—	—	0.02	0.03
	纯农户					0.59**	0.33
	兼业户					0.67**	0.31
	东部	—	—	—	—	-1.24**	0.42
	西部	—	—	—	—	0.51**	0.31
	综合距离	—	—	—	—	-0.03**	0.10
临界值 1		1.09	0.75	0.52	1.09	0.18	1.53
临界值 2		3.43	0.75	1.77	1.08	2.23	1.52

续表

类型	变量	回归1		回归2		回归3	
		系数	标准差	系数	标准差	系数	标准差
临界值3		6.00	0.82	4.39	1.25	4.98	1.57
临界值4		8.81	0.88	7.18	1.17	7.86	1.60
$LR\chi^2$		350.09		306.56		319.60	
Prob > X^2		0.000		0.000		0.000	
Pseudo R^2		0.320		0.323		0.336	
Log likelihood		-369.89		-324.51		-314.90	
样本数N		852					

注：*、**、***分别表示在1%、5%、10%水平上显著，括号内为标准误差。

3个回归χ^2对应的显著性水平都为0.00，Pseudo R^2分别为0.32、0.32和0.34，表明有序Logistic模型拟合度较好，所选变量能较好地解释农户参与意愿。对变量进行多重共线性检，结果显示，变量方差的膨胀因子（VIF）均小于5，认为变量间不存在多重共线性。对模型结果做如下分析：

第一，部分认知影响农户参与意愿。旧素材中所有权私有认知在回归2中正向影响农户的参与意愿，即农户越具有土地私有观就越倾向参与土地经营权抵押贷款，这与我们最初的假设方向相反。在调研中，农户的回答道明了原因，“土地都不是我们的，拿什么去抵押贷款”，即农户认为参与抵押贷款的前提是“土地所有权”是自己的，只有是自己的权属才具备抵押贷款的资格。经营权、承包权私有认知对参与意愿不显著，但从方向上来看，与假设相符合。在借贷经历中，“是否借贷”“借贷次数”“获贷情况”显著影响农户参与抵押贷款意愿，且与假设相符，即农户向金融机构贷款次数越多、获贷情况越好则农户的参与意愿就越强烈。在新素材中，农户知晓程度显著影响农户参与意愿，即原始政策了解度越高，则利用政策的意愿就越高。新旧素材联结认知中，可行性偏差在回归1中对意愿产生影响，即农户认为越可行则政策利用倾向越大。预期效果在1%置信区间内显著影响农户的参与意愿，即预期效果越好，对政策满意程度越高，农户对政策利用的倾向就越强。以认知不协调组为参照组，认知协调组在1%置信区间内正向影响农户的参与意愿，农户认知越协调，参与意愿越高。

第二，土地经营权抵押贷款实际利率影响农户参与意愿。与假设一致，土地经营权抵押贷款利率负向影响农户的参与意愿，回归2、回归3均在5%区间内显著相关，具有较强的稳定性。替代利率不显著影响农户意愿，在调研中发现，多数农户并没有多样借贷产品选择的余地，在衡量是否参与时，考虑的不是“与其他金融产品比，我更倾向于哪个”更多是“这个产品划不划算，利率高的就不划算，不借，利率小于收益的划算，就借”。

第三，控制变量部分影响农户参与意愿。农户家庭经营类型在5%区间内显著影响农户的参与意愿，与非农户相比，纯农户和兼业户更具有参与倾向。在区域中，以中部为参考组，东部的参与意愿弱于中部的参与意愿，而西部的参与意愿强于中部的参与意愿。即参与意愿具有区域差异性。综合距离在5%水平上显著影响农户参与意愿，即综合距离越近，农户参与抵押贷款的意愿越强烈。教育、年龄、土地面积并没有获得与其他文献一样的结论，即并未显著影响农户的制度利用意愿。但从方向上来看，教育水平越高、年龄越小、经营土地面积越大则政策的利用意愿就越大，与现有文献的结论方向一致。

根据前面回归结果，对有显著影响要素做进一步边际贡献估计。对数据统计结果做一定的处理，回归均显示显著的要素以回归3为基础统计，所有权认知以回归2统计，可行性偏差以回归1统计。最终边际贡献结果如表6.6所示。

表6.6　　全样本下边际贡献

类型	变量	Pr（y=1）	Pr（y=2）	Pr（y=3）	Pr（y=4）	Pr（y=5）
核心变量	所有权私有	-0.02 (0.11)	-0.03* (0.16)	-0.01 (0.01)	0.01 (0.03)	0.04* (0.03)
	是否借贷	-0.03** (0.02)	-0.05** (0.03)	0.00 (0.01)	0.01 (0.01)	0.10** (0.05)
	借贷次数	-0.01** (0.04)	-0.02** (0.01)	-0.01 (0.01)	-0.01 (0.01)	0.24*** (0.01)
	获贷情况	-0.03** (0.01)	-0.04** (0.02)	-0.00 (0.01)	-0.01 (0.01)	0.72*** (0.25)
	原始知晓程度	-0.04*** (0.01)	-0.64*** (0.13)	0.01 (0.07)	0.01 (0.01)	0.12*** (0.02)
	可行性偏差	-0.02 (0.01)	-0.0 (0.02)	-0.00 (0.01)	0.00 (0.00)	0.06* (0.04)
	预期效果	-0.02*** (0.01)	-0.03*** (0.01)	-0.01 (0.01)	0.01 (0.01)	0.06*** (0.16)
主要变量	贷款利率	0.01* (0.01)	0.01* (0.01)	0.01 (0.01)	0.01 (0.01)	-0.02* (0.01)

续表

类型	变量	Pr（y=1）	Pr（y=2）	Pr（y=3）	Pr（y=4）	Pr（y=5）
控制变量	纯农户	-0.21** (0.11)	-0.24** (0.12)	0.10 (0.05)	0.20 (0.09)	0.06** (0.02)
	兼业户	-0.24** (0.13)	-0.17** (0.10)	0.09 (0.03)	0.16 (0.10)	0.08** (0.03)
	东部	0.03** (0.02)	0.02** (0.01)	0.01 (0.01)	-0.02 (0.01)	-0.08*** (0.03)
	西部	-0.02** (0.01)	-0.03** (0.01)	-0.01 (0.01)	-0.01 (0.01)	0.06*** (0.02)
	综合距离	0.01** (0.01)	0.01** (0.01)	0.01 (0.01)	0.01 (0.01)	-0.03** (0.01)

注：*、**、*** 分别表示在 1%、5%、10% 水平上显著，括号内为标准误差。

对表 6.6 进行以下内容的分析：

第一，农户认知对参与意愿的边际贡献。“是否借贷”“借贷次数”“获贷情况”“知晓程度”“预期效果”均在因变量取值为“非常不愿意（y=1）”“不太愿意（y=2）”和“非常愿意（y=5）”时，显著影响农户的参与意愿。从影响方向来看，在“y≥2”取值时负向影响，而当“y=5”取值时正向影响，即随着农户有过借贷经验，借贷次数增加，获贷比例增加，知晓程度提高和预期效果改善，取值非常不愿意和不太愿意的农户减少，而非常愿意参与的可行性增加。“所有权认知”分别对“不太愿意（y=2）”和“非常愿意（y=5）”选项产生影响，农户越具有所有权私有认知，不太愿意参与土地经营权抵押贷款的可能性降低，而非常愿意参与的可能性增加。可行性偏差认知对“非常愿意（y=5）”群体产生正向显著影响，即随着农户可行性认知的增加，非常愿意参与的比例提高。

第二，利率对参与意愿的边际贡献。土地经营权抵押贷款的实际利率在 1% 置信区间内对农户的参与意愿产生显著影响。实际利率对因变量取值为“非常不愿意（y=1）”“不太愿意（y=2）”时正向影响农户参与意愿，即随着利率的增加，农户非常不愿意和不太愿意参与的可能性增加。利率对取值为“非常愿意（y=5）”时负向影响农户的参与意愿，即随着利率的增加，农户非常愿意参与抵押贷款的比例在下降。

第三，控制变量对农户参与意愿的边际贡献。“家庭经营类型”在取值（y=1）（y=2）（y=5）时显著影响农户的参与意愿。从方向上来看，相对于非农户而言，纯农户与兼业户的参与意愿值更高。“区域”在取值（y=1）（y=2）（y=5）时也显著影响农户的参与意愿，即在这 3 类群体中，东部的参与意愿低于中部的参与意愿，而西部的参与意愿更高于中部的参与意愿。综合距离同样在（y=1）（y=2）（y=5）时有显著影响，即距离越近，农户选择非常不愿意和不太愿意的比例下降，而选择非常愿意的比例上升。

（2）模型2回归结果。

回归分析4个主要调研试点地区农户认知对参与意愿的影响，不仅可检验结论的稳健性，还可探析试点地区抵押贷款模式对参与意愿的影响。模型结果如表6.7所示。

表6.7 认知对参与意愿影响：分模式回归结果

类型	变量	回归1		回归2		回归3	
		系数	标准差	系数	标准差	系数	标准差
核心变量	所有权私有	0.43*	0.26	0.22	0.29	0.16	0.30
	经营权私有	-0.22	0.36	-0.10	0.40	-0.05	0.41
	承包权私有	-0.13	0.34	-0.25	0.37	-0.07	0.39
	是否借贷	0.96**	0.47	0.83	0.54	0.85	0.54
	借贷次数	0.28***	0.08	0.22**	0.09	0.20**	0.09
	获贷情况	0.61***	0.23	0.60**	0.24	0.67**	0.24
	借贷评价	0.07	0.09	0.03	0.11	0.02	0.11
	原始知晓程度	1.02***	0.18	1.04***	0.19	1.05***	0.20
	可行性偏差	0.92**	0.42	0.45	0.47	0.35	0.47
	预期效果	0.69***	0.14	0.56***	0.16	0.56***	0.16
	认知协调	0.52**	0.58	0.35**	0.79	1.41***	0.28
	认知无关	0.45	0.34	0.76*	0.51	0.07*	0.28
主要变量	贷款利率			—	—	—	—
	替代利率			—	—	—	—
	模式			0.88***	0.34	0.23**	0.13
控制变量	教育					0.02	0.13
	年龄					-0.01	0.01
	土地面积					0.01	0.04
	纯农户					0.60**	0.34
	兼业户					0.74**	0.32
	东部					-0.78*	0.50
	西部					0.94**	0.40
	综合距离					-0.02**	0.02

续表

类型	变量	回归1		回归2		回归3	
		系数	标准差	系数	标准差	系数	标准差
临界值1		1.49	0.81	0.31	1.13	0.06	1.64
临界值2		3.69	0.82	1.86	1.11	2.32	1.63
临界值3		6.27	0.89	4.55	1.16	5.12	1.68
临界值4		9.06	0.95	7.29	1.21	7.93	1.71
$LR\chi^2$		320.14		290.28		298.78	
Pro b > X^2		0.000		0.000		0.000	
Pseudo R^2		0.318		0.322		0.333	
Log likelihood		-342.446		-306.192		-298.905	
样本数N		678					

注：*、**、***分别表示在1%、5%、10%水平上显著，括号内为标准误差。

模型2未纳入利率变量的原因是：4个调研地区利率值离差较少，无法纳入模型。结合模型1回归结果，得到以下几个结论：

第一，土地经营权抵押贷款模式显著影响农户的参与意愿。从回归2、回归3的结果来看，模式分别在1%和5%置信区间内正向影响农户的参与意愿。即与供给推动模式相比，需求推动模式下的农户参与意愿更强。

第二，认知稳定影响农户参与意愿。从影响要素来看，旧素材认知中“所有权私有化认知”“是否借贷”“借贷次数”“获贷情况”，新素材认知中的“知晓程度”“可行性偏差”，新旧素材联结中的“预期效果”与“认知协调”在两个模型中都显著影响农户的参与意愿，且方向与模型1的结果一致。可见，模型结果具有较好的稳定性。模型2中“认知无关”在回归2、回归3中也显著影响农户的参与意愿，与“认知不协调”组相比，“认知无关”组的参与意愿较高。此外，结合模型1来看，“知晓程度”对农户的参与意愿影响最大。

第三，区域与综合距离显著稳定影响农户参与意愿。模型1和模型2中，区域与综合距离均稳定同方向地影响农户参与意愿。

进一步对影响显著要素做边际贡献估计，处理方法如前所示，“所有权私有化”“是否借贷”“可行性偏差”以回归1统计，其余以回归3统计。最终计量结果统计如表6.8所示。

表 6.8 分模式下边际贡献

类型	变量	Pr（y=1）	Pr（y=2）	Pr（y=3）	Pr（y=4）	Pr（y=5）
核心变量	所有权私有	-0.02 (0.01)	-0.03* (0.02)	-0.01 (0.01)	0.01 (0.03)	0.04* (0.05)
	是否借贷	-0.04* (0.02)	-0.05* (0.03)	0.01 (0.01)	0.01 (0.01)	0.10* (0.05)
	借贷次数	-0.01** (0.04)	-0.02** (0.01)	-0.01 (0.01)	-0.01 (0.01)	0.24*** (0.01)
	获贷情况	-0.03* (0.01)	-0.01** (0.01)	-0.00 (0.01)	-0.01 (0.01)	0.02** (0.25)
	原始知晓程度	-0.04*** (0.01)	-0.06*** (0.02)	-0.01 (0.07)	-0.01 (0.01)	0.11*** (0.02)
	可行性偏差	-0.04* (0.02)	-0.05* (0.03)	-0.01 (0.01)	0.00 (0.00)	0.01* (0.04)
	预期效果	-0.02** (0.07)	-0.03*** (0.01)	-0.01 (0.01)	-0.01 (0.01)	0.06*** (0.17)
主要变量	模式	-0.03* (0.01)	-0.04* (0.02)	-0.01 (0.01)	-0.01 (0.01)	0.08* (0.04)
控制变量	纯农户	-0.26** (0.14)	-0.22** (0.10)	0.09 (0.03)	0.18 (0.09)	0.08** (0.02)
	兼业户	-0.21** (0.18)	-0.16** (0.10)	0.12 (0.07)	0.19 (0.04)	0.16** (0.04)
	东部	0.02** (0.01)	0.04** (0.02)	0.04 (0.02)	-0.06 (0.03)	-0.07*** (0.04)
	西部	-0.06** (0.04)	-0.08** (0.03)	-0.03 (0.02)	-0.01 (0.01)	0.08** (0.02)
	综合距离	0.01** (0.01)	0.01** (0.01)	0.01 (0.01)	0.01 (0.01)	-0.03** (0.01)

注：*、**、*** 分别表示在 1%、5%、10% 水平上显著，括号内为标准误差。

结合模型 1 边际贡献分析，发现：抵押贷款模型在因变量取值为“非常不愿意（y=1）”“不太愿意（y=2）”和“非常愿意（y=5）”时，显著影响农户的参与意愿。即与供给模式相比，需求推动模式下农户参与意愿较低的选项(y≥2)下降，而非常愿意参与的比例在上升。可行性偏差在模型 2 中不仅对模型 1 中“非常愿意”取值产生正向影响，还对模型 2 中“非常不愿意”“不太愿意”取值产生负向影响，即随着农户可行性认知从偏差到无偏差转变，农户选择非常不愿意和不太愿意的可能性降低。除此之外，其他变量的边际贡献与模型 1 一致，说明要素影响的边际贡献具有很强的稳健性。此外，从模型 1、模型 2 的边际贡献来看，影响要素多作用于两端群体，尤其是对“非常不愿意（y=1）”“不太愿意（y=2）”和“非常愿意（y=5）”群体产生显著影响，而处于中间的“一般（y=3）”“比较愿意（y=3）”群体相对不显著。

6.5　本章小结

本章分析了农户认知对参与意愿的影响，从成本—收益的经济行为角度，阐述了农户认知各要素对参与意愿的影响机理。基于有资金需求的 852 份全样本和 678 份 4 个主要调研点样本，分别纳入已有文献鲜有涉及的利率与模式要素，进行实证分析。研究结论表明：(1) 旧素材认知中所有权私有化认知、是否借贷、借贷次数、获贷情况均显著影响农户的参与意愿；新素材认知中知晓程度、可行性偏差显著影响农户的参与意愿；新旧素材联结中预期效果、认知协调显著影响农户的参与意愿。(2) 从边际贡献来看，认知对 3 个极端群体产生显著影响，分别为“非常不愿意（y=1）”“不太愿意（y=2）”和“非常愿意（y=5）”，而处于中间的“一般（y=3）”“比较愿意（y=3）”影响不显著。(3) 利率与抵押贷款模式显著影响农户参与意愿，利率负向影响农户参与意愿，需求模式下农户更具有参与意愿。

第 7 章　农户认知对其土地经营权抵押贷款申请行为的影响

第 6 章讨论了农户认知对其参与意愿的影响，本章将进一步探究农户认知对其申请行为的影响。申请是取消外部完全供给假设，农户将主观意愿与客观环境结合的最终行为决策，能直接反映土地经营权抵押贷款制度的实施效果。理论上，农户申请行为越多，制度利用率越高，则制度效率越高。本章选择 Ajzen 的计划行为理论，将认知、意愿、行为纳入同一分析体系，基于调查数据，实证农户认知对其申请行为的影响。

7.1　引　　言

世界各国经济发展的历程表明，金融市场的发展对一国经济增长起着至关重要的作用（罗来军等，2016），而金融市场中的金融排斥是被广为关注的问题（林毅夫，2008；黄益平，2010）。农村金融对于拥有大量农业人口的中国而言，其发展状况就显得尤为关键。现实中，农村金融排斥普遍存在，以致部分农民陷入了“贷款难，难贷款”的恶性循环中。我国土地经营权抵押贷款制度，是通过赋予农户土地抵押合法权，以期达到减少农户金融排斥目的的一项农村土地金融改革。而今，各试点区已实施该项制度多年，是否对农村金融排斥有所改善？此问题的回答对我国农村金融市场和我国土地制度都有着重要的理论和现实意义。

制度有较强的塑造认知功能（黄凯南等，2009），通过为个体提供解释、理解和阐述外界环境的一种共享认知模式（North，2005），形成与制度预期相一致的行为，产生制度效果。那么，土地经营权抵押贷款，作为一项从禁止到允许转变的制度，是否已在农户间形成一套认知体系，而该认知体系是否产生激励效应，刺激农户的实际行为，达到降低农户金融排斥的目的呢？这是试点至今，各界需要总结的试点经验之一。

已有涉及农户实际土地经营权抵押贷款行为的研究较少。靳聿轩（2012）对山东省试点区的农户融资方式进行研究，发现只有 9% 的农户选择了土地经营区抵押贷款方式，覆盖面较低。土地流转体系、专业合作社发展情况、农村社会保障、现行禁止性法律影响农户的选择行为。李韬（2015）以宁夏同心县为样本，将农户行为深化为响应本身和响应次数两类，研究表明，响应本身的意义大于响应次数，小农户较大农户而言响应程度更高；教育水平、家庭结构、耕地面积、最近金融机构距离对农户申请行为产生影响，农户家庭结构同时也影响农户的响应频率。有学者关注农户认知对土地经营权抵押贷款参与意愿的影响，并获得了差异性的结论（杨怡婷等，2014；黎毅等，2014；牛晓东，2015；安海燕，2016）。此外，更多学者重视农业经济领域内，农户认知对其实际行为的影响，如农户风险认知对农业保险需求（刘飞，2016）、农户生活环境整治认知对其行为（邓正华等，2013）、农户土地经营权抵押贷款认知对创业选择（彭艳玲等，2016）等，其结论支持了认知不同程度地影响其相关行为的观点。

以上文献为我们提供了丰富的研究基础，但仍可做进一步的拓展。第一，已有文献缺乏系统研究农户土地经营权抵押贷款认知对实际参与行为的研究。已有文献涉及认知对参与意愿的研究，但关注认知对土地经营权抵押贷款申请行为的却未有所见。从理论上来说，行为是认知的最终表现形式，能直接产生制度绩效。因此，从认知视角检验制度的可得性效果具有较大的理论和现实意义，值得做进一步的探讨。第二，现有文献将意愿与行为分离研究，鲜有纳入同一体系分析。从理论上来说，意愿与申请行为具有一致性，即申请行为是意愿的外在表现，意愿是申请行为的前期主观判别（Ajzen，1985）。此外，意愿是被抽离外部环境约束下的主观判别，实际行为是考虑金融有限供给条件下的决策。在某种程度上，金融供给环境的好坏会影响意愿到行为的转换。现实中意愿与行为在信贷领域存在着相背离的情况，即有意愿的人放弃申请行为，无意愿的人进行了贷款申请。因此有必要重视意愿与申请行为之间的关联性与差异性，将其纳入同一分析体系。也只有这样，才能更全面地探索农户土地经营权抵押贷款行为的客观规律。第三，已有文献缺乏多角度解释农户申请行为。现有文献多从农户个体特征、家庭特征、区域特征等客观因素考量对农户行为的影响。行为经济学指出，人类行为会受到经济、社会、心理等多方面的影响，因此有必要多角度进行解释。第四，已有文献的对象为试点区农户，同于第 6 章的分析，本书认为为了结论的准确性，对象应锁定在“试点区，有资金需求”的农户群体。

计划行为是解释人一般行为决策过程的，将认知、意愿与行为纳入同一分析体系的理论（Ajzen，1985），被广泛运用在心理学、社会学、经济学等领域。大量研究证实，该理论能显著提高行为的解释力和预测力（段文婷等，2008）。基于此，本书选用计划行为理论，对其进行修正后引入农户土地经营权抵押贷款行为研究中，从心理学认知角度解释试点区有贷款需求农户的申请行为。

7.2 机理分析及理论模型

7.2.1 影响机理分析

已有研究实证了认知对行为影响的两种途径，分别是认知对行为的直接作用（黄季焜，1999；孔祥智，2004；胡瑞法，2004），认知通过意愿对行为的间接作用（汤谨铭，2013）。本章以此为研究思路，分别对有资金需求、缺乏抵押品的有贷款倾向与无贷款倾向的两类农户群体进行影响机理分析。

第一，有贷款需求，缺乏抵押品，有贷款行为倾向群体。该类群体具有强烈的将意愿转化为行为的趋势，由于缺乏抵押品，而被迫放弃了正规金融借贷。理论上，一旦农户认知到“土地经营权”可以“抵押贷款”，具备抵押贷款的客观条件后，该群体农户会将借贷倾向转化为实际借贷行为。

第二，有贷款需求，缺乏抵押品，无贷款行为倾向群体。此类农户因为害怕被正规金融拒贷而自动放弃贷款申请，无贷款行为倾向，学界将其称为自我排斥。农户实施自我排斥的逻辑是“我有贷款意愿”，但“我认为即使申请了贷款，可能也得不到”，因此，为了避免这个大概率被拒贷结果产生的成本浪费，所以“我一开始就不申请”。可见，农户的自我排斥是建立在对未来结果模拟基础上的行为选择，缺乏有效抵押品是农户自我排斥的主要原因之一。一旦农户认知到土地经营权抵押贷款，因为“无抵押品”而产生的“可能被拒贷”的顾虑被打消，则可能形成申请行为倾向，继而具备抵押贷款条件后，将倾向转化为实际借贷行为。

具体影响机理图如图 7.1 所示。

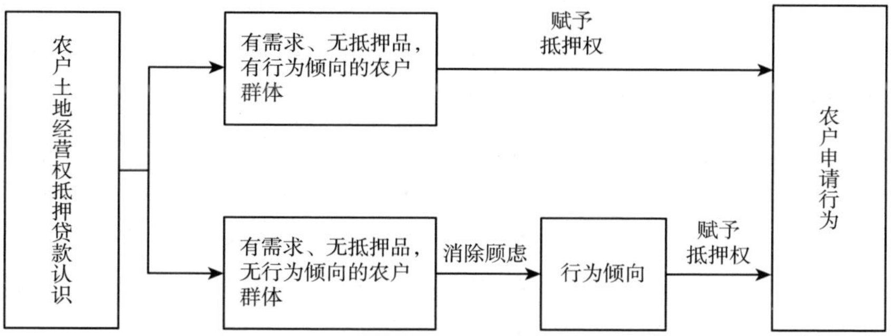

图 7.1　农户认知对申请行为的理论影响途径

7.2.2　理论及拓展

计划行为（theory of planned behavior，TPB）是 Ajzen（1991）在其理性行为理论基础上推进的解释个体行为的理论，被广泛运用在心理学、社会学、经济学、管理学等领域。该理论指出，人们决策并不总是理性的，多数时候依靠其自动激活的态度、外部资源以及内部的情绪去决定行为。个体的实际行为受到行为意愿（implement intention）与感知行为控制（perceived behavior control）的影响。行为意愿是行为内部的驱动力，是主观行为意图的概率，也可作为行动前的心理准备。计划行为理论认为意愿到实际行为的过程是内在活动与外在实际行动的联接。Ajzen（1985）证实了行为意愿与行为之间高度相关。感知行为控制类似于 Bandura（1982）提出的自我效能感（self - efficacy），即对一件事情的难易感知，行为成功率的自我评估。Notani（1998）认为感知行为包括资源禀赋和预期困难。Ajzen（1991）证明，加入感知行为控制后，模型的稳定性与解释力度会增加。行为意愿作为影响行为的主要因素，是个体的行为态度（behavioral attitude）、主观规范（subject norm）以及感知行为控制的共同作用结果。行为态度是个体对特定行为所持有的积极或者消极程度的评价，受到行为信念的影响。主观规范指个体决策是否实施某项行为时所感知到的社会压力，压力来自他人和团体。计划行为理论认为，个体对行为的态度越积极、社会支持越大、感知行为控制越强，则行为意愿就越强烈，个体行动概率就越大。

计划行为理论一经提出，众多学者对其进行验证与修正。Armitage（2001）用元分析方法对 180 篇相关 TPB 的文献进行有效性实证，结果表明 TPB 模型能有39%解释意愿、27%解释行为。在模型修正中，Hagger（2001）纳入了纵向时间因素，认为过去的行为（past behavior）会通过路径依赖对现在的行为产生影响；Parker（1995）在模型中增加了个人道德规范要素（personal norm）；Sparks（1998）拓展了自我认同要素（self - identity）等。20世纪90年代后，该理论逐渐被国内学者引入农业经济领域，用以解释经济市场上供、需方行为，如农户安全农产品供给行为（赵建欣等，2007）、消费者安全食品支付意愿及行为（罗丞等，2010）、农户参与专业合作社组织行为（张高亮等，2015）等。

计划行为理论中的行为态度，是对行为客体的评价、自我观点，如对"群体酗酒"的看法（Johnston，2003），对"避孕套"的支持与反对等（Reinecke，1996），对卫生服务的态度（Francis，2004）等。该种态度是建立在一定认知基础上的，即该客体具有"一说"大家都"明白"的特征，不会产生歧义或者不知道的情形。但是，本书的土地经营权抵押贷款则不具备这个态度假设前提。从前面的数据可见，在1 953份调研问卷中，仅有2.60%的农户表示完全知道，5.10%的农户表示知道大部分，65.60%的农户表示完全不知道。鉴于此，本书将原模型中的态度扩展为认知。陈雨生等（2014）也在计划行为理论中指出态度与认知具有等同性。

文化是影响心智构念的主要因素，人们通过先存的心智构念处理信息和辨析环境，做出行为决策（诺思，1994）。中国文化与Ajzen所处的西方文化有着巨大的差别，这必然会导致差异化的行为。因此，有必要将Ajzen的计划行为理论模型进行修正，提高该理论对中国特色文化下人的行为解释力度。传统的农业耕种方式发展出了中国以家族为主的集体主义，个人必须忠于家族，必要时甚至可以牺牲自己成全家族。而西方更多的是工业经济形态，强调个人知识、技能以及性格，形成了个人主义。决策中个人的重要性高于团体，团体的价值在于能为个人谋求福利（杨国枢，2013）。冯友兰（1985）也有着相同的论述"在中国生产家庭化的社会里，人所直接赖以生存者，是其家"。中国家庭化特征不仅体现在行为上，也表现在生产上（Yau，1988），可形成伦理本位，即个人的一切行为是嵌入社会关系中的行为（梁漱溟，2006；徐烺光，1989）。中国式的关系被形象地比喻为差序格局，格局中的位置也不同程度地影响行为（费孝通，2011）。换而言之，相比较西方文化而言，中国文化下个体更多受到关系的影响，尤其是最密切的家人影响，且影响会更直接也更有效。基于此，从文化角度拓展计划行为模型，在主观规范中加入家庭要素，主观规范不仅中介作用于行为，还直接对行为产生影响。

综上所述，结合影响机理分析，拓展适合农户土地经营权抵押贷款行为中国语境下的计划行为模型。如图 7.2 所示，其中虚线表示间接作用，实线表示直接作用。

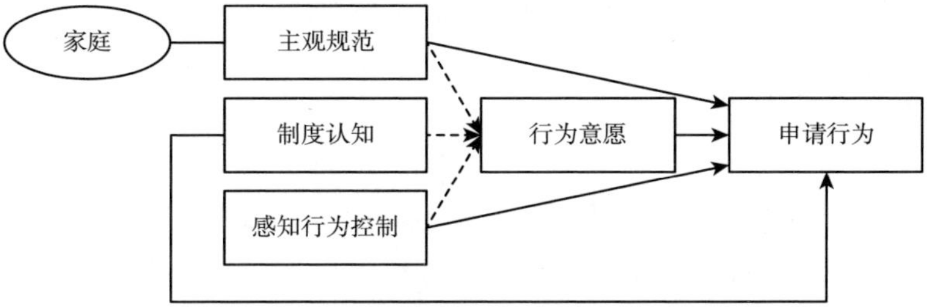

图 7.2　拓展后的计划行为模型

7.3　变量设定与方法选择

7.3.1　变量设定

（1）农户申请行为：指农户参与土地经营权抵押贷款的实际行动，用是否向金融机构申请贷款表征。

（2）农户参与意愿：指在供给充分的假设下，农户参与土地经营权抵押贷款的主观意愿程度，用五维度意愿值衡量。

（3）农户制度认知：参考第 4、第 5、第 6 章设定。

（4）农户主观规范：指农户预期向银行申请贷款时所感受到的来自外界的压力程度。压力的产生是为了避免不确定性、产生归属感，维持与群体、他人之间满意的关系以及实现自己价值最大化（李东进等，2009），压力下行为人通常会受到保守主义与顺从主义的影响（Granovetter，1985）。根据拓展后的计划行为模型，选择周围人的知晓程度与支持程度以及家人的支持程度衡量。测量问项有：①如果你用土地经营权抵押贷款，别人会知道吗？②如果你用土地经营权抵押贷款，家人会支持吗？③如果你用土地经营权抵押贷款，别人会说三道四吗？

（5）农户感知行为控制：指农户对申请行为预期难易程度的估计。制度经济学指出，人的经济行为不仅受到商品价格的约束，还受到交易成本的制约。个人感知行为控制越强，则预期交易成本越小。本书用农户预期申请、获贷与还贷的难易程度衡量，农户预期借贷、获贷与还贷越容易，则感知行为控制力越强。问项是：①你认为申请土地经营权抵押贷款容易吗？②你认为获得土地经营权抵押贷款容易吗？③你认为获得贷款后，还款容易吗？

7.3.2 方法选择

从拓展后的计划行为模型来看，要素影响农户申请行为的路径有两个：第一，制度认知、主观规范、感知行为控制对实际行为产生直接影响；第二，制度认知、主观规范、感知行为通过意愿间接影响申请响应。借鉴张高亮等（2015）、罗丞等（2010）的研究方法，采用逐步回归法检验变量之间的关系。回归分析共3个模型，分别是模型1——变量直接对申请行为做回归分析，模型2——变量对参与意愿做回归分析，模型3——意愿为中介时变量对申请行为做回归分析。利用Stata 12软件分别对模型1、模型3做二元Logit分析，对模型2做多元有序Logistic分析。

7.4 计量结果与分析

7.4.1 变量统计

本章利用852份有贷款需求的农户数据，对前面界定的变量作基本统计，如表7.1所示。

表7.1 认知对申请行为影响：变量定义及描述性统计

	变量	变量定义及赋值	均值	标准差
因变量	申请行为	没有申请=0，申请=1	0.34	0.47
	参与意愿	不愿意=1，小部分愿意=2，还行=3，比较愿意=4，非常愿意=5	3.45	1.15

续表

	变量	变量定义及赋值	均值	标准差
制度认知	所有权私有	非自己 =0，自己 =1	0.28	0.44
	经营权私有	非自己 =0，自己 =1	0.89	0.31
	承包权私有	非自己 =0，自己 =1	0.85	0.35
	是否借贷	否 =0，是 =1	0.69	0.46
	借贷次数	次	1.53	1.81
	获贷情况	没有获得 =1，部分获得 =2，全部获得 =3	2.26	0.87
	借贷评价	很困难 =1，比较困难 =2，还好 =3，比较容易 =4，很容易 =5	2.79	1.20
	知晓程度	完全不知道 =1，小部分知道 =2，基本知道 =3，大体知道 =4，完全知道 =5	2.47	1.25
	可行性偏差	有偏差 =0，无偏差 =1	0.40	0.49
	预期效果		2.41	1.32
	认知协调	否 =0，是 =1	0.39	0.49
	认知不协调	否 =0，是 =1	0.22	0.42
	认知无关	否 =0，是 =1	0.39	0.49
主观规范			4.01	0.57
感知行为控制			3.20	0.83
样本数			852	

（1）农户参与意愿与申请行为。

由表 7.1 可见，农户申请行为均值为 0.34，参与意愿均值为 3.45，该数据表明农户的抵押贷款参与意愿高于行为，与文献综述结论相一致。对两者做进一步的统计分析，见表 7.2。

表 7.2　　农户参与意愿与申请行为交叉表

参与意愿	申请行为		合计
	没申请（0）	申请（1）	
不愿意（1）	33	7	40
小部分愿意（2）	152	7	159
还行（3）	191	21	212
比较愿意（4）	117	145	261
非常愿意（5）	68	112	180
合计	560	292	852
Spearman 相关性	0.47	显著性	0.00

从表7.2可见，农户参与意愿与申请行为相关但存在差异性。在意愿程度较低（不愿意与小部分愿意）的199户农户中，有14户农户实施了贷款申请行为；在意愿程度较高（大部分愿意与非常愿意）的441户农户中，也有185户农户没有付诸行动，即出现了两种状态下的意愿与申请背离现象。对两变量做相关性分析，结果显示，在1%置信区间内显著相关，相关系数为0.47，由此可初步判断农户参与意愿能正向影响其申请行为。

（2）农户主观规范与感知行为控制。

对农户主观规范与感知行为控制变量进行统计，如表7.3所示。

表7.3　　农户主观规范与感知行为控制统计

变量	定义	最小值	最大值	均值	标准差
别人知晓程度	1－肯定会，2－可能性大，3－不一定，4－可能性较小，5－不会	1	5	2.41	1.52
家人支持程度	1－不支持，2－不大支持，3－不一定，4－大部分支持，5－支持	4	5	4.99	0.08
外部舆论程度	1－肯定会，2－可能性大，3－不一定，4－可能性不大，5－不会	1	5	4.63	0.67
主观规范				4.01	0.57
申请难易感知	1－非常复杂，2－比较复杂，3－一般，4－比较容易，5－非常容易	1	5	2.86	1.22
获贷难易感知	1－非常难，2－比较难，3－一般，4－比较容易，5－非常容易	1	5	3.16	1.24
还款难易感知	1－非常难，2－比较难，3－一般，4－比较容易5－非常容易	1	5	3.58	1.21
感知行为控制				3.20	1.23

本书在主观规范与感知行为控制变量处理时借鉴悦中山等（2011）均值法。主观规范由别人知晓程度、家人支持程度、外部舆论程度构成，其中别人知晓程度均值为2.41，介于可能知道与不一定之间，家人支持程度均值为4.99，外部舆论程度均值为4.63。整体主观规范均值为4.01，可见农户具有较强的主观规范性。农户普遍认为如果自己用土地进行抵押贷款，别人会知道的，但是不会对自己的行为说三道四，家里人也会支持这种行为。该结果与传统封闭式的农村熟人社会，舆论压力形成乡村秩序（费孝通，2005）的观点有所差异。我们认为随着城镇化发展，撤乡并镇、外出务工等农村改变，传统的农村逐渐开放，舆论的

强度与作用逐渐在减少，现在的农村更倾向于半熟人社会（贺雪峰，2014）。调研中多数农户也表示“现在村里认识的人也不多了”“谁去嚼舌别人家的事情”。在感知行为控制中，农户土地经营权抵押贷款申请难易感知均值为 2.86，介于比较复杂和一般之间，获贷难易感和还款难易感知均值分别为 3.16 和 3.58，介于一般和比较容易之间。从整体来看，感知行为控制均值为 3.20，表明在土地经营权抵押贷款中，农户具有较强的感知行为控制，这与农村普惠金融发展有关。

7.4.2 实证结果

利用 Stata 12.0 对样本数据分别进行回归分析，结果如表 7.4 所示。

表 7.4　认知对申请行为影响：回归结果

		模型 1 参与意愿		模型 2 申请行为		模型 3 申请行为	
维度	变量	系数	标准差	系数	标准差	系数	标准差
制度认知	所有权私有	0.44	0.38	0.85	0.56	0.78	0.63
	经营权私有	-1.26	1.29	-1.35	0.92	-1.46	0.95
	承包权私有	-0.79	1.61	-1.94	1.09	-1.81	1.55
	是否借贷	0.25*	0.09	1.33**	0.38	1.47**	0.60
	借贷次数	0.03*	0.01	0.83	0.16	0.13	0.18
	获贷情况	0.35*	0.14	0.40**	0.12	0.57**	0.15
	借贷评价	0.86*	0.18	0.56**	0.18	0.46*	0.14
	知晓程度	1.25***	0.31	0.89**	0.44	0.49	0.10
	可行性偏差	1.03*	0.51	1.89	0.74	2.11	2.45
	预期效果	0.12*	0.07	-0.41	0.36	-0.25	0.42
	认知协调	2.78**	0.27	2.29**	0.38	2.01***	0.41
	认知无关	1.04**	0.19	0.79***	0.39	0.91**	0.42
主观规范		0.63**	0.34	0.90**	0.65	1.12**	0.50
感知行为控制		0.73**	0.28	0.10**	0.37	0.86**	0.24

续表

		模型1参与意愿		模型2申请行为		模型3申请行为	
维度	变量	系数	标准差	系数	标准差	系数	标准差
中介	参与意愿	—	—	—	—	1.89***	0.49
临界值1		3.06	3.48	0.66	5.43	3.16	6.47
临界值2		5.04	3.42	—	—	—	—
临界值3		7.48	3.42	—	—	—	—
临界值4		10.64	3.50	—	—	—	—
$LR\chi^2$		306.56		319.60		320.14	
$Prob > \chi^2$		0.000		0.000		0.000	
Pseudo R^2		0.3208		0.3366		0.3485	
Log likelihood		-324.518		-314.902		-309.4460	
样本数N		852					

注：*、**、***分别表示在1%、5%、10%水平上显著，括号内为标准误差。

3个模型χ^2对应的显著性水平都为0，Pseudo R^2分别为0.32、0.34和0.35，表明模型拟合度较好，所选变量能较好地解释农户申请行为。对变量进行多重共线性检验，结果显示变量方差的膨胀因子（VIF）均小于5，认为变量间不存在多重共线性。

对表7.4进行如下分析：

（1）认知对农户申请行为的影响。从模型2、模型3来看，旧素材认知中“是否借贷”“获贷情况”“借贷评价”，新素材认知中的“知晓程度”，新旧素材联结中的“认知协调”对农户的申请行为产生影响。值得一提的是，农户旧素材认知中的“产权旧识”并未对农户的土地经营权抵押贷款行为产生影响。该结果进一步表明，农户在土地改革制度利用时，并未过多考虑自己原有产权归属的认知，而以政策指向为主。即现有的农户土地产权归属认知，并不会对农户土地产权改革制度利用产生显著影响。这也是为何农户长期且稳定的多元化产权归属认知，却并未对区域乃至国家土地改革产生阻碍的根本性原因之一。

（2）自变量对农户申请行为的影响（模型2）。从表7.4可见，认知中的“是否借贷”“获贷情况”“借贷评价”“知晓程度”“认知协调”，农户主观规范，感知行为控制直接显著影响农户的申请行为。从方向上来看，农户借贷经验越丰富，对制度知晓程度越高，认知越协调，则农户申请土地经营权抵押贷款的行为概率就越大。主观规范越好、感知行为控制越强，农户申请行为的概率就越大。

（3）自变量对农户参与意愿的影响（模型1）。认知对农户的参与意愿与

第 6 章的结论一致，即农户的借贷经验越丰富，以往借贷体验越好，制度知晓程度越高、认知越没有偏差、预期效果越好、认知越协调，则农户的参与意愿越强。主观规范与感知行为控制在 5% 水平上显著正向影响农户的参与意愿，即主观规范越强，舆论压力越小，家人支持程度越高，自我对借贷、获贷、还款控制越强，农户的参与意愿越高。从影响系数来看，农户知晓程度大于感知行为控制，大于主管规范，这说明农户参与抵押贷款意愿相比较外界压力而言（主观规范），农户行为更多考虑信息（知晓程度）、个人能力因素（感知行为控制）。

（4）农户参与意愿中介效应检验。依据拓展后的计划行为理论，借鉴 Judd（1981，1986）、张高亮（2015）回归系数法对本书参与意愿的中介效应进行检验。第一步，将所有自变量（认知、主观规范、感知行为控制）对申请行为做回归，检验回归系数 α 的显著性；第二步，将自变量（认知、主观规范、感知行为控制）对中介变量（参与意愿）做回归，检验回归系数 β 的显著性；第三步，将自变量（认知、主观规范、感知行为控制）与中介变量（参与意愿）对因变量（Y_1）做回归，检验回归系数 α’ 的显著性；第四步，中介判断；如果系数 α、β 均显著则存在中介效应，对中介效应继续分析，如果 α’ 不显著称为完全中介，如果回归系数 α’ 显著称为部分中介。以此分析方法，对表 7.4 的中介进行分析。①“预期效果”“可行性偏差”只对农户的参与意愿产生影响，而未影响农户的申请行为。②“认知程度” α、β 显著，α’ 不显著，是完全中介，即知晓程度通过意愿完全中介申请行为。③部分中介的影响要素分别有“是否借贷”“借贷次数”“获贷情况”“借贷评价”“认知协调”“认知无关”，也就是说，以上影响要素不仅直接对申请行为产生影响，还会通过中介意愿对行为产生间接行为。

7.5　本章小结

本章研究农户认知对申请行为的影响，基于拓展后的计划行为理论，利用有资金需求的 852 份试点区农户问卷，纳入农户认知、参与意愿、主观规范与感知行为控制四大类自变量，进行实证分析。获得以下研究结论：（1）拓展后的计划行为理论将认知、意愿与行为纳入同一体系分析，具有较好的解释性。（2）认知中“知晓程度”完全中介农户申请行为，借贷经验与认知协调部分中介农户申请行为。主观规范与感知行为控制部分中介申请行为。（3）从主观性和感知行为控制来看，相比较外界压力而言，农户更加看重个体的影响要素。（4）农户现有的土地产权归属认知，并不会对农户土地产权改革制度利用产生显著影响。

第 8 章　农户宅基地使用权与承包地经营权抵押贷款：关系分析

经济学替代理论表明，个体的认知与行为不仅会受到所需物品的价格与属性的影响，同时还会受到与该物品在属性上具有替代关系物品的价格与属性的影响。前面章节从不同层面聚焦农户土地承包经营权抵押贷款的认知与行为，本章将承包经营权抵押贷款的研究延伸到与此密切相关、国家最近大力所推行的宅基地抵押贷款上，将两者并行对比研究。具体考量宅基地使用权抵押贷款与承包地经营权抵押贷款之间存在什么关系？农户宅基地的认知与经营权抵押贷款认知是否存在差异？行为是否存在差异？对宅基地的认知、行为是否会对农户承包地经营权抵押贷款的认知与行为产生影响？

8.1　引言及文献综述

农村土地“三权分置”已从承包地扩展到宅基地，是农地系统性的改革，需要进行统一化研究。2018 年中央“一号文件”提出“落实宅基地集体所有权，保障宅基地农户资格权，适度放活宅基地使用权”，探索宅基地“三权分置”改革。继 2008 年承包地“三权分置”后，延伸将两个“三权分置”进行系统研究。“产权抵押贷款”是承包地与宅基地“三权分置”中共同提及的重点，是实现放活“土地经营权”“宅基地使用权”的有效途径之一。2014 年《关于全国深化农村改革加快推进农业现代化的若干意见》中明确提出“允许承包土地的经营权向金融机构抵押融资”，2018 年中央“一号文件”明确指出“放活宅基地使用权，探索宅基地抵押贷款”。由此可见，两权抵押贷款是具有同一本质，即通过赋予农户合法土地抵押权，扩宽农户融资渠道，实现现代农业的产权改革。政策的绩效通过地方政府、金融机构、农户等多主体行动体现，那么在国家赋予更多土地产权的政策导向下，土地经营权抵押贷款与宅基地使用权抵押贷款的具体实施效果如何？两者之间在实际运行中出现何种关联，该种关联性会对后期土地经营权抵押贷款与宅基地使用权抵押贷款的实施提供何种启示？对以上问题的关注，不仅是对现有农地产权改革的一个总结，也是对推动未来农地改革效果提供一定的理论与现实参考。

随着农村产权制度改革的深入，宅基地产权改革引起了国内大量学者的关注，其研究热点主要聚焦在理论与实证两方面。从理论上来看，学者们更多讨论的焦点是农村宅基地改革的思路。具体体现在农村宅基地无偿使用中存在的问题，并提出宅基地有偿使用和转让的制度改革研究（赵之枫，2001），并指出，如果集体所有权不能得到体现，市场化分配机制就会导致严重的社会不公（印子，2014）；农村劳动力大量外出打工导致大量宅基地闲置，并提出宅基地流转以及有偿退出机制的研究（欧阳安蛟，2009；张秀智，2009；刘同山，2013；刘守英，2015；郭晓鸣，2016；夏柱智，2018），有学者指出在集体所有权缺位情况下的宅基地有偿取得会导致村庄治理失序，本身演变为经济社会问题（刘锐，2015），因此农民退出宅基地应当是一个可逆的过程，应保留一定的宅基地资源冗余，以应对农民进城失败的风险（贺雪峰，2018）；农户存在大量的信贷约束，缺乏金融机构与市场认可的融资抵押物，进而开展宅基地经营权抵押贷款改革的研究（贺雪峰，2018）；总之，宅基地理论性的研究均是在“三权分置”的基础上进行的衍生权利改革。有学者强调宅基地制度改革应该权衡宅基地权利安排、取得方式和社会目标这三者的关系（刘守英，2015）。从实证上来看，学者们运用大量调研数据以及案例分析的方法，对宅基地改革绩效进行检验，主要回答：特定宅基地改革的效果如何？农户参与意愿与影响因素有哪些？在案例研究中，郭晓鸣等（2019）以江西县余江区和四川省泸县宅基地制度改革为案例，对传统农区宅基地“三权分置”的实现路径进行分析。两个案例点均在完善宅基地权益保障和取得方式、宅基地有偿使用制度探索、宅基地退出机制和安置方式探索、宅基地管理模式创新方面做出了有效实践，通过在所有权上强化了治理单位和产权单位的关联性、在宅基地资格上基于成员资格认定引入有偿使用机制、在宅基地和农房使用权上探索了使用权流转和指标交易的不同方式上实践了农村宅基地“三权分置”的实现路径。在数据模型分析中，学者们发现，在宅基地流转中，农户职业分化显著影响宅基地流转，具体而言，以从事个体经营和务农为主要职业的农户参与宅基地流转率越高，农户预期宅基地越稳定，宅基地流转参与率越低（钱龙，

2015）；在宅基地退出意愿研究中，农户对宅基地的认知影响其退出意愿，其中农民的宅基地继承权认知状况对其宅基地退出意愿有显著正向影响，宅基地抵押权认知负向影响退出意愿，宅基地所有权认知和处置权认知状况不影响退出意愿（彭长生，2013）。其他学者还从受访对象个体特征、家庭情况、村庄情况等方面探讨如何影响宅基地产权改革的参与意愿。部分学者关注了农户分化对宅基地抵押贷款的态度，指出在农民分化、代际差异与农房抵押贷款接受度方面得出代际差异对农民农房抵押贷款态度有重要影响，同时农民分化的作用通过代际差异的调节效应引导新生代农民积极的农房抵押贷款态度的结论（刘炎周，2016）。另外，也有学者指出占农户资产较大比例的农村住房无法实现财产抵押权，难以在缓解农村“融资难”和“融资贵”中发挥作用的现实问题方面，基于江苏、安徽和重庆等地农户微观调查数据从区域差异的视角研究不同经济发展水平地区农户住房财产权抵押融资意愿及其决定因素，得出农户的信贷需求、风险偏好、政策认知、农户家庭外出务工比例以及户主受教育程度等因素对农户住房抵押意愿有显著正向影响，农房与银行的距离以及户主的年龄对农户住房抵押意愿有显著负向影响的结论。从而得出政府可加强相关政策的宣传力度，切实保护农户的合法财产权，建立健全法制法规，并逐步建立农村住房有限范围流转市场，应当重视相应农民对农村住房资产变现功能的诉求，允许农户在基本居住得到保障的前提下以抵押等方式流转其农村住房等结论（张龙耀，2016）。

综上所述，宅基地作为农户重要的家庭资产，其改革方向与改革绩效将会是学者们持续关注与研究的热点。已有文献在理论上多聚焦在宅基地改革机制上，在实证上，多聚焦在宅基地有偿使用、宅基地有偿退出、宅基地流转上，而针对宅基地经营权抵押贷款的研究相对较缺乏。可能与改革的时间有关，宅基地经营权抵押贷款是在 2019 年修订的《土地承包法》中确立下来的，因此改革绩效的检验相对较滞后。但宅基地经营权抵押贷款不仅是宅基地“三权分置”的重要体现，而且是缓解农户金融约束、刺激农业投资、促进农业现代化的关键。因此，在现阶段，对农户宅基地经营权抵押贷款的研究是具有重要意义的。另外，宅基地与承包地均是农户的土地资产，农户作为“理性经济人”，对其资产的处置应该具有一定的权衡性。但已有文献多将其割裂研究，如单独分析土地经营权抵押意愿、宅基地退出意愿、宅基地有偿使用意愿等，缺乏关联性的研究。在国家同期制定农村承包地“三权分置”与宅基地“三权分置”制度，赋予承包地经营权抵押贷款与宅基地使用权抵押贷款权利的同时，将两者进行联合研究是具有重要的理论与现实意义的。鉴于此，本章将系统分析宅基地使用抵押贷款与土地经营权抵押贷款，探讨农户对两类土地资产改革的认知、响应情况，并重点剖析在农户具体实践层面两者存在的关联性。

8.2 承包地经营权与宅基地使用权抵押贷款的政策关联性分析

农地产权改革是国家实施“三农”政策、乡村振兴的关键，承包地与宅基地均是农户作为农村集体成员获取的资源，因此，承包地与宅基地的产权改革是国家依据农村战略发展所提出并实施的具体农地产权改革的体现。本章梳理两类产权改革的制度演变，从政策层面识别两类改革之间的关联性。

8.2.1 承包地经营权抵押贷款的制度演变

本书3.1节已对我国农村承包地经营权抵押贷款的制度演变进行了梳理，形成了“禁止—试点试行—全面推广”的演变脉络，如表8.1所示。

表8.1 承包地经营权抵押贷款制度演变

阶段	时间	标志性文件
全面禁止	2009年以前	《中华人民共和国担保法》《中华人民共和国农村土地承包法》《中华人民共和国物权法》
试点运行	2009—2019年	《关于促进农业稳定发展农民持续增收的若干意见》《关于进一步加强信贷结构调整，促进国民经济平稳较快发展的指导意见》《关于全面深化农村改革加快推进农业现代化的若干意见》《全国人民代表大会常务委员会关于授权国务院在北京市大兴区等232个试点县（市、区）、天津市蓟县等59个试点县（市、区）行政区域分别暂时调整实施有关法律规定的决定》《农村承包土地的经营权抵押贷款试点暂行办法》等
全面推广	2019年以后	《中华人民共和国农村土地承包法》（2019修订）

承包地经营权抵押贷款的发展演变经过了 3 个阶段，分别是 2009 年之前的全面禁止，2009—2019 年的试点运行，以及 2019 年后的全面推广。这 3 个阶段的制度特点分别是：全面禁止是通过国家法律制度进行强制规定的，一旦违反会受到法律惩罚。随着农村经济发展，农户金融需求增加，承包地经营权作为抵押物缓解金融抑制的需求逐渐加强，国家通过自下而上的试点改革，允许部分试点地区进行承包地经营权抵押贷款试点实施，其制度特点是法律禁止、制度运行、试点突破。随着 10 年的试点探索，在试点区不断地经验总结、金融市场完善中，我国具备了承包地经营权抵押贷款的条件与能力，于 2019 年开始全面推广，在 2019 年《中华人民共和国农村土地承包法》修改版中，增加的第 47 条中明确指出“承包方可以用承包地的土地经营权向金融机构融资担保，并向发包方备案。受让方通过流转取得的土地经营权，经承包方书面同意并向发包方备案，可以向金融机构融资担保”，从法律层面赋予合法化，实现了承包地经营权抵押贷款的全面实施阶段。

8.2.2　宅基地使用权抵押贷款的制度演变

宅基地使用权抵押贷款相对于承包地经营权抵押贷款而言，滞后一个阶段，现阶段依然处于法律禁止、制度突破试行阶段，其具体的法律与制度规定如表 8.2 所示。

表 8.2　　宅基地使用权抵押贷款发展阶段表

特征	时间及发文部门	文件名称	相关内容
法律禁止		《中华人民共和国担保法》	第 37 条“下列财产不得抵押：（一）土地所有权；（二）耕地、宅基地、自留地、自留山等集体所有的土地使用权……”
		《中华人民共和国物权法》	第 184 条规定：“下列财产不得抵押：（一）土地所有权；（二）耕地、宅基地、自留地、自留山等集体所有的土地使用权……”
		《中华人民共和国土地管理法》	第 63 条规定：“农村集体所有的土地使用权不得出让、转让或者出租非农业建设”

续表

特征	时间及发文部门	文件名称	相关内容
制度突破	2009年中央一号文件 中共中央、国务院	《关于促进农业稳定发展农民持续增收的若干意见》[a]	"继续推进农村土地征收、集体经营性建设用地入市、宅基地制度改革试点""有效维护进城落户农民土地承包权、宅基地使用权、集体收益分配权，支持引导其依法自愿有偿转让上述权益"
	2009.12 中共中央	《国务院关于加大统筹城乡发展力度 进一步夯实农业农村发展基础的若干意见》[b]	"加快农村集体土地所有权、宅基地使用权、集体建设用地使用权等确权登记颁证工作，工作经费纳入财政预算"
	2010.7 中国人民银行、银监会等	《关于全面推进农村金融产品和服务方式创新的指导意见》[c]	"探索开展农村土地承包经营权和宅基地使用权抵押贷款业务"
	2013.2 国务院	《国务院办公厅关于落实中共中央国务院关于加快发展现代农业 进一步增强农村发展活力若干意见》[d]	"改革和完善农村宅基地制度，加强管理，依法保障农户宅基地使用权"
	2013.7 国务院	《关于金融支持经济结构调整和转型升级的指导意见》[e]	"鼓励银行业金融机构扩大林权抵押贷款，探索开展大中型农机具、农村土地承包经营权和宅基地使用权抵押贷款试点"
	2015.8 国务院	《国务院关于开展农村承包土地的经营权和农民住房财产权抵押贷款试点的指导意见》[f]	"慎重稳妥推进农民住房财产权抵押、担保、转让试点，做好农村承包土地（指耕地）的经营权和农民住房财产权抵押贷款试点工作"
	2016年中央一号文件 中共中央、国务院	《关于落实发展新理念 加快农业现代化 实现全面小康目标的若干意见》[g]	"在风险可控前提下，稳妥有序推进农村承包土地的经营权和农民住房财产权抵押贷款试点"
	2016.2 国务院	《国务院关于深入推进新型城镇化建设的若干意见》[h]	"完善土地经营权和宅基地使用权流转机制。加快推进农村土地确权登记颁证工作，鼓励地方建立健全农村产权流转市场体系，探索农户对土地承包权、宅基地使用权、集体收益分配权的自愿有偿退出机制，支持引导其依法自愿有偿转让上述权益。深入推进农村土地征收、集体经营性建设用地入市、宅基地制度改革试点，稳步开展农村承包土地的经营权和农民住房财产权抵押贷款试点"

续表

特征	时间及发文部门	文件名称	相关内容
制度突破	2016. 3 国务院	《国务院批转国家发展改革委关于 2016 年深化经济体制改革重点工作意见的通知》[i]	"制定土地二级市场改革试点方案，制定土地流转市场运行规范。深入推进农村土地征收、集体经营性建设用地入市、宅基地制度改革试点"
	2016. 5 中国银监会和国土资源部	《农村集体经营性建设用地使用权抵押贷款管理暂行办法》[j]	"明确在 15 个市（县）试点地区，对符合规划、用途管制、依法取得要求，以出让、租赁、作价出资（入股）方式入市和具备入市条件的农村集体经营性建设用地使用权，可以办理抵押贷款。" "为进一步推动农村集体经营性建设用地入市改革工作，经中央全面深化改革领导小组批准，国土资源部决定将农村集体经营性建设用地入市试点地区由原有 15 个县（市、区）扩大为 33 个县（市、区）"
	2018. 2 中共中央	《国务院关于实施乡村振兴战略的意见》[k]	"深化农村土地制度改革。系统总结农村土地征收、集体经营性建设用地入市、宅基地制度改革试点经验，逐步扩大试点，加快土地管理法修改，完善农村土地利用管理政策体系。扎实推进房地一体的农村集体建设用地和宅基地使用权确权登记颁证。完善农民闲置宅基地和闲置农房政策，探索宅基地所有权、资格权、使用权'三权分置'，落实宅基地集体所有权，保障宅基地农户资格权和农民房屋财产权，适度放活宅基地和农民房屋使用权"

注：a. 中共中央，国务院．关于促进农业稳定发展农民持续增收的若干意见．2008－12－31.

b. 中共中央．国务院关于加大统筹城乡发展力度进一步夯实农业农村发展基础的若干意见．2009－12－31.

c. 中国人民银行中国银行业监督管理委员会，中国证券监督管理委员会，中国保险监督管理委员会．关于全面推进农村金融产品和服务方式创新的指导意见．2010－7－28.

d. 国务院．国务院办公厅关于落实中共中央国务院关于加快发展现代农业进一步增强农村发展活力若干意见．2016－2－16.

e. 国务院．关于金融支持经济结构调整和转型升级的指导意见．2013－7－1.

f. 国务院．关于开展农村承包土地的经营权和农民住房财产权抵押贷款试点的指导意见．2015－8－24.

g. 中共中央，国务院．关于落实发展新理念加快农业现代化实现全面小康目标的若干意见．2015－12－31.

h. 国务院．国务院关于深入推进新型城镇化建设的若干意见．2016－2－6.

i. 国务院．国务院批转国家发展改革委关于 2016 年深化经济体制改革重点工作意见的通知．2016－3－31.

j. 银监会和国土资源部．农村集体经营性建设用地使用权抵押贷款管理暂行办法．2016－5－13.

k. 中共中央．国务院关于实施乡村振兴战略的意见．2018－1－2.

在表8.2中，可看到宅基地使用权抵押贷款经历了近10年的试点时期，可划分为2009—2013年的初步试点探索阶段，2013—2016年的鼓励试点探索阶段，2016—2018年的规范试点阶段。在宅基地使用权抵押贷款的制度中，国家通过三方面并行推进。第一，宅基地使用权确权，保障农户权利，为推进试点改革奠定基础。在2009年《国务院关于加大统筹城乡发展力度进一步夯实农业农村发展基础的若干意见》中明确指出“加快宅基地使用权的确权登记颁证工作”，2018年《国务院关于实施乡村振兴战略的意见》中又一次强调“扎实推进宅基地使用权登记颁证”。在2013年2月国务院的下发文中强调“改善和完善农村宅基地制度，依法保障农户宅基地使用权”。第二，不同力度试点推行宅基地使用权抵押贷款改革。在2010年中国人民银行、银监会、保监会等联合下发的《关于全面推进农村金融产品和服务方式创新的指导意见》中指出“探索开展宅基地使用权抵押贷款业务”，2013年国务院指出“探索开展宅基地使用权抵押贷款试点”。从开展业务到开展试点，是国家层面对宅基地使用权抵押贷款从点到面的推广。第三，开展住房财产权抵押贷款。从2015年后，国家更加强调农民住房财产权抵押贷款，如《国务院关于开展农村承包土地的经营权和农民住房财产权抵押贷款试点的指导意见》中首次提出“慎重稳妥推进农民住房财产权抵押，做好农民住房财产权抵押贷款试点工作”，2016年中央“一号文件”继续指出“在风险可控的前提下，稳妥有序推进农民住房财产权抵押贷款试点”，2016年《国务院关于深入推进新型城镇化建设的若干意见》中明确指出“稳步开展农民住房财产权抵押贷款试点”，从“慎重稳妥”到“稳妥有序”再到“稳步开展”，不但表明了农民住房财产权抵押贷款已进入国家鼓励试行阶段，也表明了宅基地抵押贷款与住房财产权抵押贷款已进入并行试点阶段。需要格外指明的是，宅基地使用权和住房财产权是两类不同但相连的权利，宅基地使用权是农户集体资格权的一个表现，其权利的多少是由村集体赋予的；住房财产权是农户自我获取的权利，其产权价值的多少与自我劳动能力成正比。住房财产权是依附在宅基地使用权上的，具有不可分割性。但由于宅基地所有权是归属村集体所有，宅基地使用权归农户所有，两权的分割类同于承包地所有权与使用权的分割，权利的多主体性为抵押贷款带来了一定的阻碍，因此，多权合一的财产权在实际操作中更具有可行性与合理性。

8.2.3 承包地经营权、宅基地使用权抵押贷款的制度比较

本部分分别从两类抵押贷款的制度制定与制度实施两方面进行比较，剖析两

者在制度上的共性与差异性。

第一，从制度制定上来看，两类抵押贷款具有同质性。在现实层面，两类抵押贷款都是国家在推进农业现代化进程中，为缓解农户信贷约束，刺激农户投资而进行的金融改革，其改革目的具有一致性。在理论层面，两类抵押贷款都是农户土地产权不断细化、不断赋权的体现，是农户土地产权的价值体现，因此，其改革的途径是具有一致性的。

第二，从制度实施上来看，两类抵押贷款具有一定的同步性和差异性，具体体现在以下几个方面：首先，从制度实施时间来看，两类融资贷款具有同步性。承包地经营权与宅基地使用权抵押贷款都从 2009 年开始试点，也都经历了近十年的“法律禁止、制度突破”的试点阶段，具有相同的起点与试点过程。其次，从阶段上来看，宅基地使用权抵押贷款滞后承包地经营权抵押贷款一个阶段。承包地经营权随着 2019 年土地承包法的修订，已完成了试点阶段，进入了全面实施、法律认可的阶段。而宅基地使用权抵押贷款依然处于承包地经营权抵押贷款的前一个阶段，即“法律禁止、制度突破”的试点阶段。最后，从实施过程的反馈上来看，两者都有不同程度的修正。在试点阶段，承包地经营权抵押贷款由最初所提出的“土地承包经营权抵押贷款”调整为“承包地经营权抵押贷款”，最终调整为“承包地经营权融资”，该种调整是在试点过程中的经验反馈，将可抵押的权利最终锁定为农地的经营权而非承包权，此外继续将其拓展，经营权不仅可以抵押贷款还可以延伸到担保、入股等融资内容，丰富了承包地经营权更多的衍生价值。宅基地使用权抵押贷款也经历了类似的调整，由宅基地使用权抵押贷款扩大到住房财产权抵押贷款，即将融资标的物从集体赋予的宅基地扩大到宅基地上所附着的住房及住房内部的财产权，丰富了宅基地使用权抵押贷款的内涵。

8.3　承包地经营权与宅基地使用权抵押贷款的实践关联性分析

8.3.1　数据来源

本部分数据依据前 7 章的数据，重点关注土地经营权抵押贷款与农村宅基地抵押贷款。本次调研由贵州大学管理学本科生、农林经济管理专业硕士生以及贵州大学管理学院教师构成，调研时间是2018年7月，调研内容包括农户家庭基本信息、农户家庭土地信息、农户土地承包经营权抵押贷款情况、农户宅基地抵押贷款情况。共发放问卷650份，回收问卷620份，剔除重复作答、空白作答、明显作答错误问卷，有效问卷606份。问卷回收率为95.4%、有效回收率为93.2%。问卷涉及安徽、广东、广西、贵州、海南、河北、湖北、湖南、吉林、辽宁、内蒙古、青海、山东、陕西、山西、四川、云南、浙江共18个省区市，因此样本具有较好的全国覆盖性，其中贵州样本217份，占比35.8%。样本涉及多民族地区，有汉、苗、畲、土家、彝、壮、布依、侗、回、黎、蒙等12个民族，其中汉族样本数204份，占总样本的33.6%，苗族样本数54份，占比8.9%，侗族样本数31份，占比5.1%。从年龄上来看，调研对象最大年龄是90岁，最小年龄是14岁，平均年龄为49岁，年龄主要集中在45岁左右。从性别来看，有90.5%的受访者是男性，这与调研的内容相关，当涉及国家政策与家庭土地时，女性受访者往往会借故停止调研，或更换家庭男性作为调研对象。从受访者对象来看，有94.2%的农户是当地居民，仅有5.8%的农户是迁入户，最低居住年限为1年，最高居住年限为90年，平均居住年限为44年。从婚姻状况来看，未婚占7.3%，已婚占84.2%，已婚但离异的调研对象占2.6%，已婚但配偶去世的占5.9%。

8.3.2 农户承包地与宅基地基本情况

农户承包地与宅基地的原始资源状况是农户对其利用的基础，因此，本小节对农户所拥有的承包地与宅基地的总量与结构进行细化分析，以期获得农户土地资源的总概。

（1）承包地基本情况。

农户承包地指村集体分配给农户家庭所拥有的农地面积，该承包地仅能做农业生产用。根据农地的性质，将承包地分成旱田与水田，课题组主要关注农户两类承包地的数量以及质量，数量从承包地的面积反映，质量用承包地的块数与距离衡量。理论上户均拥有的面积越大，则数量优势越大，块数越多，距离越远，农户耕种所耗费的时间与精力越多，且不利于规模性生产，因此我们认为土地的质量相对较低。

①旱地的总量与质量。农户承包地指村集体分配给农户家庭所拥有的农地面积，该承包地仅能做农业生产用。对统计数据进行分析，发现户均旱田亩数

为 3.28 亩，旱田最大值为 20 亩，该户是三代同住，田地未分家。从旱田的块数来看，户均旱田块数为 4.82 块，最少的 1 块，最多的 16 块。最远旱田离家的距离是 10 千米，最近的就在房前屋后，平均最远距离是 2.27 千米，平均最近的距离是 0.95 千米。图 8.1 是农户旱田的面积与块数的交叉点状图。

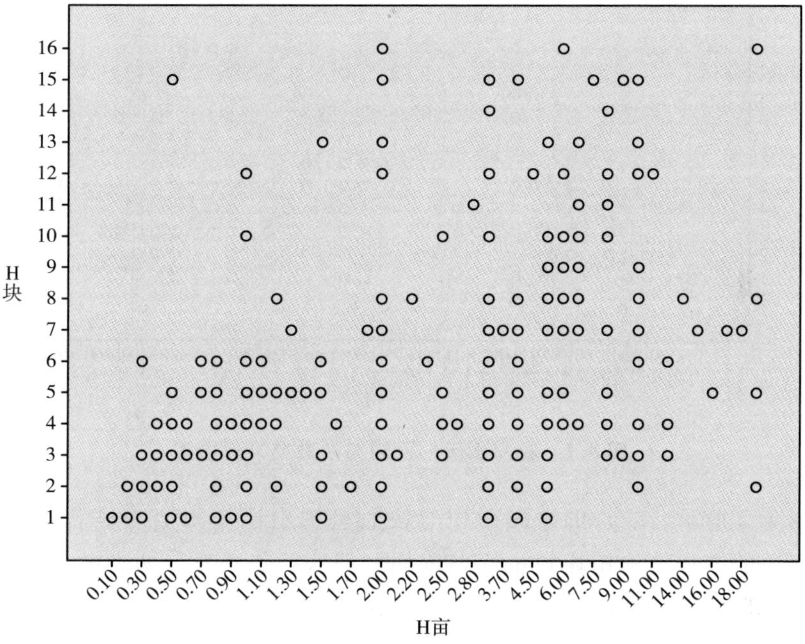

图 8.1　农户旱田的面积与块数交叉点状图

如图 8.1 所示，农户的旱田面积与块数总体呈线性关系，随着旱田面积的增加，其块数也逐渐增加，但并不呈等比增加。从图 8.1 可见，无论是面积在 2 亩以下，还是在 2.8 亩以上，农户的土地块数大多集中在 3 ~ 8 块上。农户土地 2 亩是一个比较特殊的点，在这个点上，土地的块数从 1 块到 16 块不等。

②水田的总量与质量。水田指村集体分配给农户家庭所拥有的水田面积，同上分析发现，户均水田亩数为 2.02 亩，最大值为 15 亩。从水田的块数来看，户均旱地块数为 5.54 块，最少的 1 块，最多的 30 块。最远水田离家的距离是 10 千米，最近的就在房前屋后，平均最远距离是 3.20 千米，平均最近的距离是 1.01 千米。图 8.2 是农户水田面积与块数的交叉点状图。

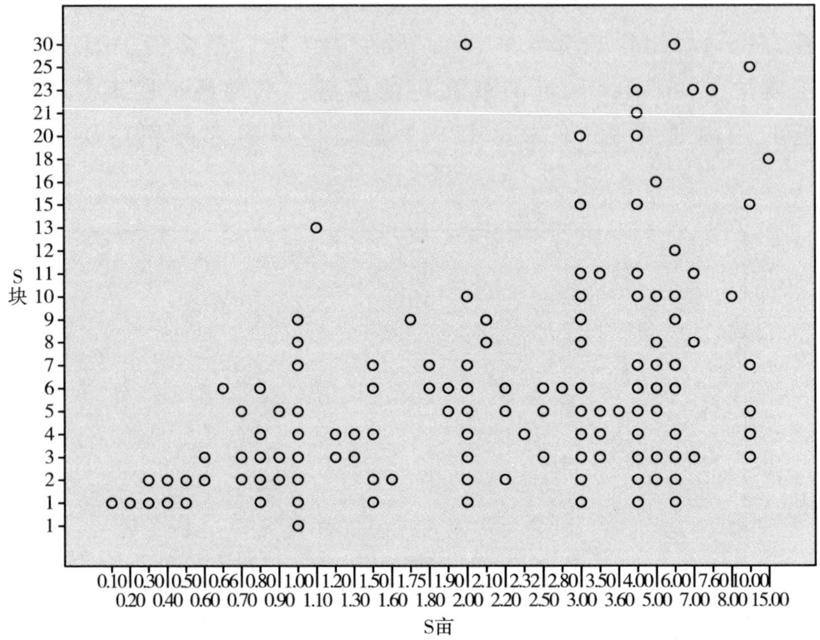

图 8.2　农户水田的面积与块数交叉点状图

如图 8.2 所示，农户的水田面积与块数呈现出比旱田更为显著的线性关系，即水田面积的增加，水田块数也逐渐增加。但从趋势来看，两者的关系更加集中在右下角，即块数的增幅小于面积的增加幅度。从集中度来看，水田块数集中数是 2～6。

由前分析也可知，农户承包田地，无论是旱地还是水田，其细碎化程度较大，旱田平均每块 0.68 亩，水田平均每块 0.36 亩，水田的细碎化程度较旱田而言更严重。从距离来看，水田离家的距离要更远，因为水田对水源的依赖性较强，所以水田的细碎程度与距离比旱田而言更加严重。

（2）宅基地情况。

宅基地是农户家庭生活的主要场所，本书关注农户家庭宅基地的存量以及宅基地的使用情况。村集体最初在家庭宅基地指标分配时，按照人均不超过 50 平方米的标准划分，即宅基地面积与所居住人口数相关。随着中国劳动力市场的开放，农村劳动力可以自由流动，大量农村劳动力外出打工，这便导致了部分宅基地的闲置。基于此，本小节对农户宅基地的面积与闲置情况进行分析。

①宅基地面积。对样本进行数据统计发现，农户平均宅基地面积是 131.9 平方米，最大的是 432 平方米，最小的为 0，即外来搬迁户向其他村民租借房子居

住。从面积构成来看，没有宅基地的占总样本的 0.4%，1 ~ 50 平方米的占总样本的 5.1%，51 ~ 100 平方米的占总样本的 39.1%，101 ~ 150 平方米的占总样本的 29.6%，151 ~ 200 平方米的占总样本的 13.6%，201 平方米以上的占 12.2%。可见，农户宅基地面积主要集中在 51 ~ 200 平方米，其中，有 19.9% 农户家宅基地面积为 120 平方米，有 16.2% 农户家宅基地面积为 100 平方米，有 8.9% 农户家宅基地面积为 80 平方米。

②宅基地闲置情况。宅基地闲置指宅基地未得到充分利用，包括完全闲置和部分闲置。完全闲置即宅基地无人居住、使用，部分闲置指有空余的房间未得到充分利用。在调研中发现，完全闲置的情况多是举家外出打工，剩下空房子。部分闲置的情况多是家庭部分成员，主要是青壮年外出打工，留守老人与孩子在家，存在大量的空置房间。本部分通过以下问项获得宅基地使用数据，如表 8.3 所示。

表 8.3　　农户宅基地闲置情况问项

序号	问题	选项
1	你家中是否有闲置的宅基地？	0 - 否，1 - 是
2	如果有，闲置的宅基地面积是多少平方米？	
3	如果有，是以何种形式闲置的？	1 - 季节性闲置，2 - 长年闲置
4	如果有，是什么原因导致闲置的？	1 - 外出务工，2 - 外迁，3 - 建新房

对数据进行分析，获得以下结论：

第一，农村存在大量的宅基地闲置情况。在农户宅基地是否闲置调研中，有 33.7% 的农户表示存在闲置情况，66.3% 农户表示宅基地在使用。该数据略高于郭晓鸥（2019）的结论，在对余江区与泸县调研中发现，余江区宅基地有 9.23 万宗，而闲置农房有 2.3 万栋；泸县有宅基地 21.06 万宗，闲置宅基地 3.46 万宗，占 11.13%。

第二，农户宅基地闲置面积比例较大。对 204 户有闲置宅基地农户做进一步闲置面积调研，平均闲置面积为 103.6 平方米，最低闲置面积为 10 平方米，最高闲置面积有 400 平方米。结合农户原有宅基地面积进行闲置比例测算，结果如图 8.3 所示。

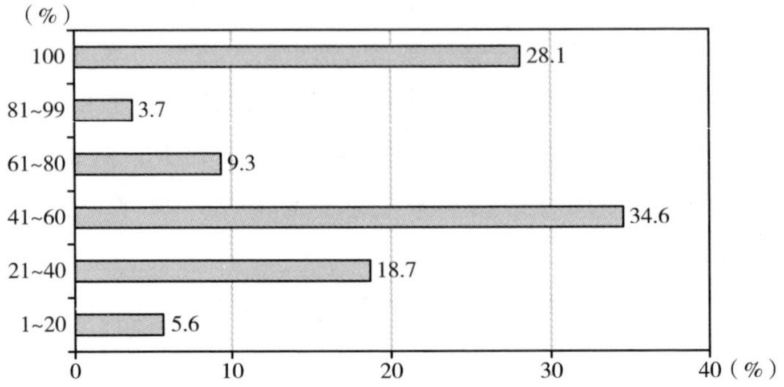

图 8.3　农户宅基地闲置比例

图 8.3 是农户家庭宅基地闲置比例图，横轴表示农户所占比，纵轴表示农户家庭宅基地的闲置比，100% 表示完全闲置，其余表示部分闲置。由图 8.3 可见，有 28.1% 的农户家庭宅基地完全闲置，有 3.7% 的农户宅基地闲置比例在 81% ~ 99%，闲置比例在 61% ~80% 的农户占 9.3%，闲置比例在41% ~60% 的农户占比为 34.6%，有 18.7% 的农户家庭宅基地闲置比例为 21% ~40%，有 5.6% 的农户表示家庭宅基地闲置比例在 1% ~20%。由此可见，28.1% 的农户家庭宅基地处于完全闲置，在部分闲置中闲置面积主要集中在41% ~60%。

第三，农户宅基地闲置以长期为主，建新房是宅基地长期性闲置，外出打工是季节性闲置的主要原因。在闲置形式调研中，有 76.8% 的农户表示宅基地常年闲置，仅有 23.2% 的农户表示以季节性的闲置为主。继续对农户宅基地闲置的原因进行调研，结果如图 8.4 所示。

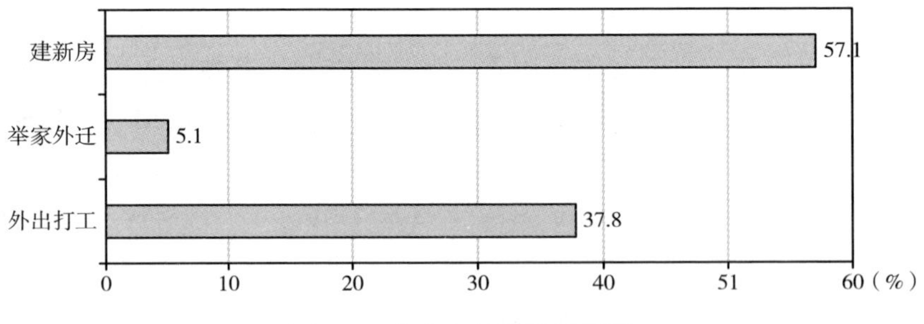

图 8.4　农户宅基地闲置原因

其中有 57.1% 的农户表示由于建新房而导致宅基地闲置。一方面，建新房的住宅面积相对较大，会产生新房子的部分闲置情况；另一方面，分家的农户建新房，父母到了一定的年龄会和孩子一起居住，而父母的老房子就会形成闲置宅基地，这种通常是完全闲置的情况。有 37.8% 的农户表示闲置原因是外出打工，如果家庭外出打工是季节性的，如仅在农闲时外出，农忙时回归，则宅基地闲置是季节性的；如果外出打工是连续性的，仅在过年放假回家居住使用的话，宅基地则处于长期闲置状态。有 5.1% 的农户表示，因为举家外迁导致农村宅基地闲置。调研中发现，农户会为了孩子教育或者更好的城市生活，选择在城市购买房子或常年租房子，这便会导致农村宅基地的闲置。将宅基地的闲置周期和闲置原因进行交叉原因分析，得到表 8.4。

表 8.4　　农户宅基地闲置周期与原因交叉表

	外出打工	举家外迁	建新房
季节性闲置	12.8%	1.8%	8.6%
长年闲置	25.0%	3.3%	48.5%

从表 8.4 可见，宅基地长期闲置中有 48.5% 是建新房，有 25% 是外出打工，3.3% 是举家外迁造成的；造成季节性闲置的原因中，外出打工占比为 12.8%，建新房占比 8.6%，举家外迁占比为 1.8%。从原因维度来看，无论是外出打工、举家外迁还是建新房，长年闲置的比例均要高于季节性闲置的比例。在建新房中，有 48.5% 是长年闲置，高出季节性闲置 39.9 个百分点，是季节性闲置的 5.64 倍，在外出打工中，有 25% 的农户表示房屋长期闲置，高出季节性闲置 12.2 个百分点，是季节性闲置的 1.95 倍，举家外迁中有 3.3% 的农户表示长期闲置，高出季节性闲置 1.5 个百分点，是季节性闲置的 1.83 倍。由此可见，长年闲置是农户宅基地闲置的主要方式，建房是长期闲置的主要原因，而外出打工是季节性闲置的主要原因。

8.3.3　农户承包地、宅基地抵押贷款认知及行为分析

农户承包地、宅基地抵押贷款认知主要包括对承包地、宅基地的风险判别认知，承包地、宅基地抵押贷款认知两部分。本节将承包地与宅基地的认知以对比的方式进行认知分析。主要回答以下两个问题：农户对承包地与宅基地价值、风险、重要性的认知情况如何？这些认知是否存在差异性？

（1）农户承包地、宅基地认知。

承包地与宅基地统属于农户拥有使用权的土地，因此，本小节分别从土地的重要性、承包地宅基地重要性、承包地宅基地风险三个方面进行认知分

析。通过问卷所设问项以及作答的数据分析，得到以下几个显著的认知特征：

①土地依然是农民的命根子，但重要性在减弱。洪名勇（2015）通过“你是否认同土地是农民命根子的说法”问项测试了土地对农民的重要性，结果显示样本区90%以上的农民认同此说法。本书也借鉴该种衡量方式，对农户土地重要性进行衡量，结果显示如8.5所示。

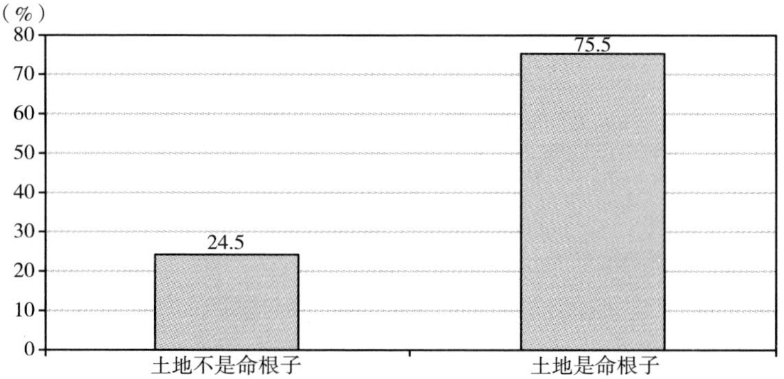

图8.5 农户土地重要性判别

如图8.5所示，有75.5%的农户依然表示土地是自己的命根子，而24.5%的农户表示土地并不是农户的命根子。该比例一方面说明土地依然是农户最重要的生产要素，农户依然有着厚重的土地情结；另一方面，从纵向对比来看，土地重要性已经逐渐下降，比2015年洪名勇调研的数据下降近15个百分点，虽然与样本的选择有关，但数据体现的趋势是明晰的。

②失地后，农户有着自己的职业规划，以外出打工与自己投资经营为主。农户对土地重要性的认知在下降，也就意味着农户有着除土地外的其他谋生工具，因此本书继续对农户的职业规划进行调研。所设问项是“如果你失去了土地，你会以什么谋生”，对问项进行归纳与总结，数据结果如图8.6所示。

从图8.6可见，80%的农户表示失去土地后会自己外出打工谋求生计，8.3%的农户表示会自己投资经营，如摆摊、开超市、开餐馆、自己学习木匠给别人做活、自己学习修理开店等。6.3%的农户表示没有想过这个问题，部分农民直接回答“农民的土地绝对不可能失去”“农民的土地只会越来越稳定”，所以没有想过这个问题。有3.7%的农户表示不能依靠自己获取生活来源，只能依靠孩子赡养（1.7%）、政府低保补贴（1.5%）、依靠邻里乡亲和金融机构（0.5%），依靠邻里乡亲和金融机构的农户表示，如果失去土地他们就只能向银

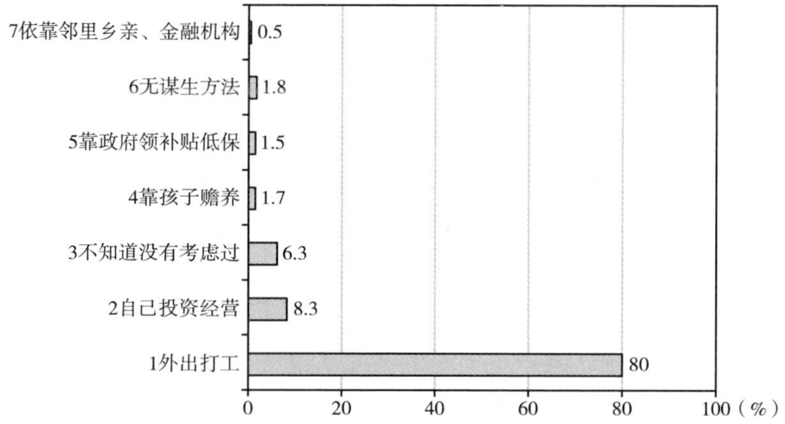

图 8.6　农户失地后的谋生

行借款生活，或者和别人借钱，依靠别人给点救济过生活。有 1.8% 的农户表示，如果失去土地则完全没有谋生的方法。此两类农户多是“老弱病残”失去劳动能力的群体。由前分析可知，88.3% 的农户表示在失去土地后能依靠自己的能力生存，有 3.7% 的农户表示可以依靠外界维持生存（依靠孩子、政府、金融机构、邻里乡亲），仅有 1.8% 的农户无以为继。

（2）农户承包地经营权、宅基地使用权抵押贷款认知。

农户承包地、宅基地抵押贷款认知即农户对两类抵押贷款的感知情况，包括感知内容、感知风险、感知重要性等。

①农户承包地、宅基地知晓程度。知晓程度是个体认知的前提，只有进入个体认知体系的信息才能被进一步加工形成情感、风险判别。因此，本书对农户土地承包地、宅基地的知晓程度进行测量，问卷对应问项为“你是否知道土地承包经营权抵押贷款”“你是否知道宅基地抵押贷款”，对作答进行数据分析，结果见表 8.5。

表 8.5　农户承包地宅基地抵押贷款知晓情况

		是否知道宅基地抵押贷款	
		不知道	知道
是否知道承包地抵押贷款	不知道	55.1%	13.1%
	知道	25.7%	6.1%

从表 8.5 可见，有 55.1% 的农户既不知道宅基地抵押贷款也不知道承包地抵押贷款，仅有 6.1% 的农户同时知晓两类贷款，可见整体而言，两类抵押贷款的

农户知晓程度较低。从分类来看，有80.8%的农户不知道宅基地抵押贷款，仅有19.2%的农户知道宅基地抵押贷款，有68.2%的农户不知道承包地抵押贷款，有31.8%的农户知道承包地贷款，即农户对土地承包地经营权抵押贷款的认知程度更高，这与两种抵押贷款推行改革的时间有关，承包地经营权从2014年开始正式推动，而宅基地抵押贷款从2018年才正式启动，因此认知具有时间的滞后性。

②农户承包地、宅基地抵押贷款风险感知。风险是影响农户行为决策的关键因素之一，也是农户在获取信息时的重点关注点。在安全小农理论中，学者们认为，农户行为的主要动因不是经济利益最大化，而是小农安全最大化，风险最小化。因此，农户对两种抵押贷款的风险认知也要被关注。问卷设置相对应问项"你认为宅基地和承包地抵押贷款，哪个风险更小"，数据分析如图8.7所示。

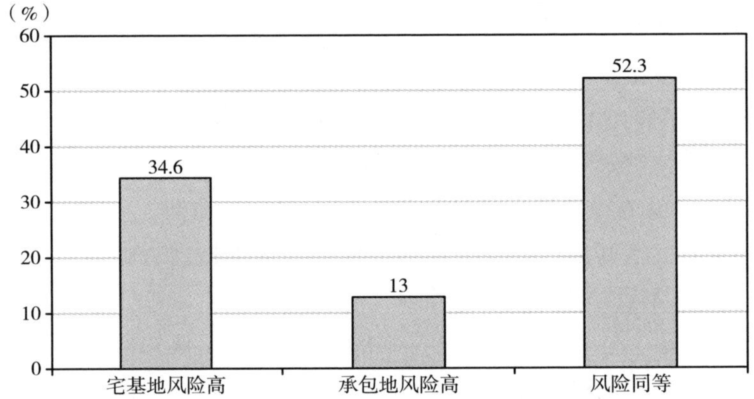

图8.7 农户两类抵押贷款风险认知

农户在对两类抵押贷款风险判别时，多以还款能力以及失去抵押标的物后，自己生存受到威胁的大小进行判别。52.3%的农户表示两类抵押贷款的风险是差不多的，调研中发现，该类农户通常对抵押贷款有着足够的信心，"能贷款就能还款，两种抵押贷款风险都一样的"。有34.6%的农户表示宅基地抵押贷款的风险更大，"宅基地抵押贷款，万一还不到款，自己住的地方都没有了。如果没有承包地，我还可以外出打工，没有住的地方，就麻烦了"。13%的农户表示承包地抵押贷款的风险更大，"承包地被收回，那么吃饭的饭碗就没有了"。总体而言，农户对宅基地抵押贷款的风险认知更高。

③农户承包地、宅基地抵押贷款重要性认知。重要性是一个综合性的判别，

它能直接反映农户对此的依赖性与需求程度。依据供需匹配原则，在供给资源一定的情况下，配给效率最高的决策是，将供给按照需方认知的重要性进行分层匹配，确保供给的最高效率。因此，本书对两种抵押贷款农户所认知的重要性进行测量，问项设置为“你认为，宅基地和承包地抵押贷款，哪个对你而言更重要”。问项数据统计整理如图 8.8 所示。

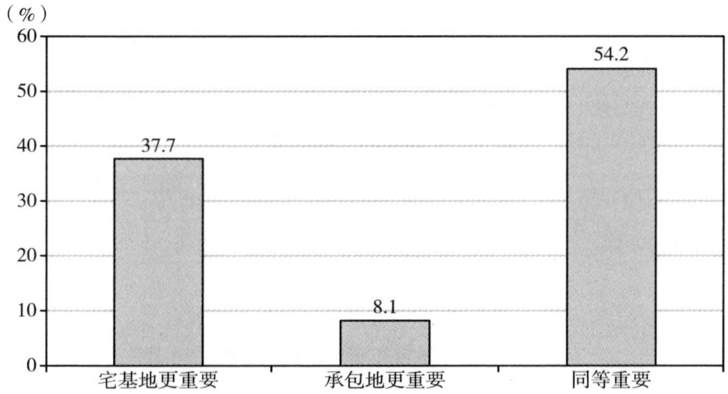

图 8.8　农户两类抵押贷款重要性认知

如图 8.8 所示，54.2% 的农户表示两类抵押贷款具有同等重要性，37.7% 的农户表示宅基地抵押贷款更重要，8.1% 的农户表示承包地抵押贷款更重要。总体而言，农户认为宅基地抵押贷款相比较承包地抵押贷款而言更加重要。该数据与农户对两类抵押贷款的风险判别具有相同的趋势，即宅基地的风险与重要性均要高于承包地抵押贷款，这也说明了农户对风险与重要性的认知具有一致性。

（3）农户宅基地使用权抵押贷款响应行为。

农户宅基地抵押贷款响应行为指农户面对国家推行宅基地抵押贷款政策时所对应产生的行为决策。具体而言，包括参与意愿和实际运用行为。

①农户宅基地抵押贷款意愿。农户宅基地抵押贷款意愿即农户得知宅基地抵押贷款后，愿意将自己所拥有的宅基地抵押贷款的程度。意愿是政策得以实施的可行性基础，只有符合农户意愿的政策才是被需求的真实的政策，否则只是一份空制度。问卷对应设置问项为“你是否愿意将宅基地向银行抵押贷款”。有 61.7% 的农户表示不愿意使用宅基地抵押贷款，38.3% 的农户表示愿意，从数据可见，农户参与宅基地抵押贷款的意愿并不高。

②农户宅基地抵押贷款行为。农户宅基地抵押贷款行为指农户是否已经向金

融机构申请抵押贷款，意愿是内在可行基础，行为则是外在的行动表示。对农户宅基地抵押贷款行为进行调查，其目的是考量农户在现阶段对此抵押贷款利用的情况。问卷设置问项为“你是否已经将宅基地向银行抵押贷款?”数据统计显示有93.8%的农户没有申请宅基地抵押贷款，6.2%的农户已经申请宅基地抵押贷款。该数据显示，宅基地抵押贷款在现阶段，农户的使用程度并不高。

③农户宅基地抵押贷款意愿与行为的交叉分析。意愿与行为是农户响应的两个维度，两者具有一定的相关性与差异性。意愿是农户假设外界供给充分，且没有门槛理想情况下的倾向程度，行为是结合外部供给约束下的实际行为。意愿是政策的可行性基础，而行为则是政策的实际使用效果。两者的相关性体现在，依据自我一致原则，农户的行为和意愿是相一致匹配的，意愿是行为的前一环节，行为是意愿的表现。因此，将意愿与行为进行交叉分析，结果如表8.6所示。

表8.6　　农户宅基地抵押贷款意愿与行为交叉情况

		宅基地抵押贷款行为	
		0－否	1－是
宅基地抵押贷款意愿	0－否	60.7%	0.1%
	1－是	32.9%	5.3%

从表8.6可见，有60.7%的农户既没有抵押贷款意愿也没有抵押贷款行为，有5.3%的农户既有贷款意愿又有贷款行为，这两类是行为与意愿具有一致性的农户。有32.9%的农户有贷款意愿，却没贷款行为，调研中，此类农户表示“我很想申请，但是估计很难得，所以没有申请”“我上次的小额信贷还没有还上，所以即使我想贷，也要等到现在的贷款还上了再贷”，可见自我约束以及银行制度规定是造成此类农户没有实施行为的主要原因。有0.1%的农户没有贷款意愿却实施了抵押贷款，调研中有农户表示“我不想贷，主要是儿子要用钱，就用我的房子贷了”“没有其他可以贷的了，就算我不愿意用房子抵押，也没有办法”。从表8.6可见，在现实中，意愿与行为并非表现完全一致性，依然有部分意愿与行为具有差异性。

8.3.4　农户承包地、宅基地抵押贷款的实践比较

制度制定到制度产生绩效之间存在3个关键的实践环节，首先，制度必须被

受益群体所感知，并纳入受益群体的认知体系，在合适的时候能从认知图谱中提取，采取实际的外在性的行动。其次，制度认知需在一定的条件下转化为制度采用意愿。制度的需求性是将受益群体制度认知转换为制度采用意愿的关键，也就是制度是否满足受益群体的某项需求，是否建立在受益群体普适性的需求基础上的制度改革。该环节是认知环节与需求功能的结合。最后，制度采用意愿需要在特定条件下转化为实际行动。客观制度的供给性与主观受益群体的风险权衡性是制度采用意愿转化为实际行动的关键。制度供给性要求制度具有可获得性，具体表现在供给的充分性与低成本性，主观个体的风险权衡性表现在受益群体对改革受益成本的权衡，在“理性人”假设下做出合理的实际外在选择。鉴于此，本小节分别从农户对两类抵押贷款的认知、参与意愿、参与行为 3 方面进行实践比较，以此直观地获取农户在两类抵押贷款的实践中具有何种关系性的信息。

（1）农户对两类抵押贷款的认知具有显著差异性。

认知是农户感知制度改革的体现，不仅是制度改革宣传效果的体现，还是农户是否利用该制度的关键因素之一，因此，从农户角度分析两类抵押贷款的认知程度。对农户承包地经营权抵押贷款知晓程度与宅基地使用权抵押知晓程度进行统计比较分析，并进行配对样本 T 检验，获取两类抵押贷款认知的差异。具体如表 8.7 所示。

表 8.7　　农户两类抵押贷款的认知比较

	知道	不知道	T 检验结果
承包地经营权抵押贷款认知	32.9%	67.1%	T = -4.883
宅基地使用权抵押贷款认知	19.8%	80.2%	P = 0.000

从认知上来看，农户对宅基地使用权抵押贷款的知晓程度显著低于承包地经营权抵押贷款的认知程度，从百分比来看，要低近 13 个百分点。对其进行配对样本比较，发现两者显著性小于 0，拒绝原假设，即两对认知样本比较具有显著的差异性。

（2）农户对两类抵押贷款的参与意愿具有高度相关性。

同样的分析方法对农户参与承包地经营权抵押贷款与宅基地使用权抵押贷款的意愿进行比较分析，同时关注两类抵押贷款中，认知转化为意愿的通畅程度。具体数据如表 8.8 所示。

表 8.8 农户两类抵押贷款的意愿比较

	愿意	不愿意	相关性
承包地经营权抵押贷款	44.2%	55.8%	相关系数 =0.18 ***
宅基地使用权抵押贷款	38.3%	61.7%	P =0.00

注：*** 表示在 10% 水平上显著，括号内为标准误差。

从表 8.8 可见，大部分农户对两类抵押贷款的参与意愿并不高，其中有 55.8% 的农户不愿意参与承包经营权抵押贷款，有 61.7% 的农户不愿意参与宅基地使用权抵押贷款，相比较而言，宅基地使用权抵押贷款的参与率要低于承包地经营权抵押贷款近 5 个百分点。对其进行相关性分析，发现两者高度显著相关，相关系数为 0.18，在置信区间内显著相关。此外，对农户从认知到意愿的转化程度做进一步分析，结果如表 8.9 所示。

表 8.9 农户两类抵押贷款认知与意愿的转换程度

		承包地经营权抵押贷款		宅基地使用权抵押贷款	
		不知道	知道	不知道	知道
参与意愿	不愿意	41.3%	15.3%	51.3%	9.8%
	愿意	30.4%	13.0%	32.4%	6.4%

从转换比来看，在承包地经营权抵押贷款中，在不知道政策的人群中，有 30.4% 的农户表示愿意参与，在知道政策的人群中有 13% 的农户表示愿意参与。在宅基地使用权抵押贷款中，在不知道的群体中有 32.4% 的农户表示愿意参与，在知道政策的群体中有 6.4% 的农户表示愿意参与。由此可见，知晓程度在一定程度上会提高农户的参与情况。

（3）农户两类抵押贷款的实际参与行为具有高度关联性。

实际参与行为是农户对政策响应的外在表现，在本书中体现为农户向金融机构申请承包地经营权抵押贷款或宅基地使用权抵押贷款的实际行为，已经申请的，不管是否获取，我们都称为农户具有实际的参与行为。对调研数据进行统计与计量分析，具体如表 8.10 所示。

表 8.10 农户两类抵押贷款的行为比较

	申请	未申请	相关性
承包地经营权抵押贷款	3.8%	96.2%	相关系数 =0.32 ***
宅基地使用权抵押贷款	6.2%	93.8%	P =0.00

注：*** 表示在 10% 水平上显著，括号内为标准误差。

从表 8.10 可见，农户参与承包地经营权抵押贷款与宅基地使用权抵押贷款的比例都非常低，其中承包地经营权抵押贷款仅有 3.8% 的农户向金融机构提起申请，宅基地使用权抵押贷款有 6.2% 的农户向金融机构提起申请，由此可见两类土地抵押贷款的利用率都非常低。两类抵押贷款比较而言，农户参与宅基地使用权抵押贷款的比例要高于承包地经营权抵押贷款 2.4 个百分点，说明在实际运用层面宅基地使用权抵押贷款的可得性与可操作性更强。对两样本进行相关性检验，发现两者相关系数为 0.32，在 0 区间内显著相关，这说明，农户对两类抵押贷款行为具有显著的相关性，承包地经营权抵押贷款与宅基地使用权抵押贷款具有相互促进相互影响的关系。对农户参与意愿与实际申请行为的转换做进一步分析，即两类贷款中有多少意愿顺畅转换为实际行动，对此的分析能进一步对外在融资环境进行评估。具体数据如表 8.11 所示。

表 8.11　农户两类抵押贷款的行为比较

		承包地经营权抵押贷款		宅基地使用权抵押贷款	
		不愿意	愿意	不愿意	愿意
申请行为	未申请	55.4%	40.8%	60.9%	32.9%
	已申请	0.8%	3.0%	0.8%	5.4%

从表 8.11 可见，两类抵押贷款从意愿到实际申请行动的转化率都不高。在承包地经营权抵押贷款中，共有 43.8% 的农户愿意参与抵押贷款，但仅有 3% 的农户采取了实际行动；在宅基地使用权抵押贷款中，有 38.3% 的农户愿意参与宅基地使用权抵押贷款，但实际上仅有 5.4% 的农户向金融机构实际申请了贷款业务。

（4）农户对两类抵押贷款响应行为的转换率比较。

对两类抵押贷款在农户之间响应行为的转化程度进行比较，可在一定程度上对两类抵押贷款的实施环境与实施效果进行反映。具体的转换过程如图 8.9 和图 8.10 所示。

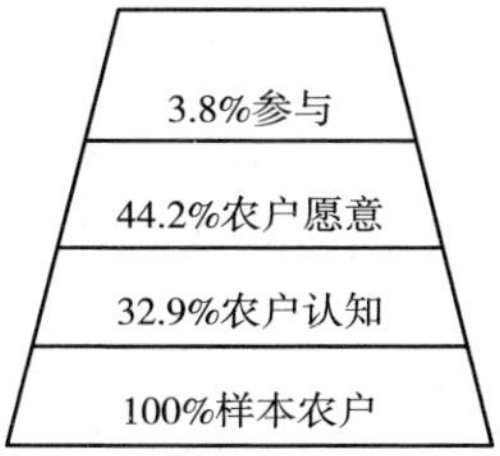

图 8.9　农户承包地经营权抵押贷款响应转换图

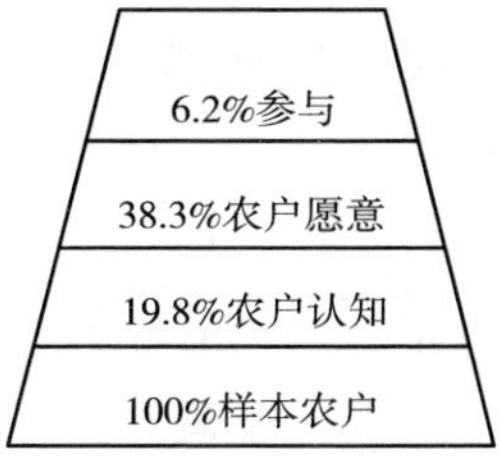

图 8.10　农户宅基地使用权抵押贷款响应转换图

图 8.9 和图 8.10 分别是农户承包地经营权抵押贷款与宅基地使用权抵押贷款从认知到意愿到行为的转换图。其中，在承包地经营权抵押贷款中，100% 样本中有 32.9% 的农户知道该项政策，具有一定的认知；有 44.2% 的农户表示愿意使用该政策，仅 3.8% 的农户表示已经实际利用该政策。在农户宅基地使用权抵押贷款的响应转换中，100% 样本中有 19.2% 的农户具有一定的认知，有 38.3% 的农户表示愿意参与这项改革，有 6.2% 的农户表示已经利用该项政策。对两类抵押贷款的响应进行对比发现以下特点：首先，农户在两类抵押贷款中响应程度均较低。从终端来看，仅有 3.8% 与 6.2% 的农户表示已经申请了承包地经营权抵押贷款和宅基地使用权抵押贷款，两项改革的实际利用率非常低。其次，从转换程度最低的阶段来看，承包地经营权抵押贷款中农户从参与意愿到实际参与行动的转换率最低。在宅基地使用权抵押贷款中，农户在认知环节拦截程度最高，仅有 19.8% 的农户知道该项政策。最后，从两类抵押贷款的转换来看，承包地经营权抵押贷款的可知性强于宅基地使用权抵押贷款，可行性弱于宅基地使用权抵押贷款，可得性也弱于宅基地使用权抵押贷款。由此可见，承包地经营权抵押贷款的政策宣传力度更强，但在实际运行操作中，宅基地使用权抵押贷款的可行性与可得性更强。

8.4 影响机理与研究假设

8.4.1 影响机理分析

本章从以下几个方面论述承包地经营权抵押贷款与宅基地使用权抵押贷款两种产品之间的关系。

（1）承包地宅基地具有产品属性的负向替代关系。

微观经济学中替代品是指功能相近或者相同的 A、B 两商品，A 产品消费量以及价格的变动能影响 B 产品的消费量。在收入一定的情况下，对 A 产品的消费会减少对 B 产品的消费，当 A 产品价格上升时，B 产品的消费量会增加。承包地与宅基地均是将农户所拥有的、集体所赋予的土地经营权、使用权向金融机构进行抵押贷款的商品，具有相同的功能性。因此，从产品属性来说，两者属于替代关系，理论上两者会呈现相反的负向替代关系。

（2）贷方市场短缺导致两者的正向关系。

替代产品消费的负向关系是在理想完全竞争市场下的结果，即市场上有充足的供给方与需求方，消费者可以在供给充分的两种替代产品中进行理性选择。但现实中，我国土地产权抵押贷款却处于供给市场短缺的情况，且土地承包经营权与宅基地使用权抵押贷款两种产品的市场均属于有限市场。在此现实条件下，替代产品的负向关系并不成立，我们认为更多的是需大于求市场下的，替代产品的正向需求关系。

现阶段，随着我国现代农业的发展，大量农户需要进行农业投资，而“融资难”也就成为农户发展现代农业的困境。在此困境下，我国尝试探索土地承包经营权、宅基地使用权的抵押贷款创新，以此缓解农户的“融资难”困境。从这个意义上来说，农户面临的借贷市场是一个短缺的借贷市场，并不是农户依据价格决定消费、有多项选择的市场，现实中农户能“获其一”就已经很不错了。另外，即便两种抵押贷款农户都能获取，两种产权抵押贷款所能提供的资金有限，如承包地经营权抵押贷款最多能给一家农户提供 2 万元的贷款，宅基地使用权抵押贷款平均给农户提供 5 万元不到的贷款，共 7 万元的土地产权贷款依然无法完全满足农户投资需求。在此需大于求的市场上，我们认为，两种产品的替代关系会削弱，而两者更多体现的是同一产品的特征，因此具有一个产品的消费会刺激另一个产品消费的特征，即两者正相关。

（3）农户信息不完全导致两者正向关系。

替代产品市场是信息完全市场，即供方与需方对产品的信息是对称完全的。但现实中，土地产权抵押贷款市场是信息不完全市场，在不完全信息市场上，两类产品更倾向于同类产品而非替代产品，因此会呈现更多正向关系。

承包地经营权抵押贷款与宅基地使用权抵押贷款均有着信息不完全的特征，即需求方农户与供给方金融机构的信息不完全。在“你是否知道承包地经营权抵押贷款与宅基地使用权抵押贷款”问项中，有 67.2% 的农户不知道承包地经营权抵押贷款，有 80.2% 的农户不知道宅基地使用权抵押贷款，可见存在着巨大的信息不对称。在此信息不对称的情况下，两类替代产品更多地倾向于同类产品，则两者会出现正向关系。

（4）土地产权市场价格不完全削弱两者替代关系。

两种替代产品的一个关键因素是替代产品价格会对需求量产生影响，即 A 产品价格的变动不但会影响 A 产品的需求量也会影响 B 产品的需求量。现实中，土地产权抵押贷款的产品价格是不完全的，产品价格的不完全使得两种产品不具有完全替代性，也就不存在理论上的负向关系。

由于土地产权抵押贷款是国家从上至下推行的一个产权改革，因此大多数地区的两种抵押贷款是地方政府推动或者介入的，在产品价格上，地方政府会有着一定的“指导价”，且该价格要在一段时期内保持不变，以此完成非市场阶段的“试点探索”任务。例如，承包地经营权抵押贷款其利率就在基准利率的20%上下波动，宅基地使用权抵押贷款的价格也在基准利率的20%上下波动。当两种产品的价格稳定而接近时，两种产品的替代性也就被削弱，更倾向于同类产品，即在供给不足的情况下，两者会出现正向关系。

因此，从前面的影响机理来看，即便两者是替代产品，从理论意义上来看是负向关系，但是由于土地贷款市场不完全，尤其是在供方市场不足、需方信息不足、价格不完全弹性的情况下，我们认为两者之间更多会呈现出与理论相反的正向关系。

8.4.2 研究假设

以上机制分析认为宅基地使用权与承包地经营权抵押贷款两个金融产品具有正向相关关系，因此假设农户在产品认知与利用上也具有相关性，建立如下的假设：

（1）农户宅基地认知对承包地经营权抵押贷款利用产生影响。

个体对A产品的认知会影响个体对A产品的利用情况，那么对与A产品具有相关性的B产品的认知，是否会对A产品的利用产生影响呢？基于以上的思考，本章拟检验农户宅基地抵押贷款认知对农户参与承包地经营权抵押贷款行为的影响。

从理论上来看，若A、B两个产品的关联性不大，则对B产品的认知不会影响A产品的利用。若A、B产品具有强互补性时，对B产品的认知会显著影响A产品的使用。例如，当萨克斯和哨片是互补产品时，我们对哨片的认知会正向影响萨克斯的利用情况。若A、B产品具有较强的替代性时，当信息市场完全时，人们会对A、B产品进行权衡比较，进而选择最优方案。例如，猪肉与牛肉是替代产品时，我们对牛肉的认知，如价格、营养、口感等的认知程度越高，越能影响人们对猪肉的选择。土地承包经营权和宅基地使用权是农户所拥有的土地资产，两类资产的抵押贷款在一定程度上具有相关性，且更多的是具有正相关性，因此提出本章的假设1：农户宅基地使用权抵押贷款认知会影响农户承包地经营权抵押贷款的利用。

（2）农户宅基地利用会对承包地经营权抵押贷款利用产生影响。

上述分析表明，即使两种产品本身而言是替代品，但由于贷方市场短缺、农户获取的信息不完全、土地市场不完全等现实约束，两种抵押贷款之间更多呈现正向相关性，农户相应对产品的利用也就具有正向相关性。因此提出本章的假设

2：农户宅基地使用权抵押贷款行为会影响农户承包地经营权抵押贷款行为。

8.5　模型建立与变量处理

8.5.1　变量处理

本章主要考量农户宅基地使用权抵押贷款的响应是否对农户承包地经营权抵押贷款的响应产生影响，因此，实证变量主要有以下几个：

（1）农户承包地经营权抵押贷款意愿。

该变量是本章的因变量，指农户承包地经营权抵押贷款的意愿程度，用两维度表示，即“0—不愿意，1—愿意”。在数据获取中，如果农户知道承包地经营权抵押贷款，则直接对该问项数据进行采集，若农户不知道承包地经营权抵押贷款，调研员告之农户承包地经营权抵押贷款政策，给予农户一定的时间对政策进行理解与思考，此后再询问农户参与承包地经营权抵押贷款的意愿。

（2）农户宅基地使用权抵押贷款认知指标。

本章同时考量农户宅基地使用权抵押贷款的认知对承包地经营权抵押贷款意愿的影响，其中知晓程度是宅基地使用权抵押贷款认知的一个关键维度。从前面分析中得知，在不完全市场上，宅基地与承包地的抵押贷款更加倾向于同类产品而非替代产品，因此我们认为宅基地使用权抵押贷款的知晓程度会对承包地经营权抵押贷款的意愿产生影响，且是正向影响。即对宅基地使用权抵押贷款知晓程度增加，也就是对抵押贷款的关注度增加，那么对抵押贷款的其他产品的需求度就增加。因此，本章认为农户宅基地使用权抵押贷款的知晓程度越高，则农户承包地经营权抵押贷款的意愿就越高。本章用“你是否知道宅基地抵押贷款”“0—不知道，1—知道”两维度指标衡量。

农户两类抵押贷款风险性认知：风险判别依然是农户产权抵押贷款的认知维度，“理性行为人”的行为决策往往是在受益一定的情况下避免高风险事件。因此，从风险与行为角度，抵押贷款的风险会影响农户的行为。而风险是一个相对比较的值，本章选择两权抵押贷款的风险比较，在农户认知承包地经营权抵押贷款风险高于宅基地使用权抵押贷款时，农户的宅基地使用权抵押贷款意愿会更强，反之则相反。该问项作答是“1—宅基地使用权抵押贷款风险更大，2—承包地经营权抵押贷款风险更大，3—同等风险”三维度量化。由于我们考量的是农户承包地经营权抵押贷款，因此将指标进行处理，将“宅基地使用权抵押贷款风险更大”与“同等风险”合并为一项，最终指标转换为：“1—承包地经营权抵押贷款风险更大，0—其他”。

农户两类抵押贷款重要性认知：该指标是一个相对指标，是宅基地与承包地重要性比较指标。依据越重要效用越大的原则，我们假设农户认为承包地经营权抵押贷款越重要，则使用承包地经营权抵押贷款的倾向就越强烈。该问项作答是“1—宅基地使用权抵押贷款更重要，2—承包地经营权抵押贷款更重要，3—同等重要”三维度量化。类同于风险性判别，将指标转换为“1—承包地经营权抵押贷款更重要，0—其他”进入模型。

（3）农户宅基地使用权抵押贷款响应指标。

农户宅基地使用权抵押贷款意愿：指农户利用宅基地使用权向银行贷款的意愿，同样用两维度表示“0—不愿意，1—愿意”。数据采集与承包地经营权抵押贷款意愿的采集方法一致。

农户宅基地使用权抵押贷款行为：指农户利用宅基地使用权向金融机构申请贷款的实际行为，用“0—否，1—是”两维度测量。

（4）控制变量。

借鉴已有相关文献，结合实际调研，选取以下影响农户承包地经营权抵押贷款意愿的控制变量。

是否是当地人：是否是当地人直接影响农户承包地经营权与宅基地使用权的归属问题。如果是当地人，承包地的经营权和宅基地的使用权就是集体赋予的第一所有人；如果是外来人，那么现在所拥有的承包地经营权和宅基地使用权均是由当地人流转而来的，属于第二所有人。我们认为，权属的不同来源在理论上会影响农户的行为选择。因此，本章将是否是当地人纳入控制变量，变量设计为“0—不是当地人，1—是当地人”。依据禀赋效应强化原则，越是自己的权利，则越看重且具有风险规避性，我们认为，当地人的抵押贷款意愿会弱于外来人的抵押贷款意愿。

年龄：本章将年龄作为控制变量纳入模型，年龄用实际的岁数表示。年龄在一定程度上与农户的阅历、自我效能感知、外界风险评判、新事物接收程度等事项相关，而这些均影响农户的行为决策。我们认为，年龄越大则抗风险能力越低，对新事物的接受程度就越低，其土地承包经营权抵押贷款的意愿也就越低。

是否外出打工：对应问项是“你是否外出打工过”“0—否，1—是”。外出打工不仅是农户人力资本的表现，还是农户获取家庭收入的另一来源，在某种程度上外出打工是在家农业生产的替代。依据替代关系原则，我们认为，外出打工正向影响农户承包地经营权抵押贷款，越外出打工，收入渠道越多，对土地的依赖性越小，则抵押意愿也就越高。

地区指标：区域之间由于有经济发展的差异，在金融供给、农户融资来源等方面会存在一定的差异，进而影响农户承包地经营权抵押贷款意愿，因此本章认为需将区位指标纳入控制变量。按照样本区位归属，将区域指标设为“1—西部，2—中部，3—东部”。

8.5.2 模型建立

本章的研究重点是农户宅基地使用权抵押贷款认知与响应对农户承包地经营权抵押贷款参与意愿的影响，农户参与承包地经营权抵押贷款行为用“愿意 = 1”“不愿意 = 0”表示，参考已有研究成果，本章采用二元 Logit 模型进行实证分析。设定农户选择参与抵押贷款 $y_i = 1$ 的概率如下：

$$P = (y_i = 1) = P(y_i > 0) = P(u^* > -x_i B) \tag{8.1}$$

将 u^* 进行概率分布推导，得到具体的函数表达式：

$$P = F(\alpha + \sum \beta_i x_i) = \frac{1}{1 + \exp[-(\alpha + \sum \beta_i x_i)]} \tag{8.2}$$

根据式（8.2），得到：

$$\ln \frac{P_i}{1 - P_i} = \alpha + \sum \beta_i x_i \tag{8.3}$$

其中，P 表示农民参与抵押贷款的概率，x_i 表示影响第 i 个农户是否参与承包地经营权抵押贷款的影响因素，α 表示模型的回归截距，β_i 表示第 i 个因素的回归系数。结合本章的研究内容以及模型设定，将函数进行整理，得到以下的回归模型方程：

$$P(y_i) = \alpha + \beta_1 x_{i1} + \beta_2 x_{i2} + \beta_i x_{i3} + \zeta i \tag{8.4}$$

其中，x_{i1} 为第 i 个农户宅基地使用权抵押贷款认知变量，x_{i2} 为第 i 个农户宅基地经营权抵押贷款响应变量，x_{i3} 为控制变量。

8.5.3 变量统计

从全样本来看，有 24% 的农户愿意参与承包地经营权抵押贷款，调研农户平均年龄 48.9 岁，有 95% 的农户是当地人，有 5% 的农户是外来人。其他变量统计如表 8.12 所示。

表 8.12 变量统计表

	含义	指标意义	均值	标准差
Y	承包地经营权抵押贷款参与意愿	不愿意 =0，愿意 =1	0.24	0.45
x_{11}	宅基地使用权抵押贷款知晓程度	不知道 =0，知道 =1	0.19	0.38
x_{12}	承包地经营权、宅基地使用权抵押贷款重要性判别	承包地经营权更重要 =1；其他 =0	0.35	0.47
x_{13}	承包地经营权、宅基地使用权抵押贷款风险性判别	承包地经营权风险大 =1；其他 =0	0.34	0.47
x_{21}	宅基地使用权抵押贷款参与意愿	不愿意 =0，愿意 =1	0.19	0.39
x_{22}	宅基地使用权抵押贷款参与行为	没申请 =0，已申请 =1	0.05	0.22
x_3	是否是当地人	不是当地人 =0 是当地人 =1	0.95	0.19
	年龄		48.9	12.3
	是否外出打工	否 =0，是 =1	0.66	0.47
	东部	否 =0，是 =1	0.32	0.47
	中部	否 =0，是 =1	0.18	0.24
	西部	否 =0，是 =1	0.50	1.77

8.6 计量结果与分析

利用 Stata 13 软件对样本数据进行逐步回归分析，结果如表 8.13 所示。

表 8.13 回归结果分析

维度	变量	模型 1		模型 2		模型 3	
		系数	标准差	系数	标准差	系数	标准差
宅基地使用权抵押贷款认知变量（x_{i1}）	知晓程度	1.321***	0.291	1.247**	0.776	3.401**	1.347
	承包地经营权、宅基地使用权抵押贷款重要性判别	−0.663**	0.362	−1.682**	0.818	−0.573*	1.267
	承包地经营权、宅基地使用权抵押贷款风险性判别	−0.429	0.374	−1.782	0.868	−1.776	1.468

续表

维度	变量	模型 1		模型 2		模型 3	
		系数	标准差	系数	标准差	系数	标准差
宅基地使用权抵押贷款响应变量（x_{i2}）	参与意愿	—	—	6.78***	0.786	9.996**	1.929
	参与行为	—	—	0.371	1.587	0.011	5.655
控制变量（x_{i3}）	是否是当地人	—	—	—	—	0.032	0.425
	年龄	—	—	—	—	-0.09**	0.044
	是否外出打工	—	—	—	—	1.253	1.146
	东部	—	—	—	—	-2.472	8.918
	中部	—	—			0.321	2.601
	西部	—	—	—	—	—	—
$LR\chi^2$		24.63		237.71		221.38	
$Prob > X^2$		0.000		0.000		0.000	
Pseudo R^2		0.1667		0.757		0.8669	
Log likelihood		-172.345		-38.029		-16.991	
样本数		606		606		606	

注：*、**、*** 分别表示在 1%、5%、10% 水平上显著。

回归结果显示，三个模型 χ^2 对应的显著性为 0，Pseudo R^2 分别为 0.1667、0.7570、0.8669，表明该模型拟合度较好，所选变量能较好地解释农户承包地经营权抵押贷款参与意愿。对模型结果做以下进一步分析：

第一，宅基地使用权抵押贷款认知情况对承包地经营权抵押贷款意愿影响。农户宅基地使用权抵押贷款认知程度显著影响农户承包地经营权抵押贷款意愿，三个模型分别在 1%、5%、5% 置信区间内显著正向影响农户承包地经营权抵押贷款参与意愿，即农户对宅基地使用权抵押贷款政策与实施认知程度越高，则越倾向于采用承包地经营权抵押贷款。该结论表明，承包地与宅基地替代信息的程度会影响其参与意愿。宅基地使用权、承包地经营权抵押贷款的重要性与风险性判别部分显著影响农户承包地经营权抵押贷款的参与意愿，从方向上来看，重要性与风险性均负向影响参与意愿，即农户认为宅基地使用权抵押贷款越比承包地经营权抵押贷款重要，风险更小，则农户越容易采用承包地经营权抵押贷款。从显著性来看，农户对两地抵押贷款重要性的判别显著影响农户响应行为，而风险性判别不显著影响。该结论一方面说明，宅基地使用权抵押贷款与承包地经营权抵押贷款的信息是具有互补性的，即宅基地使用权抵押贷款的信息程度能有效促进承包地经营权抵押贷款的参与意愿。另一方面说明，农户在宅基地使用权、承包地经营权抵押贷款的权衡中是具有完全理性的，通过两者之间重要性来决策。农户往往会选择重要性较弱的标的物进行抵押贷款，以此减少抵押贷款带来的风险。总之，假设1认知程度与重要性判别得到检验，而风险性未通过检验。

第二，宅基地使用权抵押贷款响应情况对承包地经营权抵押贷款意愿影响。从回归结果来看，农户宅基地使用权抵押贷款参与意愿显著正向影响农户承包地经营权抵押贷款参与意愿，而宅基地使用权抵押贷款的实际行为对承包地经营权抵押贷款意愿并不显著。首先，宅基地使用权抵押贷款意愿分别在1%与5%区间内显著影响农户的承包地经营权抵押贷款，即农户采用宅基地使用权抵押贷款的意愿越强烈，则也越具有采用承包地经营权抵押贷款的意愿。从该结论来看，农户两地的抵押贷款参与意愿之间不是替代关系，而更多呈现的是互补的关系。数据显示，有76.92%的农户表示既不愿意用承包地经营权抵押贷款也不愿意用宅基地使用权抵押贷款，有17.85%的农户表示两者都愿意，两类抵押贷款农户拥有相同意愿的比重高达94.77%，仅有5%不到的农户在两类抵押贷款中有着差异性的选择。调研中农户也有着一致性的表达，其中一致性愿意的陈述有“很难贷到款，所以无论是哪种抵押，只要能贷到，我们都愿意用”“两类抵押贷款都是国家政府给农民的福利，因此，两类我都愿意采用”，农户也表达了一致不参与性的观点“无论是承包地还是宅基地，贷到的款都很少，就几千块钱，还麻烦，还不如信用贷款来得方便”“承包地和宅基地都是农民的命根，不到万不得已我不会用它们贷款的，一般和亲戚朋友借几千块钱是没问题的”“我打工一个月的工资就比贷到的款多，还跑那么多趟银行干什么”等。其次，农户对宅基地使用权抵押贷款的参与行为不显著影响承包地经营权抵押贷款的意愿，该结论与假设不吻合，可能与实际参与宅基地使用权抵押贷款的农户数少有关，数据统计发现，仅有5%不到的农户向金融机构申请了宅基地使用权抵押贷款。在13%有愿意采用宅基地使用权抵押贷款的农户中，仅有1%的农户实际申请该类抵押贷款，农户表示“现在银行还没有理顺，现在申请要跑很多趟，划不来”“我们地区虽然有这个政策，但是具体实施的银行太少”“银行的附加条件太多，有意愿但是达不到实际的申请条件”，交易成本大、供给有限、实施门槛高是造成农户意愿转换为行为受限的关键。因此，理论上意愿与行为顺畅转换的假设条件不成立，这可能也就导致宅基地使用权抵押贷款行为与承包地经营权抵押贷款意愿不显著相关的主要原因。因此，假设2在意愿上得到检验，而行为上未通过检验，则假设2部分通过。

第三，控制变量对承包地经营权抵押贷款意愿影响。回归结果显示，年龄显著影响农户承包地经营权抵押贷款意愿，而其他变量不显著。年龄从方向上来看，年龄越大的农民参与承包地经营权抵押贷款的意愿越弱，与预判方向吻合。是否是当地人不显著影响参与意愿，可能与样本选择有关，样本中有 95% 的农户是当地人，数据离差太小。外出打工不显著影响参与意愿，该结论与已有文献不一致的原因可能是，现阶段随着农村现代化的推进，城镇化的深入，农村经济已发生剧烈的变革，尤其是农村产业革命的兴起，即便农户不外出打工，依然可以在居住地自己发展或者以雇工的形式参与第二、第三产业活动，获取与外出打工同样的收入。最后，区域不显著影响参与意愿，该结论可表明，随着承包地经营权抵押贷款政策的普及，各试点地效果的显现以及推广，全国各地的政策与实施已进入稳定成熟阶段，区域差异性逐渐消失。

8.7　本章小结

本章研究农户承包地经营权抵押贷款与宅基地使用权抵押贷款的关系，分别从两类抵押贷款的政策相关性与政策实施相关性两方面来论述。主要回答：两类抵押贷款在政策制定上是否具有关联性，在实际实施中是具有互补、替代还是没有关系？本章的数据来源于两个途径：一个是收集国内相关的政策信息，另一个是 2018 年课题组对全国进行调研获取的 606 份问卷数据。研究结论如下：（1）从政策制定上来看，两类抵押贷款具有高度相关性。两类抵押贷款具有一致性的改革目标，均采用试点推行的方式进行改革，推行时间具有同步性，但承包地经营权抵押的改革阶段快于宅基地使用权抵押改革，已经从试点阶段推进到全面实施阶段，而宅基地使用权依然在试点阶段。（2）从两类抵押贷款农户的响应程度来看，两类抵押贷款具有不同的关系。在认知上，两类抵押贷款不具有相关性，在参与意愿与实际申请行为两环节，两类抵押贷款在实施中具有显著的高度相关性。从响应转换比来看，承包地经营权抵押贷款的可知性强于宅基地使用权抵押贷款，而可行性与可得性弱于宅基地使用权抵押贷款。（3）从农户对两类抵押贷款的交互响应来看，农户宅基地使用权抵押贷款的认知与意愿对农户承包地经营权抵押贷款的参与意愿具有显著正向影响，进一步证明，两类抵押贷款更多地具有互补性的关系。

第9章 结论与启示

本书在经典理论与文献回顾的基础上，基于试点地区一手数据，研究农户土地经营权抵押贷款认知及对其参与意愿与申请行为的影响，得出主要研究结论与启示。

9.1 主要结论

第一，农户土地经营权抵押贷款认知是一个复杂的过程。本书融合认知水平与认知质量，按照认知过程构建了农户新素材、旧素材、新旧素材联结的认知体系。从现状来看，农户新素材认知程度较低，偏差较大；旧素材认知中农户产权归属认知多元化，具有一定的正规金融借贷经验且借贷体验较好；在新旧素材联结认知中，农户的知晓程度低，存在较大的可行性偏差，但对未来制度的发展与效果预期较乐观，处于认知协调的农户并不多。认知特征的实证分析显示，农户普遍认知滞后于政策的变迁，地方政策制定并实施多年，但农户的认知依然未实现对等匹配；新素材、旧素材、新旧素材联结之间存在认知的强关联性；农户原有认知体系会对现有认知产生影响，尤其是原有认知偏差会延续到新认知偏差；农户认知具有模式差异。

第二，理论与实证结果显示，农户认知对其参与意愿与申请行为有着重要的影响。从制度经济学来看，制度通过认知形成农户的行为预期，进而影响农户的行为倾向与实际行为。从社会心理学来看，认知是行为的解释，在不同的认知水平、认知质量下，农户会产生对应的行为倾向与行为，以此避免“不安”带来的心理压力。此外，本书基于大量试点地区数据，实证农户土地经营权抵押贷款认知对其参与意愿与申请行为的影响，结论表明：①农户认知显著影响其参与意愿。认知水平中是否借贷、借贷次数、获贷情况、知晓程度、预期效果稳健影响农户的参与意愿，即以往具有较好的借贷经验与体验、土地经营权抵押贷款知晓程度高、预期政策效果好的农户其参与意愿程度也高。认知质量中的所有权认知偏差、可行性认知偏差、认知协调显著影响农户的参与意愿。②农户认知直接影响其申请行为。农户旧素材认知中的借贷经验、新旧素材联结认知中的认知协调直接对农户申请行为产生影响。③认知作用于意愿中介影响农户申请行为。对申请行为产生直接影响的要素同时也部分中介农户的申请行为，“知晓程度”完全中介申请行为。④农户产权旧识对农户申请行为不产生影响，即农户的产权归属认知不会显著影响农户土地产权改革制度的利用。

第三，其他要素对农户参与意愿与申请行为的影响。农户的决策行为会受到多方要素的影响，认知仅是其中需要被重视的要素之一，本书还检验了其他变量对农户参与意愿、申请行为的影响。在农户参与意愿影响因素研究中，土地经营权抵押贷款的实际利率作为贷款成本负向影响农户的参与意愿，区域禀赋（地区经济社会发展情况、农户离中心距离）影响农户的参与意愿，而模式对农户的参与意愿也产生重要影响。在申请行为影响中，主观规范与感知行为控制影响农户的申请行为，外界压力越小，家人支持程度越高，自我对借贷、获贷、还贷控制能力越强，农户实际申请行为概率就越高。此外，研究结论还进一步表明，农户的抵押贷款行为决策更多受到个人要素（认知、感知行为控制）的影响而非外围他人（主观规范）的影响。

第四，提高农户认知可从个人力、地域力、文化力和模式力 4 个方面着手。研究结论表明，农户土地经营权抵押贷款认知受到长期文化力、个人力，短期地域力和模式力的影响。在长期影响要素中，文化力包括农户的借贷文化与农业文化，即农户如何看待借贷作用，如何看待农业职业。个人力则与年龄、受教育程度和是否外出打工等人力资本有关。短期而言，地域力和模式力能显著影响农户认知，地域力包括农户家到综合中心的距离、村庄环境、家庭环境与农户社会资本，模式力是试点地区具体实施土地经营权抵押贷款的方式。长期影响要素，不是地方政府立竿见影能调节的，而是需要一代人甚至是几代人的积累完成的。

第五，研究结论更倾向于“自发秩序”观点。将试点地区土地经营权抵押贷款模式分为供给推动型和需求推动型两类，供给模式下的认知更倾向于哈耶克的“构建理性主义认知”，需求模式下的认知类似于“进化论的理性主义认知”。实证表明，农户“进化认知”的水平和质量均高于“构建认知”，“进化认知”对农户参与意愿与申请行为的影响也要强于“构建认知”。该结论在某种程度上认同了哈耶克“自发秩序”的观点，也支持了诺思（1990）、丰雷等（2013）关于中国农村土地制度演变多采取渐进变迁模式的观点。

第六，宅基地使用权抵押贷款与土地经营权抵押贷款具有强互补性。宅基地使用权抵押贷款是国家同期推行的土地金融改革，从政策的制定来看，两者的互补性体现在目标一致性与改革路径一致性；从政策的实施过程来看，农户在两者的意愿响应与实际申请响应两个方面具有显著的互补相关性，在认知上两者差异性较大。从认知、意愿、申请行为三者响应的转换来看，相比较宅基地使用权抵押贷款而言，土地经营权抵押贷款的可行性与可得性要弱于宅基地使用权抵押贷款，换言之，土地抵押贷款的外部供给系统充分性与可操作性较弱；从两类抵押贷款的响应影响来看，农户对宅基地的认知、参与意愿对农户土地抵押贷款的参与意愿产生显著的正向关系，及相应的互补性得到进一步论证。

9.2 研究启示

第一，重视土地经营权抵押贷款中农户的认知。不考虑、不契合农户认知而进行的改革是不完全的。土地经营权抵押贷款作为一项制度改革，农户对应的行为是理性的，这种观点已在第6章得到了检验。因此，地方政府在这项金融改革中，相比较强制提高供给，或给予金融机构抵押贷款补贴以刺激供给的行为而言，重视农户认知，允许竞争的借贷市场，通过改善需求环境提高制度效率，会使制度更有效而持久。重视农户认知，一方面地方政府要意识到农户是“理性人”，具有最优化决策能力，对借贷市场是敏感而有效的。另一方面，地方政府提供信息平台，营造农户良好的认知环境，减少农户与金融机构、与地方政府之间的信息不对称。只有建立在足够认知下的农户行为才具有预期性，产生一致性的行为效果，达到制度改革的目的。要减少地方政府尤其是村干部认为“村民不会感兴趣”“村民不需要”所以“不进行宣传”的行为逻辑。赋予农户充足的认知权，无论是改革历史还是本书的结论主张都表明，只有建立在农户充足认知基础上的，理性的农户行为才是最有生命力和持久的制度。

第二，提高农户土地经营权抵押贷款认知。基于本书影响农户认知因素的实证结论，建议从以下几个途径提高农户土地经营权抵押贷款认知。首先，教育显著影响农户旧素材、新素材以及新旧素材联结认知，且受教育程度越高，农户的认知越协调，越无偏差。因此，建议后期在推广宣传时，从受教育程度较高的农户群体出发，通过农户间的沟通交流以及模仿，再全面普及。其次，地域力中距离显著影响农户认知，可加大农村金融机构的覆盖面，缩小农户家庭与金融机构的距离；村庄环境中优质新型经营主体对农户认知的影响值得关注，优质新型经营主体如龙头企业、合作社不仅能提高农户的非农收入，也在新政策利用上给农户树立示范作用，提高了农户新信息的汲取与新政策的正确理解。因此，建议地方政府大力培育优质新型经营主体，通过土地入股、农业企业用工、合作社入社等方法，增加农户与新型经营主体的联结，以借助优质新型经营主体的优势，提高农户认知。家庭环境中家庭类型对农户的认知有部分影响，可推断，随着农村发展，农户家庭非农经济比重逐渐增加，农村的金融市场会更加活跃，而土地经营权抵押贷款的政策实施也更具有必要性和紧迫性。村干部作为上级政府"代理人"和村民"当家人"的双面角色（费孝通，1989；徐勇，1997），需要重视其在信息传递中的作用，鼓励村干部进行土地经营权抵押贷款制度宣传。借贷需求对农户的认知影响的启示是：在宣传资源有限的情况下，重点加强对有借贷需求农户群体的宣传。可在金融机构发放宣传资料，通过金融机构进行土地经营权抵押贷款介绍，提高有借贷需求农户的有效信息获取与认知。社会资本对农户认知有显著影响，因此提高农户普适性信任，通过搭建农户交流平台，如建立村级阅读室、村级活动中心等，营造农户间良好的交流环境，以此提高农户的认知。然后，树立良好的文化氛围，从本质上提高农户对土地经营权抵押贷款的认知。"农民苦，农业穷，农村无发展"的农业观，"只有入不敷出的时候才借钱"的借贷文化观，是几辈人累积下来的农业、借贷认知，不是一蹴而就能改变的。只有在本质上消除农村二元结构，提高农业地位，增加农业收入才能改变农户的"农业悲观"论。农户"缺钱才借钱"的借贷文化会降低农户的土地投资，降低农户土地金融改革的利用。可建议通过村级优质新型农业经营主体的示范与带动作用，提高农户的投资认知。此外，农户的农业、借贷文化与农民社会保障密切相关，提高农户的社保覆盖面，解决农户的后顾之忧，直接刺激农户的"农业职业观"与"农业投资观"。最后，试点地区土地经营权抵押贷款模式显著影响农户认知。本书认为，在土地经营权抵押贷款初始阶段，为探索经验与控制风险，供给模式试点地区以新型经营主体为受益对象是必要的，但随着模式的成熟与市场的完善，应将受益群体扩大到"最难获得正规金融贷款"的农户上。因此，在后期需要注重供给模式下农户土地经营权抵押贷款的设计、宣传。

第三，充分发挥利率、文化等影响要素的作用。结论表明，农户不仅关注正规贷款的可得性，还具有利率的强敏感性。因此，逐渐取消地方政府对土地经营权抵押贷款利率的指导，赋予金融机构完全自主的定价权。金融机构应遵循利率是抵押担保减函数的金融原则，制定符合市场规律的抵押贷款利率。金融机构自主的利率定价是贷款成本、风险的综合反映，同时也是当地在现阶段是否适合实施土地经营权抵押贷款的信号。如果金融机构核定的利率较高，农户难以承受，说明当地的土地经营权抵押贷款风险、成本太大，该区域的抵押贷款交易成本太高，配套设施并未完善。简言之，该阶段并不适合发展土地经营权抵押贷款。此外，农户认知、行为是嵌入文化背景下的反应，地方政府、金融机构应尊重地方文化，顺应文化，制定和实施土地制度改革。例如，宁夏同心县利用该区域农户间的强信任优势，形成“关系联保＋土地经营权抵押贷款”的模式，通过熟人间“口口相传”的信息传递方式，完成了制度的认知阶段，最终通过农户的行为实现了稳定而有效的制度效率，达到了增加农民福利的制度目的。因此，地方政府在实施土地经营权抵押贷款时，应首先明晰，该区域是否有土地经营权抵押贷款的必要？该区域具有什么样的文化，该文化与土地经营权抵押贷款的什么特征可联结？金融机构自主制定的市场利率是否具有可操作性？

第四，正确处理政府与市场的关系。一项制度从创新到被替代，有其必然的生命周期。就像一个国家，可以通过“扶持有前途的幼稚的产业”来实现经济发展，一项制度也可经历“扶持”到“市场”的过程。土地经营权抵押贷款在最初市场条件并不成熟、法律环境也未调整的背景下实施，地方政府的扶持是必不可少的。一旦外围制度、市场环境成熟，制度更需要市场来检验，竞争力与适应性才是制度的关键。土地经营权抵押贷款的竞争力来自金融机构与农户的交易，如何提高农村市场上金融机构的竞争力，如何减少金融机构和农户之间的信息不对称，如何增加农户的经营能力，信用能力才是发展的关键。

第五，尊重地方试点改革智慧，尊重个体认知行为规律。在全国土地经营权抵押贷款试点中，各地方结合当地经济社会发展、资源禀赋探索出多种贷款模式与实施经验。经过实践的检验后，能持续运行的，必然是符合当地生产力和生产关系的，值得积极推广和鼓励的。例如，宁夏同心县“合作社需求推动模式”利用“关系联保＋土地经营权抵押贷款”、嘉兴南湖区“地方金融机构供给推动模式”利用“市场链接＋土地经营权抵押贷款”等，这些凝聚地方智慧的改革经验，需要及时提炼以供其他地区参考。本书的研究结论表明，需求推动模式下农户的“进化认知”水平高于供给推动模式下的“构建认知”，且“进化认知”对制度效率的作用效果更强。该结论并非表示土地经营权抵押贷款要“一刀切”地发展需求推动模式，发展自发秩序。其现实意义在于，土地经营权抵押贷款制度改革，依然需要延续中国其他土地制度改革的“渐进式”“诱致性变迁”的路径，当“自发性”的变迁需求得到国家正式规则的支持后，再形成方向一致的

“强制性”的制度变迁。在自发制度变迁中，重视农户的认知与行为逻辑。中国土地对于农户而言是具有“人格化的禀赋效应”的财产，农户对此的认知和行为逻辑就不单单是经济理性下的逻辑，还深受社会保障、历史文化的影响，而自发性的制度改革就是基于农户认知、行为逻辑上的制度演变。因此，在这场土地经营权抵押贷款制度改革中，政府与市场的边界、自发与构建秩序都值得深入思考。依据本书的研究结论，本书认为，以自发为主，自发为先，地方政府的强制需要限制在一定范围内，且以规范市场、提供信息平台、减少交易成本为主。只有尊重个体认知、行为规律，只有结合地方智慧的改革才是真正利于民、长久有效的改革。

第六，加强宅基地使用权抵押贷款，激发土地经营权抵押贷款的联动效应。结论表明，宅基地使用权抵押贷款与土地经营权抵押贷款具有互补性，具体体现在政策互补性与政策实施过程中的互补性上，因此，加强推进宅基地使用权抵押贷款，可有效激发土地经营权抵押贷款的联动效应。依据研究结论，可从以下几个方面推动宅基地使用权抵押贷款：①加大宅基地使用权抵押贷款的宣传力度，提高农户的认知程度。结论表明，宅基地使用权抵押贷款在具体实施中，农户从认知到参与意愿，参与意愿到实际参与行为的响应转换非常通畅，即宅基地使用权抵押贷款的可行性与可得性非常充分。但同时宅基地使用权的认知程度却非常低，仅有 19.2% 的农户知晓宅基地使用权抵押贷款。因此，在可行性与可得性充分的背景下，加大农户宅基地使用权知晓程度是提高宅基地使用权抵押贷款实施效果的最佳途径。一方面，地方政府加大宅基地使用权的宣传力度，通过宣传册、宣传片、微信公众号、电视节目等农户所能获及的知晓方式，对宅基地使用权抵押贷款的政策、实施过程、实施效果进行正向宣传。另一方面，提供民间口口相传的宣传平台与样本，通过现身说法的方式，提高农户宅基地使用权抵押贷款的认知程度。打造宅基地使用权抵押贷款的标杆人物，对其抵押贷款的流程、抵押贷款的成本费用、抵押的资金使用情况、抵押贷款的家庭改善程度等农户关心的事件进行提炼，在有条件的情况下，可进行现场观摩，达到“口口相传”“以故事讲政策”的目的。②地方金融机构创新并推行两类抵押贷款。两类抵押贷款具有互补性，土地经营权抵押贷款具有良好的认知普及率，且修改后的土地承包法已赋予土地经营权融资权利，在全国推行，但其可行性与可得性弱于宅基地使用权抵押贷款，因此，可利用其互补性，鼓励地方金融机构并行推进两类抵押贷款。一方面，利用土地经营权抵押贷款的认知性带动宅基地使用权抵押贷款的实际利用；另一方面，也可利用承包地经营权抵押贷款的可行性与可得性拉动土地经营权抵押贷款的实际申请行为，具体可在产品设计中加入两类产品的联动，形成组合抵押，也可在土地经营权抵押贷款产品设计中，链接宅基地使用权抵押贷款，发挥两类标的物的互补效用。③国家完善宅基地使用权抵押贷款政策，逐步放开宅基地使用权抵押贷款市场。现阶段，宅基地使用权抵押贷款依然处于试点阶段，还未到法律允许、全国推行的阶段，因此，在此过渡阶段，国家应该逐步完善宅基地使用权抵押贷款的政策，如加快宅基地确权，在地方试点经验的基础上，可总结宅基地使用权确权、房屋财产权确权等权利的确权方法与推行方式，稳妥完成宅基地使用权抵押贷款的基础工作。宅基地使用权抵押贷款在其他国家已有了成熟的运用，其完备的市场机制可为我国提供有效的借鉴。要推行要素的自由高效配置，提高要素的利用价值，相对竞争的市场是最有效的推行途径，因此，国家可逐步放开宅基地使用权抵押市场，允许更多金融机构进入，利率自由化，在农户“理性人”的行为背景下，会逐渐演化成最适合中国农村的抵押贷款市场。而在宅基地使用权抵押贷款市场完善的背景下，土地经营权抵押贷款的互补作用显现，两类抵押贷款会相互作用，共同激发并发挥改革效果。

参考文献

[1] Acosta, P. Labor supply, school attendance, and remittances from international migration: The case of El Salvador. World Bank Policy Research Working Paper, 2006 (33): 57 -68.

[2] Adams, D. D., Graham, J., Von Pischke. Undermining Rural Development with Cheap Credit. West view Press, Boulder, 1984: 34 -42.

[3] Adams, R. H., Cuecuecha, A. Remittances, household expenditure and investment in Guatemala. World Development, 2010, 38 (11): 1626 -1641.

[4] Adams, R. H., Cuecuecha, A. The economic impact of international remittances on poverty and household consumption and investment in Indonesia. World Bank Policy Research Working Paper Series, 2010, 73 (9): 56 -68.

[5] Ahituv, A., Kimhi, A. Off - farm work and capital accumulation decisions of farmers over the life - cycle: the role of heterogeneity and state dependence. Journal of Development Economics, 2002, 68 (2): 329 -353.

[6] Ajzen, I. From Intentions to Actions: A Theory of Planned Behavior. Action Control Springer Berlin Heidelberg, 1985: 30 -120.

[7] Ajzen, I., Fishbein, M. The influence of attitudes on behavior. The handbook of attitudes, 2005 (173): 221.

[8] Ajzen, I. The Theory of Planned Behavior . Organizational Behavior and Human Decision Processes, 1991, 50 (2): 179 -211.

[9] Akerlof, G. A., Dickens, W. T. The economic consequences of cognitive dissonance. The American economic review, 1982, 72 (3): 307 -319.

[10] Aleem, I. Imperfect information, screening, and the costs of informal lending: a study of a rural credit market in Pakistan. The World Bank Economic Review, 1990, 4 (3): 329 -349.

[11] Aoki, M. Toward a Comparative Institutional Analysis. MIT Press, 2001:

106 - 129.

[12] Aoki, M. Understanding Douglass North in game theoretic language. Structural Change and Economic Dynamics, 2010, 21 (2): 139 - 146.

[13] Amuedo - Dorantes, C., Pozo, S. Remittance receipt and business ownership in the Dominican Republic. World Economy, 2006, 29 (7): 939 - 956.

[14] Armitage, C. J., Conner, M. Efficacy of the Theory of Planned Behavior: A Meta - analytic Review. British Journal of Social Psychology, 2001, 40 (4): 471 - 499.

[15] Arthi, V., Fenske, J. Intra - household labor allocation in colonial Nigeria. Explorations in Economic History, 2016 (60): 69 - 92.

[16] Avishay B., Monika H. Improving Rural Finance in Developing Countries. Finance and Development, 1991, 327 (68): 25 - 31.

[17] Bandura, A. Self - efficacy Mechanism In Human Agency. American Psychologist, 1982, 37 (2): 122 - 136.

[18] Baron, R. M., Kenny, D. A. The Moderator - mediator Variable Distinction in Social Psychological Research: Conceptual, Strategic, and Statistical Considerations. Journal of Personality and Social Psychology, 1986, 51 (6): 1173 - 1185.

[19] Barro, R. J. The Loan Market, Collateral, and Rates of Interest. Journal of Money Credit & Banking, 1976, 8 (4): 439 - 456.

[20] Besley, T. Property rights and investment incentives: Theory and evidence from Ghana. journal of Political Economy, 1995, 103 (5): 903 - 937.

[21] Besley, T., Coate, S. Group lending, repayment incentives and social collateral. Journal of development economics, 1995, 46 (1): 1 - 18.

[22] Bester, H. Screening vs. rationing in credit markets with imperfect information. The American Economic Review, 1985, 75 (4): 850 - 855.

[23] Binswanger, H. P., Khandker, S. R., Rosenzweig, M. R. How infrastructure and financial institutions affect agricultural output and investment in India. Journal of development Economics, 1993, 41 (2): 337 - 366.

[24] Breckler, S. J. Empirical validation of affect, behavior, and cognition as distinct components of attitude. Journal of personality and social psychology, 1984, 47 (6): 1191.

[25] Breckler, S. J., Wiggins, E. C. Affect versus evaluation in the structure of

attitudes. Journal of Experimental Social Psychology, 1989, 25 (3): 253 -271.

[26] Broegaard, R. J. Land teon nure insecurity and inequality in Nicaragua. Development and Change, 2005, 36 (5): 845 -864.

[27] Bousfield, W. A., Sedgewick, C. H. An analysis of sequences of restricted associative response. Journal of General Psychology, 1944, 30 (11): 149 -165.

[28] Burger, J. M., Palmer, M. L. Changes in and generalization of unrealistic optimism following experiences with stressful events. Reactions to the 1989 California earthquake. Personality and Social Psychology Bulletin, 1992 (18): 39 -43.

[29] Chan, Y. S., Kanatas, G. Asymmetric Valuations and the Role of Collateral in Loan Agreements. Journal of Money, Credit and Banking, 1985, 17 (1): 84 -95.

[30] Chuah, J., Zhang, J., Johnson, T. R. Distributed cognition of a navigational instrument display task. In: Hahn M, Stoness S C. ed. Proceedings of the Twenty First Annual Conference of the Cognitive Science Society. Mahweh, New Jersey: Lawrence - Erlbaumm, 1999: 789.

[31] Cole, M., Engeström, Y. A. cultural - historical approach to distributed cognition. Distributed cognitions: Psychological and educational considerations, 1993: 1 -46.

[32] Crites, Jr. S. L., Fabrigar, L. R., Petty, R. E. Measuring the affective and cognitive properties of attitudes: Conceptual and methodological issues. Personality and Social Psychology Bulletin, 1994, 20 (6): 619 -634.

[33] Dehejia, R. Montgomery, H., Morduch, J. Do Interest Rates Matter? Credit Demand in the Dhaka Slums. Journal of Development Economics, 2012, 97 (2): 437 -449.

[34] Deinlnger, K., Binswanger, H. The Evolution of the World Bank's Land Policy: Principles, Experience, and Future Challenges. World Bank Research Observe, 1999, 14 (2): 247 -276.

[35] Demirgû, K. A., Levine, R. Finance and Inequality: Theory and Evidence. Annual Review of Financial Economics, 2009, 32 (5): 287 -318.

[36] Do, Q. T., Iyer, L. Land titling and rural transition in Vietnam. Economic Development and Cultural Change, 2008, 56 (3): 531 -579.

[37] Feder, G., Feeny, D. Land tenure and property rights: Theory and impli-

cations for development policy. The World Bank Economic Review, 1991, 385 (79): 135 - 153.

[38] Feder, G., Onchan, T., Raparla, T. Collateral, guaranties and rural credit in developing countries: evidence from Asia. Agricultural Economics, 1988, 2 (3): 231 - 245.

[39] Feder, G., Nishio, A. The benefits of land registration and titling: economic and social perspectives. Land use policy, 1998, 15 (1): 25 - 43.

[40] Festinger, L. A theory of cognitive dissonance. Stanford university press, 1962: 152 - 168.

[41] Field, E. Property rights and investment in urban slums. Journal of the European Economic Association, 2005, 3 (3): 279 - 290.

[42] Fiske, Susan T., Shelley, E., Taylor. Social cognition: From brains to culture. Sage, 2013: 137 - 158.

[43] Galbraith, R. C., Underwood, B. J. Perceived frequency of concrete and abstract words. Memory & Cognition, 1973, 1 (1): 56 - 60.

[44] Galiani, S., Schargrodsky, E. Property rights for the poor: Effects of land titling. Journal of Public Economics, 2010, 94 (9): 700 - 729.

[45] Gelder, J. L. Feeling and thinking: quantifying the relationship between perceived tenure security and housing improvement in an informal neighborhood in Buenos Aires. Habitat International, 2007, 31 (2): 219 - 231.

[46] Granovetter, M. Economic Action and Social Structure: The Problem of Embeddedness. American Journal of Sociology, 1985 (3): 481 - 510.

[47] Gulli, H. Microfinance and poverty: Questioning the conventional wisdom. Idb, 1998: 72 - 94.

[48] Hagger, M. S., Chatzisarantis, N., BiddleM, J. H. The Influence of Self - efficacy and Past Behavior on The Physical Activity Intentions of Young People. Journal of Sports Sciences, 2001, 19 (9): 711 - 725.

[49] Hart, O., Moore, J. Property Rights and the Nature of the Firm. Journal of political economy, 1990, 98 (6): 1119 - 1158.

[50] Hatch, T., Gardner, H. Finding cognition in the classroom: An expanded view of human intelligence. Distributed cognitions: Psychological and educational considerations, 1993, 26 (7): 164 - 187.

[51] Hayek, F. A. The use of knowledge in society. The American economic review, 1945, 35 (4): 519 -530.

[52] Hayek, F. A. Individualism and economic order. University of chicago Press, 1948: 83 -96.

[53] Heider F. The psychology of interpersonal relations. New York: Wiley, 1958: 1 -3.

[54] Hulme, D., Mosley, P. Impact assessment methodologies for microfinance: theory, experience and better practice. World Development, 2000, 28 (1): 79 -98.

[55] Hollan, J., Hutchins, E., Kirsh, D. Distributed cognition: toward a new foundation for human - computer interaction research. ACM Transactions on Computer - Human Interaction (TOCHI), 2000, 7 (2): 174 -196.

[56] Hoff, K., Stiglitz J. Moneylender sand Bankers: Price Increasing Subsidies in a Monopolistically Competitive Market. Journal of Development Economics, 1997 (52): 429 -462.

[57] Huppi, M., Feder, G. The role of groups and credit cooperatives in rural lending. The World Bank Research Observer, 1990, 5 (2): 187 -204.

[58] Judd, C. M., Kenny, D. A. Process Analysis Estimating Mediation in Treatment Evaluations. Evaluation Review, 1981, 5 (5): 602 -619.

[59] Kochar, A. An empirical investigation of rationing constraints in rural credit markets in India. Journal of Development Economics, 1997, 53 (2): 339 -371.

[60] Kempson, E., Atkinson, A., Pilley, O. Policy Level Response to Financial Exclusion in Developed Economies: Lessons for Developing Countries. British: Report of Personal Finance Research Centre University of Bristol, 2004, 26 (17): 12 - 29.

[61] Lee, C., Green, R. T. Cross - cultural Examination of the Fishbein Behavioral Intentions Model. Journal of International Business Studies, 1991, 22 (2): 289 -305.

[62] Liu, S., Carter, M. R., Yao, Y. Dimensions and diversity of property rights in rural China: Dilemmas on the road to further reform. World development, 1998, 26 (10): 1789 -1806.

[63] Menkhoff, L., Neuberger, D. Collateral and Its Substitutes in Emerging

Markets' Lending. Journal of Banking & Finance, 2011, 36 (3): 817 -834.

[64] Markman, A. B., Ross, B. H. Category use and category learning. Psychological bulletin, 2003, 129 (4): 592.

[65] McKechnie, L. Property Rights in Reform in Peru: Why Titles do not Increase Access to Micro Credit. Journal of Development and Social Transformation, 2005 (2): 51 -60.

[66] Menkhoff, L., Neuberger, D., Suwanaporn, C. Collateral - based lending in emerging markets: evidence from Thailand. Journal of Banking & Finance, 2006, 30 (1): 1 -21.

[67] Menkhoff, L., Neuberger, D., Rungruxsirivorn, O. Collateral and Its Substitutes in Emerging Markets' Lending. Journal of Banking & Finance, 2012, 36 (3): 817 -834.

[68] Morduch, J. The microfinance schism. World development, 2000, 28 (4): 617 -629.

[69] Moreau, C. P., Markman, A. B., Lehmann, D. R. What is it? Categorization flexibility and consumers' responses to really new products. Journal of Consumer Research, 2001, 27 (4): 489 -498.

[70] Moskowitz, G. B. Social cognition: Understanding self and others. Guilford Press, 2005: 103 -116.

[71] North, D. C. understanding the process of institutional change. princeton university press, 2005: 89 -108.

[72] Notani, A. S. Moderators of perceived behavioral control's predictiveness in the theory of planned behavior: A meta - analysis. Journal of consumer psychology, 1998, 7 (3): 247 -271.

[73] Parker, D., Manstead, S. R., Stradling, S. G. Extending the Theory of Planned Behavior: The Role of Personal Norm. British Journal of Social Psychology, 1995, 34 (2): 127 -138.

[74] Petty, R. E., Wegener, D. T., Fabrigar, L. R. Attitudes and attitude change. Annual review of psychology, 1997, 48 (1): 609 -647.

[75] Polanyi, K., Polanyi, K. The great transformation the political and economic origins of our time. Beacon Press, 2007: 91 -107.

[76] Popkin, S. L. The rational peasant: The political economy of rural society

in Vietnam. Univ of California Press, 1979: 31.

[77] Price, P. C., Pentecost, H. C., Voth, R. D. Perceived event frequency and the optimistic bias: Evidence for a two - process model of personal risk judgments. Journal of Experimental Social Psychology, 2002, 38 (3): 242 -252.

[78] Salomon, G. Distributed cognitions: Psychological and educational considerations. Cambridge University Press, 1997: 28 -35.

[79] Sarma, M., Pais, J. Financial inclusion and development: A cross country analysis. Indian Council for Research on International Economic Relations, 2008, 7 (21): 1 -28.

[80] Sparks Guthrie C. A. Self - identity and the Theory of Planned Behavior: A Useful Addition or an Unhelpful Artifice? Journal of Applied Social Psychology, 1998, 28 (15): 1393 -1410.

[81] Stiglitz, J. E. Peer monitoring and credit markets. The world bank economic review, 1990, 4 (3): 351 -366.

[82] Stigler, G. J. Imperfections in the capital market. Journal of Political Economy, 1967, 75 (3): 287 -292.

[83] Stiglitz, J. E., Weiss, A. Credit rationing in markets with imperfect information. The American economic review, 1981, 71 (3): 393 -410.

[84] Strauss, C., Quinn, N. Publications of the Society for Psychological Anthropology. Cambridge University Press, 1998: 213 -238.

[85] Svensson, J. Investment, property rights and political instability: Theory and evidence. European Economic Review, 1998, 42 (7): 1317 -1341.

[86] Tajfel, H. Social psychology of intergroup relations. Annual review of psychology, 1982, 33 (1): 1 -39.

[87] Turvey, C., He, G., Jiujie, M., Kong, R., Meagher, P. Farm credit and credit demand elasticities in Shaanxi and Gansu. China Economic Review, 2012, 23 (4): 1020 -1035.

[88] Tversky, A., Kahneman, D. Availability: A heuristic for judging frequency and probability. Cognitive psychology, 1973, 5 (2): 207 -232.

[89] Van Gelder, J. L. Feeling and thinking: quantifying the relationship between perceived tenure security and housing improvement in an informal neighbourhood in Buenos Aires. Habitat International, 2007, 31 (2): 219 -231.

[90] Van Tassel, R. A., Hauser, R. G. Barrier device for ostium of left atrial appendage. U. S. Patent, 2004 (108): 4 - 5.

[91] Weinstein, N. D. Unrealistic optimism about susceptibility to health problems: Conclusions from a community - wide sample. Journal of Behavioral Medicine, 1987 (10): 481 - 500.

[92] Wolf, A. T., Natharius, J. A., Danielson, J. J., Ward, B. S., & Pender, J. K.. International river basins of the world. International Journal of Water Resources Development, 1999, 15 (4): 387 - 427.

[93] Young, H. P. The evolution of conventions. Econometrica: Journal of the Econometric Society, 1993: 57 - 84.

[94] Young, H. P. The economics of convention. The Journal of Economic Perspectives, 1996, 10 (2): 105 - 122.

[95] 阿克洛夫．阿克洛夫，斯彭斯和斯蒂格里茨论文精选．北京：商务印书馆，2010：83 - 104.

[96] 阿兰·斯密德．制度与行为经济学．北京：中国人民大学出版社，2004：271 - 294.

[97] 爱德华·肖．经济发展中的金融深化．上海：三联书店上海分店，1988：137 - 162.

[98] 安德鲁，肖特．社会制度的经济理论．中文版．上海：上海财经大学出版社，2003：33 - 76.

[99] 安海燕，洪名勇．中国农村改革的做法及启示——以贵州省湄潭县25年农村改革为例．改革与战略，2013 (4)：60 - 63.

[100] 安海燕，洪名勇．土地流转研究综述与展望．中国农业资源与区划，2014，35 (3)：21 - 25.

[101] 安海燕，洪名勇．农户和农业主体对土地承包经营权抵押贷款政策的态度．西北农林科技大学学报（社会科学版），2016 (2)：21 - 28.

[102] 安海燕，洪名勇，钱文荣．土地产权抵押贷款的三种典型模式及其自我履约研究．华中农业大学学报（社会科学版），2016 (4)：100 - 106.

[103] 安海燕，任雪莹．农户土地承包经营权抵押贷款行为分析．首都经济贸易大学学报，2017，19 (2)：40 - 48.

[104] 埃克哈特·施里特．习俗与经济．长春：长春出版社，2005：83 - 107.

[105] 边燕杰，张文宏．经济体制，社会网络与职业流动．中国社会科学，2001，2 (10)：77 – 89.

[106] 程郁，张云华，王宾．农村土地产权抵质押：理论争论，现实困境和改革路径．金融监管研究，2014 (10)：10 – 27.

[107] 蔡昉，王美艳．从穷人经济到规模经济．经济研究，2016 (5)：14 – 26.

[108] 曹瓅，罗剑朝．农村土地承包经营权抵押贷款供给效果评估——基于农户收入差距的视角．南京农业大学学报（社会科学版），2015 (5)：114 – 122.

[109] 曹正汉，张曙光．地权界定中的法律，习俗与政治力量——对珠江三角洲滩涂纠纷案例的研究．中国制度变迁的案例研究（第六集），北京：中国财政经济出版社，2008：725 – 820.

[110] 陈成文，鲁艳．城市化进程中农民土地意识的变迁——来自湖南省三个社区的实证研究．农业经济问题，2006 (3)：70 – 79.

[111] 陈胜祥．农民土地所有权认知与土地制度创新——基于1995—2008年实证研究文献的统计分析．中国土地科学，2009，23 (11)：21 – 26.

[112] 陈胜祥．分化与变迁：转型期农民土地意识研究．北京：经济管理出版社，2010：136 – 149.

[113] 陈锡文．土地抵押贷款不宜在我国普遍推广．半月谈，2010 (4)：50 – 52.

[114] 陈永桃，陈英，马婷婷．农民土地产权认知的影响因素分析．干旱区资源与环境，2017 (2)：25 – 31.

[115] 陈雨生，房瑞景，尹世久等．超市参与食品安全追溯体系的意愿及其影响因素——基于有序Logistic模型的实证分析．中国农村经济，2014 (12)：41 – 49.

[116] 陈臻．土地使用权抵押贷款风险分析．中国土地科学，2010 (2)：64 – 67.

[117] 仇童伟，沈怡，马贤磊．土地产权环境对农民产权安全认知偏差的影响——基于不同类型农户的比较分析．南京农业大学学报（社会科学版），2016，16 (1)：92 – 104.

[118] 戴亦一．"乡音"能否降低公司代理成本？——基于方言视角的研究．经济研究，2016，51 (12)：147 – 160.

[119] 丹尼尔·卡尼曼．斯洛维奇，特沃斯基．不确定状况下的判断：启发

式和偏差.2008（7）：57－68.

［120］道格拉斯·诺思．制度，制度变迁与经济绩效．上海：上海三联书店，1994：79－129.

［121］道格拉斯·诺斯，罗伯斯·托马斯．西方世界的兴起．北京：华夏出版社，2009：167－177.

［122］道格拉斯·诺斯．理解经济变迁过程．北京：中国人民大学出版社，2013：89－114.

［123］大卫·李嘉图．政治经济学及赋税原理．北京：商务印书馆，1982：274－319.

［124］邓正华，张俊飚，许志祥等．农村生活环境整治中农户认知与申请行为研究——以洞庭湖湿地保护区水稻主产区为例．农业技术经济，2013（2）：72－79.

［125］德勒巴克．新制度经济学前沿．北京：经济科学出版社，2003：69－81.

［126］段文婷，江光荣．计划行为理论述评．心理科学进展，2008，16（2）：315－320.

［127］杜润生．杜润生自述：中国农村体制变革重大决策纪实．北京：人民出版社，2005：159－193.

［128］费孝通．乡土中国．北京：北京出版社，2005：56－89.

［129］丰雷，蒋妍，叶剑平．诱致性制度变迁还是强制性制度变迁？——中国农村土地调整的制度演进及地区差异研究．经济研究，2013（6）：4－18.

［130］丰雷，蒋妍，叶剑平等．中国农村土地调整制度变迁中的农户态度——基于1999～2010年17省份调查的实证分析．管理世界，2013（7）：44－58.

［131］冯友兰，赵复三．中国哲学简史．北京：北京大学出版社，1985：146－183.

［132］弗兰克·艾利思．农民经济学——农民家庭农业和农业发展．胡景北译，上海：上海人民出版社，2006：127－163.

［133］高佳，李世平．产权认知，家庭特征与农户土地承包权退出意愿．西北农林科技大学学报：社会科学版，2015，15（4）：71－78.

［134］郭忠兴，汪险生，曲福田．产权管制下的土地抵押贷款机制设计研究．管理世界，2014（9）：14－19.

［135］顾自安．制度演化的逻辑——基于认知进化与主体间性的考察．厦门大学，2006.

［136］韩俊，罗丹，程郁．信贷约束下农户借贷需求行为的实证研究．农业经济问题，2007（2）：44－52.

［137］哈耶克．自由秩序原理．北京：三联书店，1997：53－69.

［138］哈耶克．法律，立法与自由：规则与秩序．北京：中国大百科全书出版社，2000：180－219.

［139］哈耶克．致命的自负．北京：中国社会出版社，2000：341－377.

［140］何皮特．谁是中国土地的拥有者：制度变迁、产权和社会冲突（第二版）．北京：社会科学文献出版社，2014：167－192.

［141］贺莎莎．农户借贷行为及其影响因素分析——以湖南省花岩溪村为例．中国农村观察，2008（1）：39－50.

［142］贺雪峰．关于“中国式小农经济”的几点认识．南京农业大学学报（社会科学版），2013（6）：1－6.

［143］贺雪峰．新乡土中国．北京：北京大学出版社，2014：92－107.

［144］洪名勇，施国庆．欠发达地区土地重要性与土地产权：农民的认知——基于贵州省的调查分析．农业经济问题，2007（5）：35－43.

［145］洪名勇，龚丽娟．三资转换与土地产权制度改革——基于贵州凤岗县改革的调查与思考．农村经济，2015（2）：21－29.

［146］洪名勇．制度锚点，制度认知与土地制度实施．吉首大学学报（社会科学版），2016（1）：10－18.

［147］黄惠春，祁艳，程兰．农村土地承包经营权抵押贷款与农户信贷可得性——基于组群配对的实证分析．经济评论，2015（3）：72－83.

［148］黄惠春，徐霁月．中国土地经营权抵押贷款实践模式与发展路径——基于抵押品功能的视角．农业经济问题，2016（12）：95－102.

［149］黄凯南，程宇．认知理性与个体主义方法论的发展．经济研究，2008（7）：142－155.

［150］黄凯南，黄少安．认知理性与制度经济学．南开经济研究，2009（6）：3－17.

［151］黄季焜，冀县卿．土地使用权确权与农户对土地的长期投资．管理世界，2012（9）：76－81，99，187－188.

［152］黄鹏进．农村土地产权认知的三重维度及其内在冲突——理解当前农

村地权冲突的一个中层视角．中国农村观察，2014（6）：14－24.

［153］黄少安．关于制度变迁的三个假说及其验证．中国社会科学，2000（4）：37－49.

［154］黄少安．制度变迁主体角色转换假说及其对中国制度变革的解释．经济研究，1999，1（99）：9.

［155］黄益平，王勋，华秀萍．中国通货膨胀的决定因素．金融研究，2010（6）：46－59.

［156］黄宗智．华北的小农经济与社会变迁．北京：中华书局，1985：28－45.

［157］黄宗智．长江三角洲小农家庭与乡村发展．北京：中华书局，1992：207－152.

［158］黄祖辉，刘西川，程恩江．中国农户的信贷需求：生产性抑或消费性——方法比较与实证分析．管理世界，2007（3）：73－80.

［159］黄祖辉，刘西川，程恩江．贫困地区农户正规信贷市场低参与程度的经验解释．经济研究，2009（4）：116－128.

［160］黄祖辉，王建英，陈志钢．非农就业、土地流转与土地细碎化对稻农技术效率的影响．中国农村经济，2014（11）：4－16.

［161］黄祖辉，王朋．基于我国农村土地制度创新视角的社会保障问题探析．浙江社会科学，2009（2）：39－41.

［162］惠献波．农户土地承包经营权抵押贷款潜在需求及其影响因素研究——基于河南省四个试点县的实证分析．农业经济问题，2013（2）：9－15.

［163］惠献波．农户分化对农村土地经营权抵押贷款意愿的影响分析．首都经济贸易大学学报，2014（1）：25－32.

［164］惠献波．土地经营权抵押贷款供需分析与效率评价研究．沈阳农业大学，2014（5）：17－23.

［165］加里，贝克尔．家庭经济分析．北京：华夏出版社，1987：59－81.

［166］晋洪涛，史清华．农村土地权属：农民的“非集体化”认知与根源——基于河南的调查．农业经济问题，2011（1）：7－12.

［167］靳聿轩，张雷刚．农户土地抵押融资方式选择行为影响因素分析——以山东临沂，枣庄，莱芜为例．经济与管理研究，2012（7）：75－83.

［168］冀县卿，黄季焜．改革三十年土地使用权演变：国家政策与实际执行的对比分析．农业经济问题，2013（5）：27－32，110－111.

[169] 兰庆高，惠献波，于丽红等．农村土地经营权抵押贷款意愿及其影响因素研究——基于农村信贷员的调查分析．农业经济问题，2013 (7)：78-84.

[170] 利昂·费斯汀格，郑全全．认知失调理论．杭州：浙江教育出版社，1999：148-172.

[171] 梁漱溟．中国文化要义．北京：三联出版社，1987：102-139.

[172] 列宁．列宁全集．第4卷．北京：人民出版社，1989：357-391.

[173] 列宁．列宁全集．第16卷．北京：人民出版社，1989：286-330.

[174] 列宁．列宁全集．第43卷．北京：人民出版社，1989：192-257.

[175] 李东进，吴波，武瑞娟．中国消费者购买意愿模型——对 Fishbein 合理行为模型的修正．管理世界，2009 (1)：121-129.

[176] 林建浩，吴冰燕，李仲达．家庭融资中的有效社会网络：朋友圈还是宗族．金融研究，2016 (1)：130-144.

[177] 林毅夫．培育农村金融本土力量．财经，2008 (15)：32-33.

[178] 林毅夫，孙希芳，姜烨．经济发展中最优金融结构初探．经济研究，2009 (4)：8-15.

[179] 林毅夫．再论制度，技术与中国农业发展．北京：北京大学出版社，2000：369-404.

[180] 林毅夫．制度，技术与中国农业发展．上海：格致出版社．上海三联书店．上海人民出版社，2011：106-139.

[181] 厉以宁．论城乡二元体制改革．北京大学学报（哲学社会科学版），2008 (2)：5-11.

[182] 李延敏，罗剑朝．国外土地金融制度的比较及启示．财经问题研究，2005 (2)：84-88.

[183] 李韬，罗剑朝．农户土地承包经营权抵押贷款的申请行为——基于 Poisson Hurdle 模型的微观经验考察．管理世界，2015 (7)：54-70.

[184] 李伟伟，杜文献，张鹰．农村土地所有权：农民认知与现实操作的悖论及解释．经济体制改革，2010 (2)：85-88.

[185] 李勇坚，王弢．三农互联网金融蓝皮书．北京：社会科学文献出版社，2016.

[186] 刘婷婷，刘钟钦，吴东立等．农户土地承包经营权抵押意愿及其影响因素分析——基于237个样本农户的调查．农村经济，2013 (2)：38-41.

[187] 刘飞，陶建平．风险认知，抗险能力与农险需求——基于中国31个

省份动态面板的实证研究. 农业技术经济, 2016 (9): 92-103.

[188] 刘鹏凌, 李靖, 栾敬东. 农民对土地制度改革的认知——基于安徽省农户调查资料分析. 中国农村经济, 2005 (7): 44-50.

[189] 刘西川. 贫困地区农户的信贷需求与信贷约束. 浙江大学, 2007.

[190] 刘西川, 陈立辉, 杨奇明. 农户正规信贷需求与利率: 基于TobitⅢ模型的经验考察. 管理世界, 2014 (3): 75-91.

[191] 刘西川, 黄祖辉, 程恩江. 小额信贷的目标上移: 现象描述与理论解释. 中国农村经济, 2007 (2): 8.

[192] 刘西川, 杨奇明, 陈立辉. 农户信贷市场的正规部门与非正规部门: 替代还是互补. 经济研究, 2014 (11): 145-158, 188.

[193] 刘艳华, 辉敏敏, 李明. 农户信贷配给程度的空间异质分析. 农业经济问题, 2014 (7): 52-58.

[194] 刘一明, 罗必良, 郑燕丽. 产权认知, 行为能力与土地流转签约行为——基于全国890个农户的抽样调查. 华中农业大学学报 (社会科学版), 2013 (5): 23-28.

[195] 黎毅. 农村土地产权抵押融资模式研究——以宁夏平罗为例. 西北农林科技大学, 2015.

[196] 罗必良, 汪沙, 李尚蒲. 交易费用, 农户认知与土地流转——来自广东省的农户问卷调查. 农业技术经济, 2012 (1): 11-21.

[197] 罗必良, 凌莎, 钟文晶. 制度的有效性评价: 理论框架与实证检验——以家庭承包经营制度为例. 江海学刊, 2014 (5): 70-78.

[198] 罗芳, 程中海. 农户借贷行为研究——以新疆为例. 北京: 经济管理出版社, 2012: 75-109.

[199] 罗剑朝, 聂强, 张颖慧. 博弈与均衡: 土地金融制度绩效分析——贵州省湄潭县土地金融制度个案研究与一般政策结论. 中国农村观察, 2003 (3): 43-51.

[200] 罗来军, 蒋承, 王亚章. 融资歧视, 市场扭曲与利润迷失——兼议虚拟经济对实体经济的影响. 经济研究, 2016, 51 (4): 74-88.

[201] 罗斯. 经济学理论与认知科学: 微观解释. 北京: 中国人民大学出版社, 2011: 54-78.

[202] 罗兴, 马九杰. 不同土地流转模式下的土地经营权抵押属性比较. 农业经济问题, 2017 (2): 22-31.

[203] 马克思，恩格斯．马克思恩格斯全集．第1卷．北京：人民出版社，2007：582－639.

[204] 马克思，恩格斯．马克思恩格斯全集．第23卷．北京：人民出版社，2007：237－281.

[205] 麦金农．经济发展中的货币与资本．上海：三联书店上海分店，1997：42－70.

[206] 马九杰．农村金融风险管理与信贷约束问题研究．北京：中国经济出版社，2004：63－80.

[207] 杰弗里·霍奇逊．经济学的演化——美国制度主义中的能动性，结构和达尔文主义．北京：北京大学出版社，2012：417－420.

[208] 马良灿．理性小农抑或生存小农——实体小农学派对形式小农学派的批判与反思．社会科学战线，2014（4）：165－172.

[209] 马鹏举，罗剑朝．西部地区农户对农村产权抵押贷款融资意愿研究．经济经纬，2013（3）：20－25.

[210] 马贤磊，仇童伟，钱忠好．土地产权安全性与土地流转市场的农户参与——基于江苏，湖北，广西，黑龙江四省（区）调查数据的实证分析．中国农村经济，2015（2）：22－37.

[211] 马晓青，黄祖辉．农户信贷需求与融资偏好差异化比较研究——基于江苏省588户农户调查问卷．南京农业大学学报（社会科学版），2010（1）：57－63.

[212] Michael Carter，姚洋．工业化，土地市场与农业投资．经济学（季刊），2004，3（4）：983－1002.

[213] 马婷婷，陈英．农民土地产权认知研究：概念界定，量表开发和效度检验．干旱区资源与环境，2015（12）：37－42.

[214] 马智利，董瑾等．农村三权抵押贷款运行机制分析与建议——以重庆为例．武汉金融，2014（10）：49－51.

[215] 牛荣，张珩，罗剑朝．产权抵押贷款下的农户信贷约束分析．农业经济问题，2016（1）：76－83.

[216] 牛晓冬，罗剑朝，牛晓琴．不同收入水平农户参与土地承包经营权抵押融资意愿分析——基于陕西，宁夏农户调查数据验证．经济理论与经济管理，2015（9）：101－112.

[217] 彭克强，刘锡良．农民增收，正规信贷可得性：与非农创业．管理世

界，2016（7）：88－97.

［218］彭艳玲，孔荣．农村土地经营权抵押，流动性约束与农户差异性创业选择研究——基于陕，甘，豫，鲁1465份入户调查数据．农业技术经济，2016（5）：50－59.

［219］普罗，李平．中国农村土地制度改革：实地调查报告．中国农村经济，1995（3）：38－44.

［220］钱龙，洪名勇．土地产权是“有意的制度模糊”吗——兼论土地确权的路径选择．经济学家，2015（8）：24－29.

［221］钱忠好．农村土地承包经营权产权残缺与市场流转困境：理论与政策分析．管理世界，2002（6）：35－45.

［222］钱忠好．农村土地制度变革农户心态的实证分析及其政府启示：对江苏无锡，泰兴，连云港．中国农村经济，1997（4）：66－70.

［223］钱忠好，肖屹，曲福田．农民土地产权认知，土地征用意愿与征地制度改革——基于江西省鹰潭市的实证研究．中国农村经济，2007（1）：28－35.

［224］恰亚诺夫．农民经济组织．北京：中央编译出版社，1996：171－198.

［225］屈艳芳，郭敏．农户投资行为实证研究．上海经济研究，2002（4）：17－27.

［226］邵志芳等．社会认知．上海：上海人民出版社，2009：80－109.

［227］史清华，卓建伟．农村土地权属：农民的认同与法律的规定．管理世界，2009（1）：89－96.

［228］舒尔茨，科斯，阿尔钦等．制度与人的经济价值的不断提高，财产权利与制度变迁．上海：上海三联书店，上海人民出版社，1994：253.

［229］舒尔茨，梁小民．改造传统农业．北京：商务印书馆，1987：57－84.

［230］斯蒂格里茨．信息经济学基本原理．中国金融出版社，2009：242－287.

［231］宋洪远．经济体制与农户行为：——一个理论分析框架及其对中国农户问题的应用研究．经济研究，1994（8）：22－28.

［232］宋文献．论中国土地金融的特殊性．经济论坛，2004（5）：97－98.

［233］粟芳，方蕾．中国农村金融排斥的区域差异：供给不足还是需求不足？——银行，保险和互联网金融的比较分析．管理世界，2016（9）：70－83.

［234］汤谨铭，朱俊峰．农户认知对土地制度变迁的影响及作用机制——基于重庆市的实证研究．农业经济问题，2013（7）：71－77.

[235] 童馨乐，杜婷，徐菲菲，李扬．需求视角下农户借贷行为分析——以六省农户调查数据为例．农业经济问题，2015（9）：89－96，112.

[236] 王昌海．农户生态保护态度：新发现与政策启示．管理世界，2014（11）：70－79.

[237] 王冠玺．从法律视角谈我国农村土地融资的相关问题与建议．财政研究，2010（8）：27－31.

[238] 王凯，张文秀，黄友财．农户的土地产权认知调查结果分析以成都城乡统筹试验区为例．中国农业资源与区划，2010（5）：46－50.

[239] 王建华．不同类型农民认知的结构要素研究．农村经济，2011（7）：115－118.

[240] 邱道持，李广东．基于农户意愿的农村土地抵押贷款需求探讨——以重庆市开县农户调查为例．中国农业资源与区划，2012，33（2）：73－77.

[241] 王平，邱道持，李广东．农村土地抵押贷款发展浅析——以重庆市开县为例．西南大学学报，2011，33（3）：90－95.

[242] 汪险生，郭忠兴．土地承包经营权抵押贷款：两权分离及运行机理——基于对江苏新沂市与宁夏同心县的考察．经济学家，2014（4）：49－60.

[243] 汪险生，郭忠兴．承包型土地经营权抵押贷款的实践探索——基于对宁夏平罗县与同心县的比较分析．农村经济，2016（6）：77－82.

[244] 王兴稳，纪月清．土地产权、土地价值与土地抵押融资——基于农村信贷员的调查研究．南京农业大学学报（社会科学版），2007，7（4）：71－75.

[245] 王卓．农村小额信贷利率及其需求弹性．中国农村经济，2007（6）：62－70.

[246] 韦森．社会制序的经济分析导论．上海三联书店，2001：220－250.

[247] 吴萌，甘臣林，任立等．分布式认知理论框架下农户土地转出意愿影响因素研究——基于SEM模型的武汉城市圈典型地区实证分析．中国人口资源与环境，2016，26（9）：62－71.

[248] 吴文杰．论农村土地金融制度的建立与发展．农业经济问题，1997，18（3）：34－39.

[249] 伍振军，张云华，孔祥智．交易费用，政府行为和模式比较：中国土地承包经营权流转实证研究．中国软科学，2011（4）：175－183.

[250] 谢利·泰勒，利蒂西亚·安妮·佩普卢，戴维·西尔斯．社会心理学．崔丽娟等译．上海：上海人民出版社，2010：339－381.

[251] 肖经建．家庭时间使用的经济分析．消费经济，1993（2）：52－56.

[252] 肖铁，魏朝富，尹珂．农户农村“三权”抵押贷款需求意愿及影响因素分析——基于重庆市22个县（区）1141户农户的调查数据．中国农村经济，2012（9）：88－96.

[253] 熊万胜．小土地权的不稳定性：从地权规则确定性的视角——关于1867—2008年间栗村的地权纠纷史的素描．社会学研究，2009（1）：1－24.

[254] 徐美银．基于农民认知视角的中国土地制度变迁研究．南京：南京农业大学，2010.

[255] 徐美银，钱忠好．土地产权制度：农民的认知及其影响因素——以江苏省兴化市为例．华南农业大学学报（社会科学版），2009，8（2）：14－21.

[256] 徐美银，钱忠好．农民认知视角下的中国土地制度变迁——基于拓扑模型的分析．农业经济问题，2008（5）：61－67.

[257] 许烺光．在祖先的庇荫下．大理文化，1989（3）：17－25.

[258] 许庆，章元．土地调整，地权稳定性与农民长期投资激励．经济研究，2005（10）：59－69.

[259] 许泉，黄惠春，祁艳．土地抵押风险与农户抵押贷款需求——以江苏试点为例．农业技术经济，2016（12）：95－104.

[260] 徐勇，邓大才．社会化小农：解释当今农户的一种视角．学术月刊，2006，38（7）：5－13.

[261] 徐勇．中国农村村民自治．武汉：华中师范大学出版社，1997：201－244.

[262] 徐勇．乡村治理与中国政治．北京：中国社会科学出版社，2003：123－148.

[263] 亚当·斯密．国民财富的性质和原因的研究（上卷）．北京：商务印书馆，1972：182－217.

[264] 杨俊．不同类型农户耕地投入行为及其效率研究．华中农业大学，2011.

[265] 姚洋．非农就业结构与土地租赁市场的发育．中国农村观察，1999（2）：18－23，39.

[266] 姚洋．中国土地制度：一个分析框架．中国社会科学，2000（2）：54－66.

[267] 姚洋．土地，制度和农业发展．北京：北京大学出版社，2004：238－

271.

[268] 姚道艳．农民住宅抵押法律问题的研究．金融法制，2013 (3)：93－95.

[269] 杨国枢．中国人的蜕变．北京：中国人民大学出版社，2013：35－69.

[270] 杨婷怡，罗剑朝．农户参与农村产权抵押融资意愿及其影响因素实证分析——以陕西高陵县和宁夏同心县919个样本农户为例．中国农村经济，2014 (4)：42－57.

[271] 叶德珠，连玉君，黄有光等．消费文化，认知偏差与消费行为偏差．经济研究，2012 (2)：80－92.

[272] 叶剑平，丰雷，蒋妍，罗伊·普罗斯特曼，朱可亮．2008年中国农村土地使用权调查研究——17省份调查结果及政策建议．管理世界，2010 (1)：64－73.

[273] 叶兴庆．论我国农村金融抑制与金融深化．当代金融导刊，1998 (3)：8－10.

[274] 尹朝华．农民对土地产权认知及意愿的实证分析——基于赣，浙，桂三地546份农户的问卷调查．中国房地产（学术版），2011 (5)：56－61.

[275] 于丽红，陈晋丽，兰庆高．农户农村土地经营权抵押融资需求意愿分析——基于辽宁省385个农户的调查．农业经济问题，2014 (3)：25－31.

[276] 于丽红，兰庆高，贾峤等．论化解“三农”问题的金融支持．农村经济，2006 (1)：55－57.

[277] 于丽红，陈晋丽．农村土地承包经营权抵押贷款的经营与启示：昌图县案例．农村经济，2014 (4)：83－86.

[278] 曾福生．土地产权认知状况与流转行为牵扯：湘省398户农户样本．改革，2012 (4)：69－73.

[279] 曾庆芬．产权改革背景下农村居民产权抵押融资意愿的实证研究——以成都“试验区”为个案．中央财经大学学报，2011 (11)：63－68.

[280] 詹姆斯·C. 科斯特．农民的道义经济学东南亚的反叛与生存．北京：译林出版社，2001：14－29.

[281] 赵建欣，张忠根．基于计划行为理论的农户安全农产品供给机理探析．财贸研究，2007 (6)：40－45.

[282] 赵振宇．基于不同经营主体的土地承包经营权抵押问题研究．管理世

界，2014（6）：174－175.

［283］张宇，陈功．农村土地使用权抵押贷款证券化研究．经济与管理，2010（4）：71－76.

［284］张红宇．关于深化农村改革的四个问题．农业经济问题，2016（7）：4－11.

［285］张高亮，张璐璐，邱咸等．基于计划行为理论的渔民参与专业合作组织行为的产生机理．农业经济问题，2015（8）：97－104.

［286］张龙耀，王梦珺，刘俊杰．农户土地承包经营权抵押融资改革分析．农业经济问题，2015（2）：70－78.

［287］张龙耀，杨军．土地抵押和农户信贷可获得性研究．经济学动态，2011（11）：60－64.

［288］张宁，张兵，周明栋．利率对农村家庭贷款决策的影响——基于带删失的Probit模型及Tobit模型的实证分析．南京农业大学学报（社会科学版），2015（5）：79－86.

［289］张杰．解读中国农贷制度．金融研究，2004（2）：4－14.

［290］张锦华，刘进，许庆．新型农村合作医疗制度，土地流转与土地滞留．管理世界，2016（1）：99－109.

［291］张静．土地使用规则的不确定：一个解释框架．中国社会科学，2003（1）：113－124.

［292］张树锋，安海燕．产权交易市场完善条件下的土地抵押贷款模式及效果研究——以嘉兴市海盐县为例．中国农业资源与区划，2016（5）：135－142.

［293］张晓山，何耐安．农村金融转型与创新．太原：山西经济出版社，2002：177－181.

［294］张曙光．产权，合约与农业发展——评《罗必良自选集》．经济研究，2016，51（11）：187－191.

［295］郑风田，阮荣平．集体林权改革评价：林产品生产绩效视角．中国人口资源与环境，2009，19（6）：107－114.

［296］钟甫宁，纪月清．土地产权，非农就业机会与农户农业生产投资．经济研究，2009，12（43）：15－23.

［297］钟毅平．社会认知心理学．北京：教育科学出版社，2012：56－70.

［298］钟涨宝，聂建亮．农民对土地承包经营制度的认知——基于对河北省T镇的调查．南京农业大学学报（社会科学版），2011（3）：70－76.

[299] 周国梅，傅小兰．分布式认知——一种新的认知观点．心理科学进展，2002，10（2）：147－153.

[300] 周业安．中国制度变迁的演进论解释．经济研究，2000，5（3）：3－11，79.

[301] 朱宪辰，章平，黄凯南．共享资源治理制度转型中个体认知状态的实证研究．经济研究，2006（12）：101－113.

[302] 朱喜，史清华，李锐．转型时期农户的经营投资行为——以长三角15村跟踪观察农户为例．经济学（季刊），2010（2）：713－773.

[303] 岳永兵．宅基地 三权分置：一个引入配给权的分析框架．中国国土资源经济，2018（1）：34－38.

[304] 欧阳安蛟．农村宅基地退出机制建立探讨．中国土地科学，2009（3）：26－30.

[305] 陈小君．宅基地使用权制度：规范解析，实践挑战及其立法回应．管理世界，2010（10）：1－12.

[306] 陈霄．农民宅基地退出意愿的影响因素——基于重庆市“两翼”地区1012户农户的实证分析．中国农村观察，2012（3）：26－36.

[307] 张怡然．农民工进城落户与宅基地退出影响因素分析——基于重庆市开县357份农民工的调查问卷．中国软科学，2011（2）：62－68.

[308] 彭长生．农民宅基地产权认知状况对其宅基地退出意愿的影响——基于安徽省6个县1413户农户问卷调查的实证分析．中国农村观察，2013（1）：21－33.

[309] 周婧．贫困山区不同类型农户对宅基地流转的认知与响应——基于重庆市云阳县568户农户调查．国土地科学，2010（9）：11－17.

附　录

附录 1　典型案例

为了简化认知，本书用系列指标进行认知量化并评价。但现实中认知是一个复杂的过程，也会依据主体的不同而差异万千。因此，为了更全面了解农户土地经营权抵押贷款认知以及对应行为，本书以案例的形式对调研中的典型认知与申请行为进行呈现。

案例 1：贵州省凤冈县 TB 村，整村以发展茶叶为主，全村有 2 万多亩茶园，茶叶加工厂 70 多家，是多个知名茶叶的生产加工基地。该村建有 2000 多亩的茶叶园区，园区气候宜人，景色优美。村民 LBH 宅基地在茶叶园区内，加上房前屋后大约有 300 平方米，占有良好的地理优势。

调研员：你最近三年有资金需求吗？

LBH：有啊，我现在就是差钱来装修房子。你看到的，这个地方环境好，但是来耍（玩）的人没得（没有）吃的地方，没得（没有）住的地方，当天来就当天走了。我就想用这个房子来办个农家乐。

调研员：你大概需要多少钱？

LBH：你看到门前了，前面那栋两层的木房子就是我用打工存的钱和信用社借的钱来修的，我个人搭力修了两年，同（共）有 18 杆住处（间房间）。现在每杆（间）的电视、床、卫生间都买好了。就差通电、通水了，但是已经没得钱了。差不多还要 2 万元就能办好，招待人了。

调研员：你知道土地经营权抵押贷款吗？

LBH：不晓得呢，是哪样（什么）吗？

调研员：就是现在凤冈县允许用你承包的土地经营权向信用社贷款。

LBH：用土地贷款，那肯定好了。现在我已经找不到人借钱了，要是可以的话，我就用我 4 亩地拿去贷款。大概可以贷好多（多少）钱？

调研员：这个要看每个地方的规定，还有土地的具体情况。你觉得这个政策可行不嘛？

LBH：土地是国家的，他说可以抵押贷款就可以抵押贷款。

调研员：你觉得你用土地去申请能得到贷款不？

LBH：不晓得呢。上次跟信用社贷款的3万元还没得还。

调研员：那你还去申请不？

LBH：去啊，不去的话，我这个农家乐就瘫在这儿了。

调研员：贷款利率大约是8%，你还去贷不？

LBH：去啊，不算贵的。

调研员：你觉得这个政策能不能提高你以后的农业收入。

LBH：哎，这个要看农家乐赚不赚钱了，但是这个政策是好的。

……

评论：该案例中，LBH是创业农户的代表，拥有一定的积蓄，有着一定的市场敏感性。案例中，农户具有非常强烈的资金借贷需求，困于借贷渠道狭窄与借贷金额有限，出现了投资中断的问题。尽管凤冈县已经实施抵押贷款近8年，但面对的是优质新型经营主体，农户知晓程度很低。从调研来看，对农户信息补充后，农户是有强烈的政策利用意愿的。尽管农户对产权认知存在偏差，但“国家、地方政府说了算”的可行性判别是有效的。农户会对利率进行衡量，对政策的预期较好。

案例2：贵州省凤冈县TB村，一对80多岁的老两口。分家后，土地仅有1亩左右，自己种植茶叶，一年收入在2000～3000元，勉强够两个人的基本生活需求。

调研员：老人家，你近三年有要借钱的需要吗？

老人：只要不生病就不要借。

调研员：你们身体不好吗？

老人：她有脑血栓，我肝胆有毛病。去年看病就花了快5000元。

调研员：您知道土地经营权抵押贷款吗？

老人：不知道。

调研员：就是用你家承包的土地去向银行贷款。

老人：哦，没有听说过呢。

调研员：你会不会用土地去抵押贷款呢？

老人：土地抵押了，还不起怎么办？

调研员：银行处理。

老人：如果不是生老病死，不到最后想不到办法了，不会拿土地去贷款的。没有了土地，那怎样生活啊？

调研员：你觉得这个政策如何？

老人：政策是好的，现在的政策都是为了老百姓。就是落实到农民头上就不一样了。

调研员：你以前向银行贷过款没有？

老人：贷过，就是治病的时候贷过。

调研员：好贷不？

老人：不好贷，银行看我们年龄大了，又没有什么其他收入，就用住处（宅基地）贷了点儿。现在都还没有还完。

调研员：那你估计拿土地去抵押贷款好贷不？

老人：肯定也不好贷，估计也贷不到好多（太多）钱。土地也不值钱，我们银行又认不得人。

……

评论：该案例中，老人是典型的传统小农，小规模传统种植，没有农业投资需求。借贷只是为了平衡生活的资金需求，土地是其生活的唯一来源，因此将土地经营权抵押贷款当成最后的“救命稻草”。对抵押贷款的知晓程度很低，但很容易接受，并认可其对农户的作用。

案例3：嘉兴南湖区，村民LXJ，32岁，男性，已婚，育有一儿一女。家有土地4亩，妻子在家种植土地，他一年有三四个月在杭州打工，替人开车。

调研员：你近三年有资金需求吗？

LXJ：有啊，有钱了我就自己买个车跑运输。

调研员：你知道土地经营权抵押贷款吗？

LXJ：好像听说过。

调研员：在哪里听说过？

LXJ：记不太清楚了，可能是电视上吧。

调研员：那你认为它是怎么一个政策呢？

LXJ：应该就是拿土地给银行贷款吧。

调研员：你觉得可行不？

LXJ：说不清楚，土地又不是自己的，能拿去贷款吗？反正我身边没有人这么做。

调研员：你知不知道抵押贷款利率。

LXJ：不清楚。

调研员：在嘉兴大概是9%。

LXJ：哦。

调研员：你会不会拿土地去抵押贷款呢？

LXJ：不会，那能贷到多少钱，一两千？一两千我随便在外面打工一个月就能赚到，跟亲戚朋友借也很方便，去银行贷还麻烦。

调研员：你认为这个政策怎么样？

LXJ：政策当然是为了农民好，不过不太适合我们这种农民，估计对那些大户、企业有用。

……

评论：该案例中的调研对象是典型的兼业农户，非农收入已不再起“拐杖”作用，而占农户收入的大部分。因此对于土地经营权抵押贷款而言，其作用并不太大。该案例中，农户对土地经营权抵押贷款有一定的理解，但与原有认知联结时，出现了“说不清楚”的怀疑态度。而农户对政策的响应行为，虽然自己有资金需求，但资金来源途径充分（打工收入、向亲戚朋友借），更因为土地价值低，农户对其的响应程度不高。

案例4：宁夏同心县，村民ZYW，男性，49岁，回民。家有承包地加流转地5亩，以种植生活所需的蔬菜、粮食为主，家庭主要经济来源是养殖牛羊。

调研员：你近三年有资金需求吗？

ZYW：有啊，2014年我养了3头牛，几只羊，发现比种地合算，所以我打算多养些。

调研员：你大概还需要多少钱？

ZYW：3万～5万元吧，打算修个大一点的牛棚和羊圈，再慢慢多养点羊、牛。

调研员：你知道土地经营权抵押贷款吗？

ZYW：知道的，我们村里都用它贷款的，每年买小牛和小羊仔的时候就去合作社和银行申请，等到育肥出售后，把银行的钱还了，第二年还这么贷。

调研员：你也贷过吗？

ZYW：贷过，贷过3次了。

调研员：好贷不？

ZYW：方便得很，只要合作社出个证明，到银行申请就可以了。而且之前利率是10%，现在都降到了8%了。

调研员：我看你养殖都扩大了，收入也增加了，怎么每年还要去银行贷款呢？

ZYW：我们这边人情往来太大了，一年差不多要一两万，要是没有银行贷款，第二年的小牛羊就买不起了。

调研员：你去年贷了多少钱？怎么贷的？

ZYW：去年我贷了 9 万元，用自己的土地贷了 3 万元，又用我儿子和哥哥的土地贷了 6 万元，共 9 万元。去年养了 50 多只羊，11 头牛。

调研员：你觉得土地经营权抵押贷款可能长期实施不？

ZYW：会啊。

调研员：如果还不起贷款，土地被处理了怎么办？

ZYW：牛羊卖了就可以还了啊，要是碰到生病了，还不起，给亲戚朋友借来还。

ZYW：（笑）反正没有遇到过。

……

评论：该案例是宁夏农户土地经营权抵押贷款认知与申请行为的典型案例，由于该试点地区实施时间长、实施的是从下至上的需求推动型模式，因此农户具有很高的认知水平，也有非常高的政策利用率。宁夏同心县农户大部分都以养殖牛羊为主，且将向金融机构借贷看作是基本的经济行为，甚至有的农户一年可以用土地经营权向金融机构借贷多次。

附录 2 调研照片

宁夏同心县土地流转合作社社员证

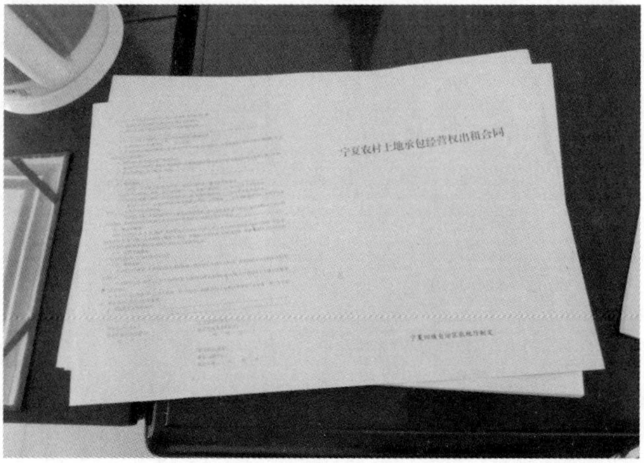

宁夏同心县土地经营权抵押贷款合同

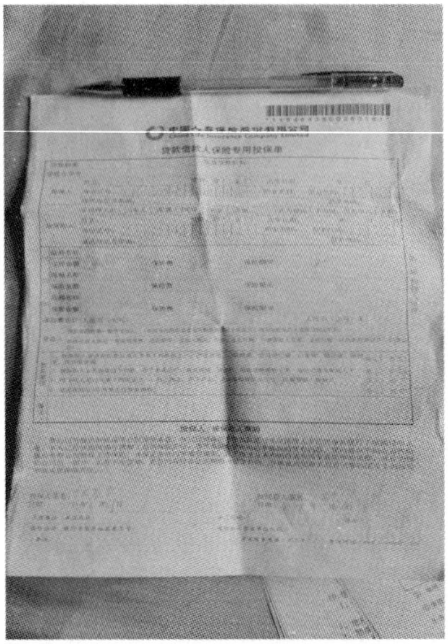

宁夏同心县人身意外险合同

嘉兴南湖区土地流转经营权证

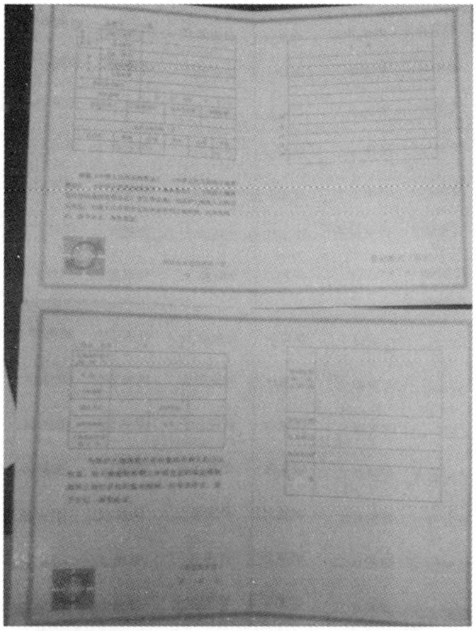

嘉兴南湖区土地流转经营权证内容

嘉兴南湖区土地流转经营权证

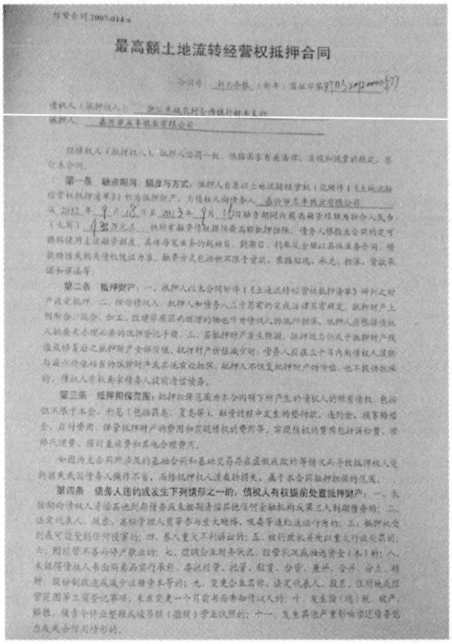

最高额土地流转经营权抵押合同

第一条 融资期间、额度与方式：

第二条 抵押财产：

第三条 抵押担保范围：

第四条 债务人违约或发生下列情形之一的，债权人有权提前处置抵押财产：

嘉兴南湖区土地经营权抵押贷款合同

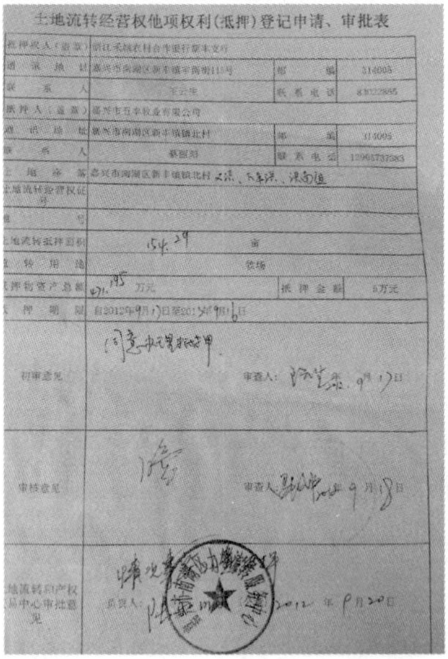

土地流转经营权他项权利（抵押）登记申请、审批表

抵押权人（盖章）	浙江禾城农村合作银行新丰支行		
通讯地址	嘉兴市南湖区新丰镇	邮编	314005
联系人		联系电话	
抵押人（盖章）	嘉兴市五丰牧业有限公司		
通讯地址	嘉兴市南湖区新丰镇镇北村	邮编	314005
联系人		联系电话	
土地坐落	嘉兴市南湖区新丰镇镇北村		
土地流转经营权证号			
地号			
土地流转抵押面积	154.29 亩		
流转用途	牧场		
抵押物资产总额	万元	抵押金额	5万元
抵押期限	自2012年9月17日至2013年9月16日		
初审意见	同意 审查人： 9月17日		
审核意见	审查人： 2012 9月18日		
土地流转产权交易中心审批意见	负责人： 2012年9月20日		

嘉兴南湖区土地经营权抵押贷款登记表

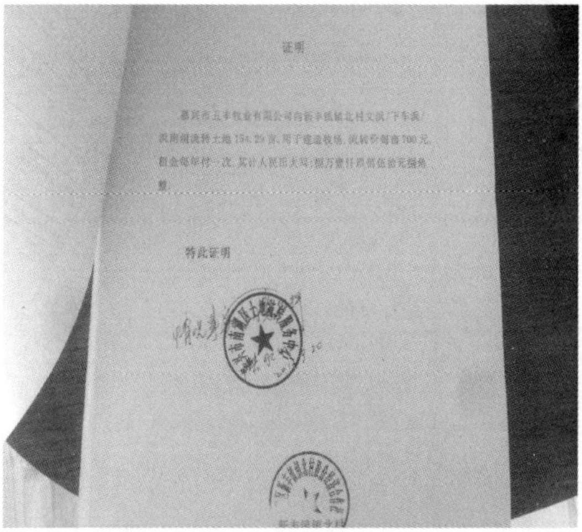
证明

特此证明

嘉兴南湖区土地经营流转证明

贵州凤冈县土地经营权抵押贷款工作手册

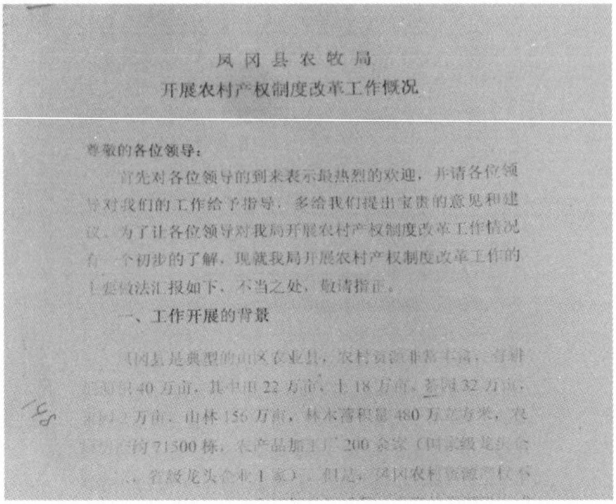

凤冈县农牧局

开展农村产权制度改革工作概况

尊敬的各位领导：

首先对各位领导的到来表示最热烈的欢迎，并请各位领导对我们的工作给予指导，多给我们提出宝贵的意见和建议。为了让各位领导对我局开展农村产权制度改革工作情况有一个初步的了解，现就我局开展农村产权制度改革工作的主要做法汇报如下，不当之处，敬请指正。

一、工作开展的背景

凤冈县是典型的山区农业县，农村资源非常丰富，有耕地面积40万亩，其中田22万亩、土18万亩，茶园32万亩，……山林156万亩，林木蓄积量480万立方米，……约71500株，农产品加工厂200余家（国家级龙头企……、省级龙头企业1家）。但是，凤冈农村资源产权不

贵州凤冈县土地经营权抵押贷款工作文件

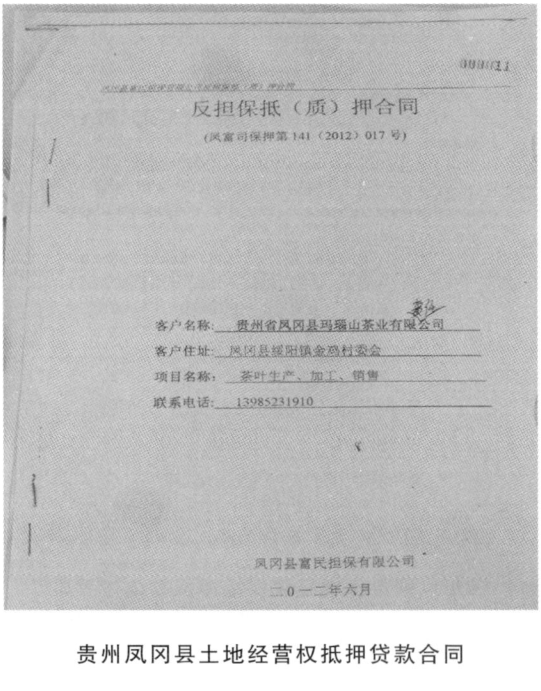

反担保抵（质）押合同

(凤富司保押第141（2012）017号)

客户名称：贵州省凤冈县玛瑙山茶业有限公司

客户住址：凤冈县绥阳镇金鸡村委会

项目名称：茶叶生产、加工、销售

联系电话：13985231910

凤冈县富民担保有限公司

二〇一二年六月

贵州凤冈县土地经营权抵押贷款合同

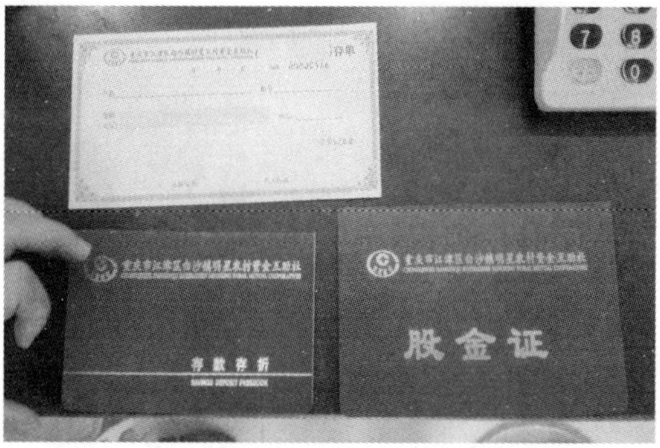

重庆江津区资金互助社股金证、存贷证

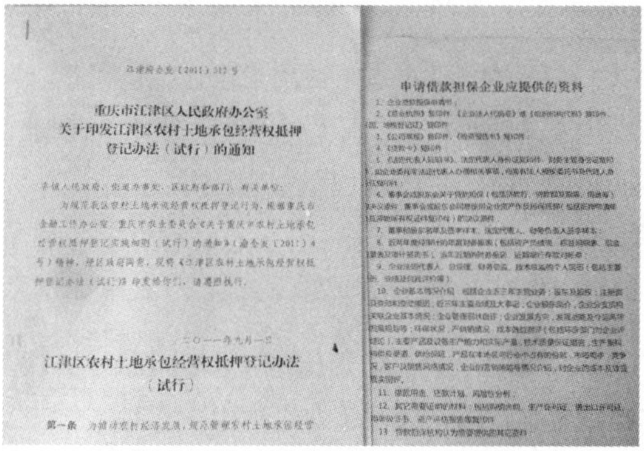

重庆市江津区人民政府办公室
关于印发江津区农村土地承包经营权抵押登记办法（试行）的通知

江津区农村土地承包经营权抵押登记办法
（试行）

申请借款担保企业应提供的资料

重庆江津区土地经营权抵押贷款文件

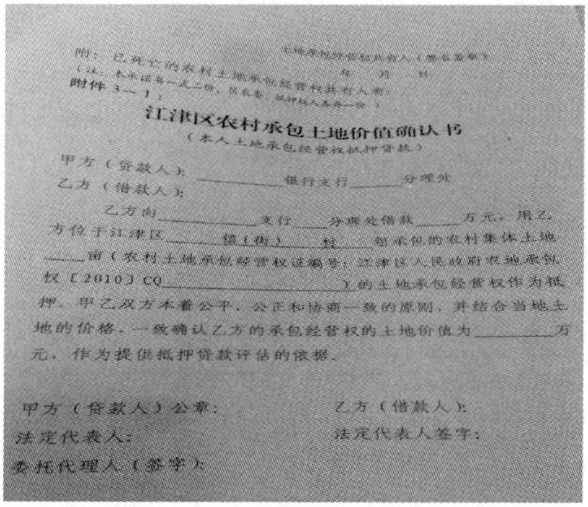

附件3—1：

江津区农村承包土地价值确认书
（本人土地承包经营权抵押贷款）

甲方（贷款人）：＿＿＿＿银行支行＿＿＿分理处
乙方（借款人）：

乙方向＿＿＿＿支行＿＿分理处借款＿＿＿万元，用乙方位于江津区＿＿镇（街）＿＿村＿＿组承包的农村集体土地＿＿亩（农村土地承包经营权证编号：江津区人民政府农地承包权〔2010〕CQ＿＿＿＿）的土地承包经营权作为抵押。甲乙双方本着公平、公正和协商一致的原则，并结合当地土地的价格，一致确认乙方的承包经营权的土地价值为＿＿＿万元，作为提供抵押贷款评估的依据。

甲方（贷款人）公章：　　　乙方（借款人）：
法定代表人：　　　法定代表人签字：
委托代理人（签字）：

重庆江津区土地价值确认书

后　　记

在心里预演过多次写致谢时的心情，而今写时，这敲键盘的手却陡然重了很多。

师承洪名勇教授和钱文荣教授，一路受到两位导师的点拨，渐在科研上有了敢想、敢说、敢尝试的勇气。记得入学前，洪老师带着熊师兄和我，以一天一个县的频率调查贵州省农村土地流转情况。与地方政府座谈，与农民企业家交流，与农户攀谈，一个月下来，“土地”就成了我的研究方向。在读博士二年级时，终于拿到我的第一个国家级课题，也形成了博士论文的思路，这源于洪老师的指点。师门聚餐，洪老师说：“凤冈县‘三资’转换（土地经营权抵押贷款）做了这么多年，到底做得怎么样?”。我仿佛石破天开，醍醐灌顶，宋代王安石推行的“青苗法”不正是在实施中走形而饱受诟病吗? 征得老师同意后，我开始关注“土地制度实施效果”这个主题。庆幸的是，2014 年，中央“一号文件”提出“赋予农户土地经营权抵押贷款权利”。至此，开始了我“土地经营权抵押贷款”的漫漫研究之路。如果说洪老师是我研究方向上的引路人，那么钱老师就是我学习上的打磨者。语言啰唆、研究方法不规范、前后逻辑性不强，这些旧习都在一次次师门例会中被指出，在一稿稿文章修改中，渐悟其意。在钱老师的指导下，我终于发表了第一篇 C 刊文章，第一篇一级期刊文章。同时感谢两位师母龚丽娟老师、毛迎春老师对我生活上的理解和帮助。感谢卡特中心黄祖辉教授、郭红东教授、陆文聪教授，感谢公管学院曹正汉教授，管理学院谢小云教授。这场师生缘，我将受益终生。

2014～2016 年，我用了 2 年多时间去全国收集“土地经营权抵押贷款”数据。由于是试点实施，很多地方都有着或多或少的突破性做法，这是亮点，同时也是试点地区本能拒绝调研的原因。能顺利地在贵州凤冈县、嘉兴南湖区、宁夏同心县、重庆江津区得到所需资料，不是凭一己之力能办到的。每个试点地区都得到了朋友的帮助，农业部宋代强、张海涛，贵州省农委雷睿勇，贵州省银监局马文彬，重庆江津区委廖义伟等，没有他们，我的调研举步维艰。其间也得到了相关农业局、农经站、信用社、担保公司等单位负责人的大力支持，由于涉及人员太多，无法逐一列举。他们安排座谈、组织调研、协调沟通，而今想来，弥足珍贵。我还要感谢我的研究生张树锋、任雪莹、周利、丁娅、张庆娇、金祥花、杨帅鹏。田间山头、严寒酷暑，他们随我奔波各地。在最后一站宁夏同心县调研时，我怀孕无法前往，他们独立完成。此后，问卷录入、数据统计他们一一打理，校稿、格式调整，他们从头至尾陪着我。

博士论文写作得到了众多友人的倾情相助。数据处理得到了贵州财经大学李明桥老师的鼎力支持，计量方法、写作技巧得到了卢海阳博士的建议，论文修改得到了申鹏博士的指点，语言处理得到了熊德斌博士的协助。其间也得到了刘洪师弟、钱龙博士、李宝值博士等的帮助。

读博士期间，感谢我身边众多美好的人与我同行。222 级扩展宿舍的范莉娜、孙海霞、陈宁陆、张秀、常耀、胡芳、王媛媛；一起从贵大辗转到浙大的李侠、陈蕊娜、黄初华、麻金星、张莉、王雯雯、王湘美、张春、李敏；一起嬉笑怒骂，一起悲欢与共，已过而立之年还能收获如此多真情意，我之庆幸。感谢期间叮嘱我注意身体、发红包安慰、八卦开心的朋友们，有了你们，读博之路精彩无比。

还要衷心感谢所工作的贵州大学管理学院的领导和同事们，是你们的理解和支持为我的求学生涯保驾护航。

最后，感谢我的家人。叨念着“女人就该在家轻松过”的父亲，“身体最重要，但女人要有自己的追求”的母亲，“你放心去读书，家里有我们”的公公婆婆，你们是我能安心于此的坚强后盾。先生邹晓自始至终支持陪伴着我，没有甜言蜜语，有的是未雨绸缪的安排。能夸奖我每一点进步，能缓解我每一分焦躁，能谈天，能谈地，能谈学术，是他让我变成我喜欢的样子。最庆幸的是，我们拥有了一对调皮的儿子。刚读博，大儿子邹知浩满 3 岁，初入幼儿园，天真童趣。而今，已到我肩头，戏谑我“老妈”“安教授”“安博士”。小儿子邹知忌一年前在我腹中，陪我完成了国家课题，而今，已开始牙牙学语、蹒跚学步。每每想到这，就柔软无比，他们是我前进的动力。感谢我两个妹妹安海双、安海全对父母的照顾。对家人，说感谢见外，但若没有他们的担当，将我放于第一位，解我后顾之忧，何来我的成长。最后，以这本书告慰我在天堂的爷爷。

这是一场结缘的过程，是我的福分。

安海燕
2019 年 12 月